在日朝鮮人の人権と植民地主義

歴史・現状・課題

金昌宣
Kim Chang Son

社会評論社

はしがき

在日朝鮮人の人権問題とは、その発生において日本による朝鮮植民地統治の産物であり、それがいまなお継続している現在進行形の差別と抑圧である。この意味において、今日、在日朝鮮人を取り巻いて存在する差別と抑圧の法制度は、かつての植民地主義に根を置く現代的形態である。

たとえば、植民地統治時代に朝鮮半島で施行された同化政策としての「朝鮮教育令」（一九一一年）は、戦後日本において「朝鮮学校閉鎖令」（一九四八年）となって息を吹き返し、やがて文部次官通達（一九六五年）により朝鮮学校の制度的否定として法制化され、民族教育への差別と抑圧が連綿と実施されてきた。在日朝鮮人社会において生起している同化現象としての通名の使用もまた、戦前から戦後に連なる植民地主義としての「創氏改名」の残影であり投影である。出自の抹消を前提にした日本国籍の取得、すなわち帰化も例外ではない。

なかでも、朝鮮人戦後補償訴訟における日本政府の抗弁と裁判所が下している被害者敗訴の判決は、かつて日本国家が繰り広げた非人道的な犯罪行為を擁護する植民地主義の言説そのものである。

教科書検定を通じた加害の歴史の歪曲や美化による記憶の塗り替えもそうであり、日本社会の一角で朝鮮学校に通う児童生徒に対する嫌がらせや暴言、そして「チマ・チョゴリ事件」（朝鮮学校女子生徒の制服であるチマ・チョゴリが切り裂かれる出来事）は、記憶の塗り替えと表裏をなした根深い植民地主義の現れである。

在日朝鮮人の人権問題とは、日本に暮らしている一般在留外国人の人権問題とは異なり、侵略と被侵略、加害と被害の歴史的脈絡の中で生まれ、いまなお存在する植民地主義を映し出した日本社会の問題なのである。

日本による朝鮮植民地統治の幕開けとなった一九〇五年「乙巳条約」の締結から一〇〇年、一九四五年朝鮮が解放されてから六〇年が過ぎた。植民地と解放、民族分断の狭間に生きた在日朝鮮人一世はいまや世代構成の一〇パーセントを割り、一世に近い二世の比率も年々減少し、三世以降の世代が世代構成の過半数にいたり、一九四五年以後に生まれ育った「解放後世代」は在日朝鮮人社会の八〇パーセントを占めている。南北朝鮮と日本の境界線上に生まれ育った在日朝鮮人のあいだでは「過去の歴史」への風化が急速に広がり、加えて国家や国境、国籍を超えるグローバル化の流れに覆われながら、民族的アイデンティティが大きく揺れ動き激しく変化している。他方、在日朝鮮人社会を取り巻く植民地主義的状況に本質的変化はなく、むしろ新たな形態での差別と同化、抑圧の法制度、ナショナリスティックな統制と管理の法制度が繰り出され、徐々に定着しようとしている。激しく移り変わる時代にあって、本質的な問題が解決を見ないまま新たな問題が私たちの前に立ち現れているのである。

既成の判断基準や自明の原理が説得力を失いつつある二一世紀、時代の変化をまっすぐ見据えながらも追従することなく、時代が提起する新たな問題への真摯な取り組みが求められている。在日朝鮮人にあってそれは、置かれている今の状況を、それを生み出した起源にまでさかのぼり、その成り立ちと過程を確認しながら現在に再照明を与え、未来を洞察することである。日本人にあってそれは、克服すべき過去の認識から生まれる現在と未来への洞察である。そこに朝鮮と日本の和解の道は開かれる。本書がそのわずかな示唆を提供できれば幸いである。

序章「在日朝鮮人の人権とアイデンティティ――南北朝鮮・日本の境界線上で――」では、在日朝鮮人の人権問題、広くは在日朝鮮人の在り方に関わる主要な問題（基本的人権およびそれと表裏をなしている民族的アイデンティティの問題）を歴史的脈絡と構造的視点から総論的に取り上げ、また、統一朝鮮を射程に南北朝鮮・日本を越境しながら生きる時代の在日朝鮮人の法的地位について問題提起を行った。

第一章「在日朝鮮人の権利問題の推移と現状」では、解放後における在日朝鮮人の法的地位改善の推移と現状（何が改善され何が改善されていないのか）、とくに今日、植民地統治時代に通底する新たな抑圧的法制の形態と内容について考察し、日本政府の歴史的責務および国際人権条約が求める普遍的人権保障の観点から、在日朝鮮人人権問題に関する基本的視点について取り上げた。

第二章「日本の朝鮮植民地法制史」では、朝鮮植民地化の過程と一連の植民地法制を通じて在日朝鮮人人権問題の歴史的起源を振り返り、朝鮮半島と日本の間にいまなお横たわる「過去清算」問題の所在を取り上げた。

第三章「在日朝鮮人の法的地位の確立過程」では、朝鮮分断と冷戦および講和条約の発効（一九四五年～一九五二年）、そして韓日条約（一九六五年）の締結を背景に、歴史的・法的・道義的責任を回避しながら在日朝鮮人法制の骨格が確立していく過程を取り上げた。

第四章「戦争責任、植民地支配の責任――日本とドイツ――」では、GHQ占領下、東京裁判と講和条約を通じて戦争責任、植民地支配の責任が免責され、戦前との明確な断絶の機会を失うことで、植民地主義の温存から「自由主義史観」へと連なる日本の戦後とその国家体質を、ドイツにおける「過去の克服」への取り組みとの対比の中で取り上げた。

第五章「朝鮮人戦後補償訴訟」では、「過去の歴史の未清算」によって生じている一連の裁判において、被害者が何を訴え、日本政府はどのように抗弁し、裁判所はいかなる判決を下しているのか、その現状と問題点およびそこに現れている植民地主義の言説を取り上げた。

在日朝鮮人の人権と植民地主義＊目次

第2章 日本の朝鮮植民地法制史——126

主な注釈

序章　在日朝鮮人の人権とアイデンティティ
――南北朝鮮・日本の境界線上で――

1　在日朝鮮人とは何者か

植民地支配を経験した朝鮮半島は、中国、イスラエル、イタリアに次いで多くの「自国民」を海外に持つ。海外に定住するコリアンは今日、世界一四〇余カ国に南北朝鮮七〇〇〇万人の一〇パーセントに当たる七〇〇万人とされているが、海外コリアンのなかで在日朝鮮人ほど特殊な歴史的背景を持つコリアンはいない。特殊な歴史的背景とは、いうまでもなく日本の朝鮮植民地統治と半世紀以上におよぶ民族分断という歴史のなかで「渡日」と「在日」を余儀なくされ、また、その歴史的状況がいまなお続くなかで暮らしているということである。

日本による朝鮮植民地統治の第一歩となった一九〇五年「乙巳条約」の強制締結からすでに一〇〇年を超えた。締結当時三〇〇人を数えるほどであった在日朝鮮人は、その後増加の一途をたどっていった。「日韓併合条約」が締結された一九一〇年には二五〇〇人に増え、植民地下における経済収奪が本格化する過程で生きるすべを失った朝鮮人は満州に、あるいは日本に渡っていった。やがて日本の侵略戦争の拡大にともない人的資源として徴兵・徴用の名の下に戦場に狩りだされ、あるいは日本の軍事施設や炭坑、鉱山に連行され強制労働を強いられた。満州事変から日中戦争勃発にいたる過程で五〇万人、太平洋戦争に突入し日本が敗戦を迎えるまで一五〇万人を数える人々が朝鮮半島から日本に移動していた。在日朝鮮人とは、まさに日本による朝鮮植民地統治の産物にほかならない。

「乙巳条約」締結一〇〇年、民族解放と南北分断六〇年が過ぎたいま、植民地と解放、分断の狭間に生きた一世はすでに在日朝鮮人の世代構成の一〇パーセントを割っている。植民地時代を知る一世に近い二世の比率も年を追うごとに減少している。二〇〇六年外国人登録統計（九〇日以上の滞在者）によれば、朝鮮・韓国登録数は五九万八二一九人。在日朝鮮人の世代別統計はないが、同統計朝鮮・韓国年齢別統計を基に経験的に〇歳から三九歳までを三世、四世、五世と仮定するなら、その数は全体の四五・四パーセントで過半数近くを占めている。在日朝鮮人社会の次代を担う三世が主流世代として登場しはじめ四世、五世が後を追うかたちで在日朝鮮人社会の一角を占めていることがうかがえる（四〇代にも三世がおり三〇代にも二世はいるが支配率は低い。この統計にはニューカマーコリアンも含まれているが、彼らは就労、就学、興業などが多く相対的に若年層と思われる）。また、〇歳から六一歳つまり一九四五年解放後に生まれた人々は約四六万五〇〇〇人、全体の八〇パーセント近くを占めている。在日朝鮮人社会の圧倒的多数が解放と分断時代（分断時代を「常態」とする状況）に生まれ育った世代である。

振り返って、在日朝鮮人は植民地統治から解放そして分断の歴史において民族の独立と統一を希求し、およそ一世紀以上にわたって日本政府の差別と弾圧、同化政策に抗してきた。自らの夢や希望を民族の尊厳と独立を守るたたかいに投影してきた人々の数は計り知れない。夢かなうまではと故郷の地を踏むことなく日本の地に眠った人々は数え切れず、その生き様はまさに壮絶であり悲痛であり高貴である。

しかし、半世紀をゆうに超える民族分断状況と持続する日本政府の排他的な在日朝鮮人政策に本質的な変化はなく、このような在日朝鮮人を取り巻く状況のなかで世代交代が進み、朝鮮の言葉や文字、歴史や文化を知らず、通名(日本式氏名)を使用し、日本学校へ就学する者が多数を占め、国際結婚が増加し、その子の国籍は日本国籍が多く、帰化朝鮮人も緩慢ではあるが増え続けている。民族意識の稀薄化が進行し同化現象が広がるなかで、いま在日朝鮮人社会は「民族性の危機」(ナショナルアイデンティティ・クライシス)に直面しているのだが、それは従来の思考の枠組みではとらえきれない「質量」的な変化が背景にある。しかし、そもそも在日朝鮮人の民族的アイデンティティとは何か、在日朝鮮人とは何者か、その「在るべき姿」はどのようなものであろうか。

以下、「在日」の揺れ動く民族的アイデンティティの諸相から、日本社会に内在する問題点と「在日朝鮮人の在るべき姿」について考える。

2　在日朝鮮人のアイデンティティ・クライシス

（1）民族分断半世紀

一九四五年八月一五日、民族解放とともに自主的な統一国家が朝鮮半島に樹立されていたなら、およそ二〇〇万と推定される解放後帰国者の数をさらに上回る在日朝鮮人が故郷に戻っていたであろうし、やむを得ず日本に在留することになった人々も統一国家の海外公民として日本で暮らし、団結した力で差別をはねのけ諸般の権利を享有し、「北」も「南」もなく母国を自由に行き来していたであろう。二世はいうまでもなく、今日、三世と呼ばれる世代も母国に留学し、就職もし、あるいは母国でさまざまな活躍の舞台を切り開き、その過程で母国の人と交わり結婚もし、当地に根をおろす人も少なくなかったであろう。地理的に近い母国と日本を自由に行き来する生活空間は母国との絆をおのずと築き、それは在日朝鮮人二世、さらに三世以降の世代が民族性を培う上で強く作用したことは想像に難くない。初中高大の民族教育体系を備えた朝鮮学校卒業生はすでに一〇万人を超えるが、統一国家が樹立されていたなら国家施策として日本における民族教育が実施されていたであろうし、母国への交換留学や修学旅行さらには母国の大学を受験したり、卒業後の活動空間も広がり、彼らは在日朝鮮人の民族的アイデンティティを世代を超えて育む重要な役割を果たしていたであろう。

しかし、不幸にも半世紀を超える分断の歴史は母国・民族と在日朝鮮人社会の繋がりをいやおうなく弱める結果をもたらした。また、民族の分断線が在日朝鮮人社会にも引かれ、「北か、南か」という分断思考による分裂状況が作り出され、在日朝鮮人社会における民族意識の維持と育成、さらにはその開花に否定的作用をおよぼしてきた。たとえば、統一国家を背景にした汎民族的在日朝鮮人組織が形成されていたら、中央から日本全国の本部、支部、分会にいたる組織網と団体、事業体、とくに朝鮮学校とそこに直接・間接に網羅された在日朝鮮人は無限の潜在力をもった「朝鮮人共同体（コリアンコミュニティ）」を形成し、海外コリアンのモデルケースとして力強い存在となっていたことであろうし、また、朝日友好の架け橋として大切な役割を果たしていたであろう。

民族分断半世紀という歳月は、民族的アイデンティティを育む上でも、また在日朝鮮人社会の潜在力や可能性を開花させる上においても大きく制限し抑制してきた。

（2）日本政府の差別と同化政策

解放後、日本には二五〇万を数える朝鮮人が居住していた。解放民族の誇りを胸に一九四五年一〇月在日朝鮮人の意思を代弁する朝聯（在日本朝鮮人聯盟）が結成され、新国家建設への貢献と帰国事業の推進、生活の安定を中心に活動を繰り広げ、なかでも奪われた民族を取り戻すために朝鮮学校の建設に力を注いだ。しかし、東西冷戦が幕を開けるとアメリカは極東戦略上、朝鮮戦争さなかに対日講和条約と安保条約を同日に締結し、日本の朝鮮植民地支配に対する歴史的・法的・道義的責任を免責した。そうして戦前の国家体質が正しく清算されることなく日本は戦後を歩み、冷戦によって策定された対朝鮮半島政策の延長線上で在日朝鮮人政策が確立された。

たとえば当時、日本を占領していたＧＨＱ（連合国総司令部）は、在日朝鮮人を治安対象として取り扱い、あるときは「外国人」あるときは「日本人（かつて日本臣民＝敵国民であったことから）」とし、日本政府はこの二重の地位を自己の便宜にしたがって使い分け、食料配給や納税などの義務は「日本人」として課し、社会保障などの権利は「外国人」として排除し実質的無権利状態に追いやった。在日朝鮮人自らの力で作り上げた朝鮮学校に対しては「認可」を強要し、朝鮮語は課外授業でのみ許すなどの通達を出し、違反学校には次々と閉鎖措置をもって挑むのだが、これに抗しての大規模なたたかいが一九四八年の四・二四阪神教育闘争であった。以来、日本政府は各種学校の名の下に朝鮮学校に対する差別的処遇を「合法化」してきたのである。さらには在日朝鮮人の第三国への自由渡航はもとより母国への自由往来さえも長年にわたって認めず、社会保障に関しては「国籍条項」を盾に排除した。他方では指紋押捺や常時携帯義務を課し、違反者には刑事罰を加える外国人登録法と、占領政策や日本政府の意に反する在日朝鮮人を「不良外国人」として逮捕し強制退去（国外追放）を可能にした出入国管理令の二大治安立法をもって取り締まった。

一九六五年には「韓日基本条約」とともに締結された「在日韓国人法的地位協定」によって、日本政府は在日朝鮮人社会に分断の壁を造りあげ、露骨な差別と同化政策を実施した。韓国籍取得を前提にした「優遇措置」（「協定永住」許可、日本再入国および近親者の日本への呼び寄せでの便宜、国民健康保険への加入など）が講じられ、同じ歴史的責務を負っている在日朝鮮人の法的地位に新たな差別法制が導入されたのである。同年末には二つの文部次官通達が都道府県知事宛に出され「民族性を涵養する朝鮮学校」を各種学校としても認可すべきではないとし、他方では「協定永住者」の日本学校への就学を認めるが日本人と同様に扱うものとし、朝鮮語の授業など特別な扱いはすべきでないとした。以後、朝鮮半島情勢が緊張するたび「北朝鮮」→「朝鮮総聯」→「総聯系同胞」そして朝鮮学校という図式をもって民族差別と政治的抑圧を加えてきた。朝鮮学校に通う児童生徒への嫌がらせや暴行、脅迫、「チマ・チョゴリ事件」などはその最たる例である。

通名の使用、日本学校への就学、差別から逃れる手段としての日本国籍の取得すなわち「逃避としての帰化」など、在日朝鮮人社会に急速に広がっている同化傾向、民族意識の稀薄化は半世紀にわたって加え続けられてきた日本政府の同化政策によって強要された姿でもあり、ゆがめられた姿である。その意味において、在日朝鮮人はいまなお植民地的状況に置かれ暮らしているのである。

（3）グローバル化と「脱国家」「脱民族」

今日、在日朝鮮人社会における同化傾向に拍車をかけているのが国家の枠にとらわれないグローバル化の流れである。民族的自覚（民族的主体意識）が確立されないまま、国家単位での「同質性」「均質性」が徐々に薄れ、「国民国家という共同体」が解体されていくグローバル化の流れに囲まれながら、在日朝鮮人社会の前に「国家（民族）の超越」問題が説得力をもって現れているのである。

「国籍と民族は一致しない」「国籍や民族に拘泥する時代ではない」「帰化しても民族的に生きることができる」「市民として、人間としていかに生きるかが重要である」といった主張がそれである。しかし、グローバル化によって世界地図から国境線が消えているわけではなく、逆にグローバル化の進展とともにあらゆる地域と国々でナショナリズムが台頭し、モザイクのように一つの国家に組み込まれていた諸民族が独立国家の形成を求めている。他方、グローバリゼーションは世界基準を標榜しながら既成の境界線を破壊し、強者による世界規模での差別と抑圧（政治・経済・文化・軍事）の再編をもたらしている。実際、グローバリゼーションによって民族差別や人種差別などあらゆる差別が解体しているわけではなく、むしろより細分化されより強化され再構築されている。

在日朝鮮人社会において進む「民族共同体」の解体もこれらと無縁ではない。徐勝は「さまざまな人が平等に、公平に生きていく上で、何よりも大切なのは自己の主体性をはっきりさせることです」としながら、「われわれはみずからの民族国家を持つことなしに、国民国家の解体に向かう時代に直面しているのかもしれません。しかし、いま使われている地球市民社会という言葉の持つうさん臭さはともかくとしても、民族内の問題解決と国際的な自主独立の過程を経ないで、朝鮮民族が地球市民社会に溶解していくとは、とても考えられません」（『第一歩をふみだすとき』）と注意を喚起している。

他方、在日朝鮮人社会を取り巻く差別的状況が相対的に改善されるなか、民族的出自を隠さず、むしろ「コリアン」としての自己を積極的にアピールし（カミングアウトなど）、日本社会に進出している若者たちもいる。日本政府の在日朝鮮人政策に本質的改善はないが、彼らは生活の場である日本社会との「新たな関係」を追求しながら「個（個人）」が努力すれば成功への道は開かれるとの考えを持つ。また、民族教育を受けた二世や三世たちは「在日」という「閉鎖的な枠」を自由に越境し、南北朝鮮、中国をはじめアジアさらには地球の裏側にまで行動半径を広げはじめている。民族分断、日本政府による同化政策、そしてグローバル化時代の影響が複雑に交錯しながら、民族性が維持・涵養されることなく、若者たちは「脱イデオロギー」「脱国家」「脱民族」へと向かっているようである。しかし、これらは在日朝鮮人に限った現象ではない。二一世紀を迎え地球規模で「既成の秩序」「既成の価値基準」が大きく揺らぎパラダイムの変化が起きているのである。

3　在日朝鮮人社会の「質量」的な変化

在日朝鮮人社会を取り巻く状況とともに在日朝鮮人社会内にも変化が起きている。

(1) 在日朝鮮人社会の地殻変動

①「質量」的な世代交代。今日、在日朝鮮人社会における世代交代の問題は、一世から二世、二世から三世へと世代が移行したという時間的流れにあるのではない。重要なことは、植民地時代を経験した母国生まれの一世、あるいはその一世に育てられた二世（身近に故郷を追体験できたり一世

の父母を語ることで自分の民族的アイデンティティを育み意識できた世代）ではなく、日本で生まれ育った二世、三世に育てられた三世以降の世代（民族的なものが希薄化ないしはほぼ消滅に近い家庭空間で育った世代）が、在日朝鮮人社会の主力メンバーとなって登場していることである。たんなる世代交代ではない「質量」的な世代交代、いわば次代を担う在日朝鮮人社会の主体が「質量」的に変化しているのである。

②広域・低密度・分散居住。一言で言えば「朝鮮人トンネ（朝鮮人部落）」の急速な減少であり解体である。一世たちが互いに助け合い故郷を思いながら作り上げた「朝鮮人トンネ」はいまや日本全国に数えるほどしかなく、わずかに存在するトンネも一世あるいは高齢の二世らが暮らしているだけで多くの若者はそこから脱け出している。多くの若者が日本の地域社会に、広域で、低密度で、分散しながら、地域生活空間において民族的な触れあいがほとんどない環境で生まれ育ち暮らしているのである。

③子どもの教育。周知のように朝鮮人子女の就学は、民族学校ではなく日本学校への就学を選ぶ父母が多数である。また、朝鮮学校に就学した場合でも、教壇に立っている教師は徐々に三世教師へと移行している。つまり三世が三、四世に民族教育を行っている。人間の人格形成に影響を与える「家庭」「社会（朝鮮人トンネ）」「学校」の三大要素が重層的に交錯しながら、民族的なものを維持あるいは育て受け継いでいく環境と構造の変化のなかで、一、二世の時代とは大きく異なる「質量」的な変化が在日朝鮮人社会に起きているのである。

④生活の相対的安定。本質的問題を内包しながらも、日本政府が国際人権規約を批准（一九七九

年）し、難民条約への加入にともない出入国管理法が改正（一九八一年）されることによって、八〇年代に入り在日朝鮮人の法的地位においても一定の改善が見られ生活が相対的に安定した。在日朝鮮人は「特例永住」を取得し、公営住居への入居、国民金融公庫の融資、国民年金への加入、児童手当の支給などにおける差別が解消されるようになった。法的地位の改善と生活の相対的安定は、在日朝鮮人の長年にわたるたたかいによって獲得されたものであるが、同時に在日朝鮮人社会と日本社会との「対立意識」を緩和し、安定した「永住権」の獲得を契機に日本社会により密着するようになった。在日朝鮮人の公務就任権、参政権要求などもこのような背景のなかで浮上していると言えよう。

⑤「永住権」の獲得。いわゆる一世の子どもたちは、日本政府が難民条約を批准するまで非常に不安定な在留資格を付与されていた。数年毎に更新手続きを行い法務大臣の「許可」によって引き続き在留が認められてきたが、一九八二年から「特例永住」制度が導入され、いわゆる二世も「永住権」を取得できるようなった。そして一九九一年からは三世以降の世代については子々孫々「特別永住」（いわゆる旧植民地出身者とその子孫で在日朝鮮人と少数の中国人からなる）が付与され、現在、在日朝鮮人は「特別永住」という「永住権」で一本化されている。幾多の法改正を経ながら法的に安定した「永住資格」の取得と世代交代のなかで、在日朝鮮人は日本でいかに生きていくかという問題を直視するようになった。日本社会への密着度が法的に深まるなか、「永住者」「生活者」としての人生設計の模索である。とくに一九九一年、三世以降の世代の日本での安定した在留（永住）権問題が論議され「朝鮮籍・特例永住者」と「韓国籍・協定永住者」の子、すなわち三世以降の世

代に対し「子々孫々にわたって羈束的《きそくてき》」に「永住権」が保障されることになったが、いま、その三世が在日朝鮮人社会の次代を担う世代として登場しているのである。

加えて、年間在日朝鮮人婚姻数の約八三パーセントを占める国際結婚（〇六年統計）、そして年間一万人を前後する朝鮮人帰化者の存在は、在日朝鮮人社会の地殻変動において重要な位置を占めている。

（2）複合化する在日朝鮮人社会

国籍と民族

日本国籍を取得した在日朝鮮人の数は一九五二年から二〇〇六年まで累計三〇万四二七四人を数える。すでに亡くなった人も多数いるが、他方では帰化朝鮮人の子や孫もいる。ちなみに一九九五年以降、年間一万人前後が帰化しており、二〇〇〇年以降は前年以前からの申請者の累積数も重なり帰化者数は申請者数を上回っている。ここ一〇年、朝鮮人を中心にした外国人の帰化申請者は年間一万三〇〇〇人から一万五〇〇〇人前後で、帰化許可者は約一万五〇〇〇人前後である。二〇〇六年帰化申請者総数一万五三四〇人のうち許可者数は一万四一〇八人で、朝鮮人許可者は全体の六〇・四パーセントを占めている（表1・表2参照）。

在日朝鮮人の帰化による日本国籍取得についての議論は大きく二極化してきた。「国籍と民族は同じではない（国籍を変えることは民族を捨てることとイコールではない）」という見解と、「国籍と民族は同じである」という見解の両極に象徴されるが、かつて植民地宗主国であったという特殊な歴史的関係によって日本で生まれ育ち、同化と差別、異質な存在を排除する風潮のなかで生活している在日朝鮮人にとってこの問題は「自己の在り方」に関わる重大な事柄である。また後に述べるが、在日朝鮮人の年間婚姻総数のうち約八三パーセントを占める国際結婚の子はダブルとして二つのルーツを持つことになり、二つの文化的背景を持った在日朝鮮人をどのようにとらえるかは在日朝鮮人（社会）の民族的アイデンティティを論じる上で複雑な問題として提起されている。

ところで、市民社会が成熟し多文化共生社会を実践している国々で（ごく少数であるが）「国籍」が「記号」に過ぎず、居住地の国籍を取得することがただちに「民族の放棄」を意味しない場合もある。「○○系○○人」として、出自と国籍の双方を表す呼び方などが一面ではそれを物語っているとも言えよう。日本には「コリアン系日本人」などの呼び方は存在しないが、中国では「中国朝鮮族」、アメリカでは「コメリカン（コリアン・アメリカン＝コリアン系アメリカ人）」という呼び方が市民権を得ておりその出自を認知する。しかし、帰化以外に外国人が居住国の国籍を取得できない国家システムを維持する日本において、しかも「過去の清算」が未だ正しく行われておらず、むしろ朝鮮植民地統治期の体質を引きずる日本において、諸外国の在り方を機械的に持ち込み「だから在日朝鮮人が帰化しても民族的に生きることができる」とするのは飛躍である。

「国籍と民族」が表裏の関係にあるか否かという問題を二者択一的に論じることはできない。居住国の外国人政策、永住外国人の社会的・法的地位、居住国国民の外国人に対する意識、また本国

年	帰化総数	朝鮮人帰化	比率	朝鮮人累計	帰化申請者数（全外国人数）	帰化総数／帰化申請者数
1980	8,004	5,987	74.80%	102,455	9,158	87%
1981	8,823	6,829	77,40%	109,284	9,168	96%
1982	8,494	6,521	76.77%	115,805	9,126	93%
1983	7,435	5,532	74.40%	121,337	8,463	88%
1984	6,169	4,608	74.70%	125,945	8,034	77%
1985	6,824	5,040	73.86%	130,985	7,930	86%
1986	6,636	5,110	77.00%	136,095	7,664	87%
1987	6,222	4,882	78.46%	140,977	7,587	82%
1988	5,767	4,595	79.68%	145,572	7,523	77%
1989	6,089	4,759	78.16%	150,331	8,702	70%
1990	6,794	5,216	76.77%	155,547	9,904	69%
1991	7,788	5,665	72.74%	161,212	10,373	75%
1992	9,363	7,244	77.37%	168,456	11,479	82%
1993	10,452	7,697	73.64%	176,153	12,706	82%
1994	11,146	8,244	73.96%	184,397	12,278	91%
1995	14,104	10,327	73.22%	194,724	12,346	114%
1996	14,495	9,898	68.29%	204,622	14,944	97%
1997	15,061	9,678	64.26%	214,300	16,164	93%
1998	14,779	9,561	64.69%	223,861	17,486	85%
1999	16,120	10,059	62.40%	233,920	17,067	94%
2000	15,812	9,842	62.24%	243,762	14,936	106%
2001	15,291	10,295	67.33%	254,057	13,442	114%
2002	14,339	9,188	64.08%	263,245	13,344	107%
2003	17,633	11,778	66.80%	275,023	15,666	113%
2004	16,336	11,031	67.53%	286,054	16,790	97%
2005	15,251	9,689	63.53%	295,743	14,666	104%
2006	14,108	8,531	60.47%	304,274	15,340	92%
総計	426.018	304,274	71.42%			

表1　在日朝鮮人帰化者統計（1952年～2006年）

年	帰化総数	朝鮮人帰化	比率	朝鮮人累計	帰化申請者数（全外国人数）	帰化総数／帰化申請者数
1952	282	232	82.27%	232	1,095	26%
1953	1,431	1,326	92.66%	1,558	2,737	52%
1954	2,608	2,435	93.37%	3,993	4,347	60%
1955	2,661	2,434	91.47%	6,427	5,585	48%
1956	2,547	2,290	89.91%	8,717	5,756	44%
1957	2,582	2,312	89.54%	11,029	5,993	43%
1958	2,594	2,246	86.58%	13,275	5,990	43%
1959	3,076	2,737	88.98%	16,012	7,482	41%
1960	4,156	3,763	90.54%	19,775	8,130	51%
1961	3,013	2,710	89.94%	22,485	7,671	39%
1962	3,614	3,222	89.15%	25,707	8,297	44%
1963	4,100	3,558	86.78%	29,265	8,271	50%
1964	5,445	4,632	85.07%	33,897	8,759	62%
1965	4,088	3,438	84.10%	37,335		
1966	4,735	3,816	80.59%	41,151		
1967	4,150	3,391	81.71%	44,542		
1968	3,501	3,194	91.23%	47,736		
1969	2,153	1,889	87.74%	79,625	5,372	40%
1970	5,379	4,646	86.37%	54,271	5,663	95%
1971	3,386	2,874	84.88%	57,145	6,794	50%
1972	6,825	4,983	73.01%	62,128	12,417	55%
1973	13,629	5,769	42.33%	67,897	11,436	119%
1974	7,026	3,973	56.55%	71,870	9,728	72%
1975	8,568	6,323	73.80%	78,193	9,080	94%
1976	5,605	3,951	70.49%	82,144	8,325	67%
1977	5,680	4,261	75.02%	86,405	8,628	66%
1978	7,391	5,362	72.55%	91,767	8,440	88%
1979	6,458	4,701	72.79%	96,468	9,786	66%

法務省民事局統計等に基づき作成
＊「朝鮮人」とは外国人登録上の国籍欄が「朝鮮」もしくは「韓国」記載者。

表 2　帰化申請者と許可者数の推移（1997 年～ 2006 年）

事項＼年	帰化許可申請者数	帰化許可数				不許可者数
		合計	朝鮮	中国	その他	
1997	16,164	15,061	9,678	4,729	654	90
1998	17,486	14,779	9,561	4,637	581	108
1999	17,067	16,120	10,059	5,335	726	202
2000	14,936	15,812	9,842	5,245	725	215
2001	13,442	15,291	10,295	4,377	619	130
2002	13,344	14,339	9,188	4,442	709	107
2003	15,666	17,633	11,778	4,722	1,133	150
2004	16,790	16,336	11,031	4,122	1,183	148
2005	14,666	15,251	9,689	4,427	1,135	166
2006	15,340	14,108	8,531	4,347	1,230	255

法務省民事局統計
＊「朝鮮」とは外国人登録上の国籍欄が「朝鮮」もしくは「韓国」記載者。

と居住国との関係史、政治・経済・文化的関係と交流、外国人の当該外国への移住・居住・永住の歴史的背景、日本国籍取得の動機などを複合的に考えながら論じるべき問題である。在日朝鮮人に関して言うなら、在日朝鮮人問題発生の歴史的経緯（侵略と被侵略の歴史）、日本政府の在日朝鮮人政策（差別・同化・抑圧）、朝鮮と日本との関係（過去の歴史の未清算）などを考慮するとき、現時点において「国籍」イコール「民族」とならざるを得ないのが客観的現実である。差別と同化という圧倒的力の前で、ましてや民族意識が稀薄化している在日朝鮮人が「帰化しても民族的に生きることができる」というのは机上の空論であり、実際にそのような人を目にすることなどほとんどない。本名帰化が認められるなど日本の帰化制度が一見開かれたように言われるが、年間一万人を数える朝鮮人帰化者のうちどれだけ本名帰化をしているだろうか。むしろ日本社会に溶解しその存在すらわからないではないか。

同化行政としての帰化

そもそも日本において帰化という行為は、差別から逃れるための「逃避としての帰化」（「人としての権利」が「朝鮮籍」「韓国籍」であることを理由に侵害されてきたことから日本国籍を取得することで差別から逃れようとする帰化。この意味において通名もまた名乗っているのではなく「名乗らされている」と言え、帰化も通名も日本の植民地主義の産物であり、在日朝鮮人を取り巻いていまなお機能しているのである）という動機において、すでに「民族的に生きる」ことを前提にしていないケースがほとんどではなかろうか。日本政府自身「朝鮮人が帰化を希望する理由は、潜在的には『差別からの脱出』によるものである。それゆえ、帰化しても元朝鮮籍であることがわかるのは、『仏作って魂入れず』ということであり、行政側はそれを秘匿できるようにしてやるのが、真に彼らの心情にそった措置である」（保坂三郎「帰化における朝鮮人の氏名の認定について」『戸籍時報』第一九二号）と、日本国籍を取得しながら朝鮮民族として存在することなど日本の帰化行政は前提にしていない。「そもそも同化的帰化政策の結果、二〇〇三年末までに二七万五〇〇〇名を超える在日コリアンが日本に帰化したが、そのほとんどは日本的氏名で帰化をし、朝鮮人であることを隠している。帰化者のほとんどが朝鮮系少数民族であることを公にしない現状では、彼ら彼女らの民族的少数者としての文化や言語、アイデンティティーは、行政上も教育上もまったく保障されず、日本政府も彼ら彼女らを自由権規約第二七条に定める『民族的少数者』と認めていない」（金敬得「在日コリアンにとって、国籍と地方参政権とは」、『日・韓「共生社会」の展望』）のが帰化の現実であり、事実、「コリアン系日本人」の存在を目にすることは皆無に等しい。

日本の帰化制度は「血統観念」に基づく制度で、帰化とは部外者に「帰服」と「徳化」を求めるものである。日本の帰化制度にヨーロッパのような居住国国籍取得における契約観念は認められないし、むしろ「日本人らしさ」という「属性的なもの」にいまだ重きを置いているのが現状である。法務省は帰化後に使用する氏名について「本人の自由意思」を建前にしながらも、「帰化許可手引き書」には「日本式氏名」を用いることを「注意書き」していた。一九八四年国籍法の改正にともない戸籍法も改正され戸籍上での外国姓の使用が認められることで「注意書き」は削除されたらしいが、実際には「日本式氏名」への変更をアドバイスしていると法務省民事局長自らが答弁している（衆議院法務委員会・一九九一年四月二二日）。在日朝鮮人が半世紀を超える日本居住歴を持ちながら、少なくとも一世代、二世代、三世代にわたって日本の国籍を帰化という行為によって取得することに強い抵抗感を持つ理由である（統計上、国際結婚に比べて帰化の増加率は明らかに低い）。

永住権をもった在日外国人の参政権問題が大きく取り上げられたとき、反対論者（「そんなに欲しければ帰化すれば」という発想）から代案として「日本国籍取得特例法案」（与党プロジェクトチーム・二〇〇一年五月。〇四年二月の公明党案には外登証国籍欄が「朝鮮」の者を排除する規定が盛り込まれていた）が出された。要は「特別永住権」を持つ在日朝鮮人などは「届出」により簡便に「日本国籍」を付与するというものである。日本国籍取得は「権利性が高まる」ので「一般的に反対する理由はない」として肯定的にとらえる人もいた。日本社会において「国籍」が「日本人」と「外国人」を区別し、その二分法によって差別と排除を適法とする主要な機能を果たしてきたことは言うまでもない。そこで、日本国籍を取得することはたしかに国籍による差別の名分を失わせるであろう。しかし出自の国籍を捨てさせ、日本国籍を取得することによってのみ「同等の権利」が保障されるとする考えや制度自体すでに問題である。ましてや「特例法案」は客観的に存在する国籍を基準にした差別の法的制度や社会意識を何ら変えるものでもなければ、「同等に処遇されたいなら日本人になれ」と同化を強いているようなものである（〇七年参議院選における自民党の敗退と民主党の躍進による議席数の逆転を背景に、ある種「政争の具」として永住外国人への「地方参政権付与論」と「特別永住者国籍取得特別法案」をめぐる議論が〇八年にも再燃している）。

国籍取得における生地主義の採用あるいは重国籍を容認するなら話しは別である。日本と同じように血統主義を採用してきたドイツでは一九九九年七月国籍法の改正を行い（二〇〇〇年一月発効）、外国人の子であってもドイツ国内で出生した者で、両親の一方が八年以上合法的にドイツ国内に居住し、かつ滞在権あるいは三年以上にわたって無期限滞在許可を有する場合はドイツ国籍を取得できることになった。重国籍者は成年時に国籍の選択を行うことになる。

【在日外国人参政権問題】 参政権には国政と地方、選挙権と被選挙権ひろくは公務就任権も含まれる。従来、参政権に対する日本政府および判例、学説の立場は、国の主権者である「国民（日本国籍保持者）」の総意によって国の政治はつかさどられるという「国民主権主義」を根拠に外国人参政権を否定する。たとえば、外国人は日本国民と違って日本の独立や安全に責任を持っていないなどの例をあげながら、参政権を外国人に与えないからといって「法の下の平等」に反するものではなく、そこに国政と地方の区別はないとする。しかし、国政に関してはそうだとしても地方に関しては国防や外交といった政策の決定に影響をおよぼすものではなく、福祉や生活など地域社会に密着した問題を「地域住民」（住民自治）として一票を行使するのは国民主権の原理に反しないと参政権推進派は主張する。外国人参政権の背景には、「人権の国際化」という流れのなかで日本の「内なる国際化」「民主政治」の拡大といった考えがあり、「国籍」を基準に「国民」対「外国人」という二分法によって外国人の権利が不当に侵害されてはならないのだという訴えがある。このような認識に基づく参政権論議自体を私も否定はしない。

問題は、在日朝鮮人は「（植民地統治時代）日本国籍を保持し参政権が付与されていた、（朝鮮解放後）その一方的剝奪は不当であり復権されるべきである」とか、「国籍が違う以外に日本人と変わらないから参政権は与えられるべきである」といったことを理由に参政権を求める本末転倒した人権論にある。在日朝鮮人の権利問題は、本質において朝鮮人として生きる権利（民族自決権）であり、その否定が今日における人権侵害の内容である。そもそも日本人と変わらないから日本人と同じ権利を要求するのは、朝鮮人としての権利の放棄であり矛盾した人権論である。また、国籍や参政権の剝奪を不当として、その復権を求めるなどということは「乙巳条約」や「日韓併合条約」を合法とし、植民地支配によって強制された「日本臣民たる地位の剝奪」を不当だと言っているのと同じではないか。むしろ、過去の歴史に対する謝罪もなく被害者を無視して「朝鮮人が合法的に日本人になった」、そして「日本国籍を喪失」したなどとする侵略者の論理（戦後処理）を批判すべきである。さらには在日朝鮮人は、半世紀以上ものあいだ選挙権を持っていなかったがゆえに差別を受けてきたのであろうか。在日朝鮮人問題とは何か。その発生の歴史的背景、今日の人権侵害の構造と本質に対する認識において先のような参政権論議は多くの問題を内包している。筆者の在日朝鮮人参政権問題に関する基本的な考えは「在日朝鮮人『参政権』要求の検討」(金昌宣、『世界』一九九四年一〇月)執筆当時といまも変わらない。

参政権問題を取り巻く現況について若干触れておくと、現在の焦点は基本的に地方参政権である。二〇〇二年一月滋賀県米原町が永住権を取得している外国人を対象に、住民投票権を認める条例を制定・実施し、これを皮切りに同様の措置をとった自治体は二〇〇五年一〇月末現在二〇〇を数える。また同時期、埼玉県草加市や広島県三次市、京都府京丹後市が永住外国人に地方参政権を与えるよう日本政府に申請を行ったが認可はされていない。一九九五年二月、参政権訴訟において最高裁判所は「法律をもって、地方公共団体の長、その議会の議員等に対する選挙権を付与する措置を講ずることは、憲法上禁止されているものではない」、ただしそのような「措置を講ずるか否かは、専ら国の立法政策にかかわる事柄」(最高裁第三小法廷・一九九五年二月二八日)との判断を示した。これを受け一九九八年以降、国会に「外国人参政権法案」が提出されているが廃案となっている。神奈川県川崎市では「外国人市民代表者会議」などを通じ永住外国人の意見を地方自治に反映させる間接参画が実施されている。

「法的平等」と「実態の不平等」

在日朝鮮人の権利とは「日本人並みの権利」を得ることではない。在日朝鮮人の権利とは本質において日本政府の歴史的・法的・道義的責任に帰する問題であり民族自決権に関する問題である。「日本人と同じ権利」という「法的平等」は「実態としての平等」を意味せず、「政治的承認」を与えることと「道徳的承認」を与えることが、必ずしも同義語でないことは諸外国における民族的あるいは人種的マイノリティ（少数者）の現実からも明らかである。アメリカをはじめ先進欧米諸国と言われる国々で、「法的平等」としての参政権などが当該国家を構成する民族的マイノリティに付与されているにもかかわらず、生活の場において「経済的・社会的不平等」が解消されずに人種差別や外国人排斥が根強く存在するのが何よりの証左である。華僑はチャイナタウンを作り、コリアタウンも例外ではなく、世界を見渡せばモロッコ街、アルジェリア街、インド街、パキスタン街など多くの移民たちが居住国において「同質文化社会」を形成している。それらのタウンが「異文化交流」に役立っているという肯定的な「多文化共生物語」として語ることもできるが、実際にはホスト社会から疎外されたマイノリティの姿でもある。

二〇〇五年一一月、フランスで起きた移民の暴動は「法的平等」と「実体としての平等」のズレを目の当たりにする出来事であった。警察に追われたアラブ系とアフリカ系の少年二人が変電施設に入り感電死し、怒った仲間が警官隊と衝突、これをきっかけにフランス全土に広がったとされる移民の暴動は、先進国と言われる国においてさえいかに移民が差別され排除されているかを浮き彫りにした。このような根強い差別意識が階層間格差（主流社会からの疎外）をも生み出し、この悪循環の中で怒りや不満が潜在的に増幅されてきたと言えよう。一八日間で放火された車両は二〇〇〇台以上、学校や工場、店舗への破壊行為が続き二七〇〇人以上が逮捕され、三七〇人以上が禁固刑に処せられたとメディアは報じた。非常事態法が適用され未成年の夜間外出禁止令が発動されるなか、フランス国内治安総責任者のサルコジ内相（〇七年フランス大統領に選出）は「ごろつきは一掃する」と発言し暴動はさらに悪化した。暴動に加わった若者の多くは移民二世以降の世代で、生地主義を採用するフランスで彼らはほとんどがフランス国籍を保持している。

フランス国籍法＝フランスで生まれた外国人の子は成人に達した日にフランスに住居を有し、かつ一一歳以降通算五年間恒常的に居住していたことを条件にフランス国籍を取得する。当然、参政権も有する。その他、西欧主要国の外国人に対する制度的特徴については表3参照。

フランス移民政策の基本は「統合政策」である。「自由・平等・博愛」のフランス国家理念を共有すること、フランス語を学びフランス文化を受け入れることを前提に移民を仲間として受け入れるというものである。にもかかわらず、このような建前とは裏腹にフランス国籍を有する移民二世、三世はフランス国家への帰属意識を見出せないでいる。フランス人口六〇〇〇万人の約二二・五パーセント（一三四八万人、仏国籍保持、非保持を含む）を移民が占める。旧フランス植民地のマグレブ三国（アルジェリア、モロッコ、チュニジア）出身が最大勢力（三〇〇万人）で、彼らの多くは下

表 3　西欧主要国の外国人人口及び制度的特徴

国名	調査年	外国人人口（千人）	滞在外国人の主な国籍	制度的特徴
アイルランド	2002	390	イギリス、アメリカ、ナイジェリア	出生地主義、外国人参政権
オーストリア	2004	1059	トルコ、ドイツ、ボスニア＝ヘルツェゴビナ	限られた条件下で重国籍容認
イギリス	2004	2857	アイルランド、インド、アメリカ	出生地主義（親が無期限滞在許可をもつ場合）、重国籍容認
イタリア	2003	2227	ルーマニア、アルバニア、モロッコ	重国籍容認
オランダ	2004	699	トルコ、モロッコ、ドイツ	出生地主義、重国籍容認、外国人地方参政権
ギリシア	2001	762	アルバニア、ブルガリア、グルジア	事実上の重国籍容認
スウェーデン	2004	462	フィンランド、イラク、ノルウェー	権利帰化制度、外国人地方参政権
スペイン	2004	1997	モロッコ、エクアドル、コロンビア	出生地主義、相手国との協定により重国籍容認
デンマーク	2004	267	トルコ、イラク、ボスニア＝ヘルツェゴビナ	事実上重国籍容認、権利帰化制度、外国人地方参政権
ドイツ	2004	6738	トルコ、イタリア、旧ユーゴスラヴィア	出生地主義、一定条件下で重国籍容認
フランス	1999	3263	ポルトガル、モロッコ、アルジェリア	出生地主義、重国籍容認
ベルギー	2004	870	イタリア、フランス、オランダ	出生地主義、重国籍容認
ポルトガル	2004	449	ブラジル、カボヴェルデ、アンゴラ	出生地主義、重国籍容認

（宮島喬『移民社会フランスの危機』P.38 ～ 39）

層社会に追い込まれ、一般フランス社会から隔絶されている。移民居住地バンリュー（パリ中心街を囲む外側地域）の低所得者高層住宅に暮らす移民の失業率は二〇パーセント強であり、就職ではアラブ系の名前で住所がパリ郊外だと面接にも呼ばれないという。世帯年収は一万ユーロ（約一四〇万円）で大都市に暮らすフランス人の六〇パーセントである。建前としての「統合」、フランス国籍者として「法的平等」を持つが現実社会からは徹底的に排除されている。これが暴動の背景にあったことは誰もが認めるところである。

移民・外国人出身者を対象に一九九六年に実施された世論調査によると、人種差別の主な被害者のトップがマグレブ出身、次にブール（フランス生まれのマグレブ二世）、アフリカの黒人、ロマ、ユダヤ人、アンテル諸島人、アジア人、地中海沿岸ヨーロッパ人となっており、二人に一人が言葉や行動による人種差別の被害を被ったことがあると回答している。非ヨーロッパ系のヴィジブル・マイノリティ、つまり肌の色、母語、宗教や生活風習から「視覚的」に異なる彼らは差異化されやすい存在である。一九九三年の調査では、ブールは被害の場面を上から順に「職場探し」「ナイトクラブ」「警官との間」「他の若者との間」「家探し」「学校」「職場」と答えている。フランス的平等の「統合政策」について「いっさいの属性をカッコにくくり普遍的・抽象的個人として扱うことは、ヴィジブル・マイノリティにとってはいったい何を意味するのか。それは、彼らが肌の色や、宗教や、日常行動を理由に差別されているという動かし難い事実を素通りし、無視することではないのか。または、そのような実態を認識するためのトゥールを最初から放棄し、抽象的に『平等』を論じることにとどまるのではないか」との鋭い問題提起を行い、「フランス的現実」に即した

「平等」の再考が求められており、「実質的平等」の実現のための「積極的差別是正措置（アファーマティブ・アクション）」の必要性が説かれている（宮島喬『移民社会フランスの危機』）。そして、被差別者は「移住者に対し、自分のアイデンティティを忘れて他の人間になれと言うのは、克服しがたいジレンマを生み出す。人は過去の自分を捨てることなどできないからだ」（ミュリエル・ジョリヴェ『移民と現代フランス』）と訴える。

近年、「帰化しない外国人」をして「デニズン（denizen）」という用語が使われている。スウェーデンの政治学者T・ハンマーによるものだが、要約すると外国人と市民との間に引かれていた明確な区別が取り除かれ、多くの外国人市民がその滞在国と緊密で強いつながりを築き上げることに力点を置きながらも、とくに帰化を望まず、将来も望まず、法的には外国人であるが、その国の構成員であるという考え方である。実のところ今日多くの在日朝鮮人が日本社会に求めているのもこのような在り方ではないだろうか。日本国籍を取得する必要性のない開かれた社会の在り方である。EU市民権やEU加盟国に長期居住するEU域外外国人への平等な処遇などがそれに近いと言えよう。在日朝鮮人問題に取り組んできた梶村秀樹は「もとよりアイヌ民族にも分離自決の権利はあるが、アメリカのマイノリティ同様、現状において多民族国家日本の枠組に包摂されている事実があるのに対して、朝鮮人・中国人は母国を持っている。国内少数民族と定住外国人とのこの差異は、実体論的にも看過するわけにはいかない。区別した上でなおかつ、定住外国人の諸権利の根拠が明確に論証されなければならないのである」とし「いきおい『日本人と変わらぬ生活実態』という側面を一面的に強調する結果となっている」ことに対して、「生活実態」というものが「準日本人化」的視点で在日朝鮮人の権利問題をとらえていること、それが「日本人化（同化）の過渡」へとつながっていく危険性を早くから指摘している（「定住外国人としての在日朝鮮人」『思想』一九八五年八月号）。

【EU市民権】一九九三年マーストリヒト条約の発効により加盟国の国籍を持つ者はすべてEU市民権を持つことになった。二〇〇七年現在、EU加盟国は二七カ国・人口約五億人を擁する。EU市民権の主な内容は、①加盟国領域内への自由な移動と居住の権利、②居住先加盟国の地方自治体選挙および欧州議会選挙（加盟国国民の代表として五年に一度直接選挙で選出）の選挙権と被選挙権、③国籍を有する加盟国が第三国に代表を置いていない場合には他の加盟国の外交または領事上の保護を受ける権利、④欧州議会への請願権およびEUオンブズマンへの申立権、⑤EU諸機関に二三のEU公用語のいずれかの言語で手紙を書き同一言語で返事を受ける権利などである。また国境を越えて定住しなくても付与される権利がある。たとえばEU法では採用、報酬、昇進、解雇などで男女平等を規定しており加盟国を拘束する。他方、EU加盟国国民でない外国人は、加盟国での入国審査にパスしていれば原則として三カ月間、基本的にEU域内をパスポートチェックなしに自由に往来できる。また、二〇〇三年「長期在留者たる第三国国民の地位に関する指令」の制定により、外国人はひとつの加盟国に五年間合法的かつ継続的に居住すれば長期在留資格が与えられることになった。ただし、加盟国の公的扶助に頼ることなく暮らせる定期収入があること、疾病保険に加入していることが条件である。しかし、長期在留資格が与えられると就労の機会、教育・職業訓練、専門資格の取得、社会保障の適用、税法上の恩典、労働組合加入の自由、他の加盟国への移住など様々な点で加盟国国民と平等な処遇を受ける。

国際結婚とダブル

在日朝鮮人と日本人との国際結婚の増加（〇六年全体の約八三パーセント）によるダブルの増加（「コリアン・ジャパンのダブル化」という混交）は、在日朝鮮人社会の民族的アイデンティティの在り方に変化をもたらしている。一九六九年から朝鮮人女性と日本人男性との婚姻が朝鮮人男性と日本人女性の婚姻を上回り、一九八四年から朝日国際結婚が民族同士の結婚を上回り、〇六年朝日国際結婚のうち朝鮮人女性と日本人男性の結婚は七二・一パーセントを占めている（表4参照）。一九八五年日本の改正国籍法施行（子の国籍における父系血統主義から父母両系主義への変更）により、在日朝鮮人と日本人の間に生まれた子どもの国籍に関しては、朝鮮人女性と日本人男性の間に生まれた子どもに限らずその逆のケースにおいても子どもの日本国籍状態が少なくないと考えられ、彼らはまさに三世、四世と呼ばれる世代たちである。一九九八年韓国でも国籍法が改正され、同じく子の国籍における父母両系主義が採用された。これによって、韓日国際結婚の子は潜在的に重国籍となっている者が多く存在すると推測されるが、とりあえず日本では日本国籍状態にあるだろう。

厚生労働省の人口動態統計などによると二〇〇六年在日朝鮮人の出生総数は七一五一人、その内父母がコリアン（朝鮮・韓国籍）の子（朝鮮・韓国籍）は一五二七人であり、国際結婚（父または母が朝鮮・韓国籍、一方の配偶者は日本籍）によるダブルの子は五二七三人である。約三人に二人（出生総数の七七・五パーセント）がダブルの子という計算である。父母両系主義を採用した一九八五年から二〇〇六年までのあいだに朝日ダブルの子は累計一三万五〇〇〇人強出生している。ダブルの子の国籍別数（朝鮮・韓国籍か日本籍か）は定かでないが、おそらく特別永住者四三万八九七四人（〇六年度。植民地統治の結果日本に居住することになった一世とその子孫）のなかで無視できないウェイトを占めている（表5参照）。ダブルが生む子はクウォーターとなりコリアン系四世、五世としてさらに増加していくであろう。ダブルの存在は数的に度外視できないだけではなく、ダブルの人たちが主観的にどのように認識しようが客観的には「コリアン」と「日本」の双方の出自を持つ。したがって、国籍や民族（「血筋」）を基準に「一つのアイデンティティを絶対化」すると、在日朝鮮人社会にダブルの居場所はなくなる。

ちなみに国際結婚の子をして、ハーフという言葉とともにダブルという表現が用いられている。ハーフは英語の half から来ており「半分外国人」の意味で、ダブルは double から来ており二つのルーツを持つことを強調している。ハーフという言葉は、自分たちを「純粋」だと考える人から見ると「不純」を強調するものとして使われることが多かった。そこでダブルは、複数のルーツを否定的にではなく肯定的にとらえ、アイデンティティの葛藤（自分は何者か）を乗り越える言葉として使われるようになった。もっとも最近、ハーフはトレンディーなイメージと結びつく傾向にあり、ダブルの方は誇張された表現として拒絶され、必ずしも当事者から認知を得ているわけではないようである。たとえば「両方」とすることによってアメラジアン（アメリカン・アジアン）は、二カ

表 4　在日朝鮮人婚姻統計（1955 年～ 2006 年）

年	朝鮮人同士（件数）	朝鮮人同士（人数）	男朝鮮人女日本人（件数）	男日本人女朝鮮人（件数）	朝鮮人日本人（件数）	男朝鮮人女外国人（件数）	男外国人女朝鮮人（件数）	朝鮮人外国人（件数）	朝鮮人同士率（件数計算）	朝鮮人同士率（人数計算）
1955	737	1,474	242	94	336			29		80.15 %
1956	1,281	2,562	340	134	474			41		83.26 %
1957	1,674	3,348	407	168	575			37		84.55 %
1958	2,085	4,170	465	211	676			47		85.22 %
1959	2,473	4,946	805	280	1,085			38		81.50 %
1960	2,315	4,630	862	310	1,172			37		79.29 %
1961	2,568	5,136	745	396	1,141			24		81.51 %
1962	3,180	6,360	807	514	1,321			31		82.47 %
1963	3,102	6,204	830	571	1,401			39		81.16 %
1964	3,360	6,720	1,027	673	1,700			34		79.49 %
1965	3,681	7,362	1,128	843	1,971			38		78.56 %
1966	3,369	6,738	1,108	846	1,954			38		77.18 %
1967	3,643	7,286	1,157	1,097	2,254			28		76.15 %
1968	3,685	7,370	1,258	1,124	2,382			41		75.26 %
1969	3,510	7,020	1,168	1,284	2,452			50		73.72 %
1970	3,879	7,758	1,386	1,536	2,922			47		72.32 %
1971	4,030	8,060	1,533	1,696	3,229			50		71.08 %
1972	3,839	7,678	1,707	1,785	3,492			64		68.35 %
1973	3,768	7,536	1,674	1,902	3,576			54		67.49 %
1974	3,877	7,754	1,743	2,047	3,790			69		66.77 %
1975	3,618	7,236	1,554	1,994	3,548			48		66.80 %
1976	3,246	6,492	1,564	2,049	3,613			48		63.94 %
1977	3,213	6,426	1,390	1,990	3,380			46		65.23 %
1978	3,001	6,002	1,500	2,110	3,610			37	45.14 %	62.20 %
1979	3,155	6,310	1,597	2,224	3,821			27	45.05 %	62.12 %
1980	3,061	6,122	1,651	2,458	4,109			33	42.50 %	59.65 %

1981	2,949	5,898	1,638	2,585	4,223			37	40.91 %	58.06 %
1982	2,863	5,726	1,809	2,903	4,712			42	37.59 %	54.64 %
1983	2,714	5,428	1,901	3,391	5,292			42	33.72 %	50.44 %
1984	2,502	5,004	2,021	3,209	5,230			34	32.22 %	48.73 %
1985	2,404	4,808	2,525	3,622	6,147			39	27.99 %	43.73 %
1986	2,389	4,778	2,330	3,515	5,845			35	28.89 %	44.83 %
1987	2,270	4,540	2,365	4,405	6,770			22	25.05 %	40.06 %
1988	2,362	4,724	2,535	5,063	7,598			23	23.66 %	38.27 %
1989	2,337	4,674	2,589	7,685	10,274			27	18.49 %	31.21 %
1990	2,195	4,390	2,721	8,940	11,661			32	15.81 %	27.30 %
1991	1,961	3,922	2,666	6,969	9,635			40	16.85 %	28.84 %
1992	1,805	3,610	2,804	5,537	8,341			41	17.72 %	30.10 %
1993	1,781	3,562	2,762	5,068	7,830			47	18.44 %	31.14 %
1994	1,616	3,232	2,686	4,851	7,537			28	17.60 %	29.93 %
1995	1,485	2,970	2,842	4,521	7,363			49	16.69 %	28.61 %
1996	1,438	2,876	2,800	4,461	7,261			105	16.33 %	28.08 %
1997	1,269	2,538	2,674	4,504	7,178	50	43	93	14.86 %	25.87 %
1998	1,279	2,558	2,635	5,143	7,778	57	58	115	13.94 %	24.48 %
1999	1,220	2,440	2,499	5,798	8,297	65	56	121	12.66 %	22.47 %
2000	1,151	2,302	2,509	6,214	8,723	83	59	142	11.49 %	20.61 %
2001	1,019	2,038	2,477	6,188	8,665	78	68	146	10.37 %	18.79 %
2002	943	1,886	2,379	5,353	7,732	85	87	172	10.66 %	19.26 %
2003	924	1,848	2,235	5,318	7,553	107	78	185	10.67 %	19.28 %
2004	949	1,898	2,293	5,730	8,023	116	99	215	10.33 %	18.73 %
2005	866	1,732	2,087	6,066	8,153	132	87	219	9.37 %	17.14 %
2006	845	1,690	2,335	6,041	8,376	140	103	243	8.93 %	16.39 %
累計	124,886	249,772	92,765	163.416	256,181			3,369		

厚生省大臣官房長官統計情報部編『人口動態統計』等に基づき作成
＊「朝鮮人」とは外国人登録上の国籍欄が「朝鮮」もしくは「韓国」記載者。「外国人」とは日本人以外の外国人。

表 5　在日朝鮮人出生・死亡統計（1955 年～ 2006 年）

年	総出生数	父母朝鮮人出生数	父朝鮮人母日本人出生数	父日本人母朝鮮人出生数	父朝鮮人母外国人出生数	父外国人母朝鮮人出生数	父不明母朝鮮人出生数	比率	死亡数	性別死亡数（前が男）	＋、－
1955	14,424								3,565		10,859
1956	14,089								3,835		10,254
1957	13,287								4,000		9,287
1958	13,337								3,833		9,504
1959	12,641								4,028		8,613
1960	12,122								3,775		8,347
1961	11,824								3,486		8,338
1962	11,772								3,460		8,312
1963	11,958								3,284		8,674
1964	12,580								3,315		9,265
1965	12,645								3,318		9,327
1966	9,580								3,294		6,286
1967	12,960								3,338		9,622
1968	11,337								2,983		8,354
1969	11,892								3,014		8,878
1970	12,070								3,077		8,993
1971	12,599								2,936		9,663
1972	12,616								3,000		9,616
1973	12,620								2,982		9,638
1974	11,833								3,021		8,812
1975	11,597								3,038		8,559
1976	10,959								3,008		7,951
1977	10,430								3,005		7,425
1978	10,010								3,178		6,832
1979	9,835								3,261		6,574
1980	9,907								3,173		6,734
1981	9,295								3,332		5,963

1982	9,370								3,319			6,051
1983	9,467								3,299			6,168
1984	9,363								3,383			5,980
1985	8,381	4,838	3,543						3,147			1,691
1986	8,229	4,864	3,365						3,446			1,418
1987	11,762	5,873	3,039	2,850					3,586			2,287
1988	11,996	5,986	2,992	3,018					3,822			2,164
1989	11,396	5,426	3,039	2,931					3,765			1,661
1990	11,485	5,253	3,048	3,184					3,895			1,358
1991	11,695	5,121	3,172	3,402					3,992			1,129
1992	11,703	4,624	3,407	3,672					4,360			264
1993	11,186	4,233	3,249	3,704					4,268			−35
1994	11,568	4,183	3,649	3,736					4,291			−108
1995	10,450	3,650	3,281	3,519					4,577			−927
1996	10,555	3,587	3,418	3,550					4,397	2,783	1,614	−810
1997	10,524	3,234	3,469	3,440	64	48	269	31.54 %	4,466	2,815	1,651	−1,232
1998	10,395	3,102	3,529	3,389	66	52	257	30.60 %	4,422	2,784	1,638	−1,320
1999	9,865	2,798	3,479	3,208	50	58	272	29.17 %	4,621	2,859	1,762	−1,823
2000	9,831	2,681	3,427	3,345	61	47	270	28.04 %	4,483	2,737	1,746	−1,802
2001	9,455	2,390	3,437	3,204	63	68	293	26.09 %	4,513	2,781	1,732	−2,123
2002	8,782	2,118	3,117	3,141	56	76	274	24.89 %	4,491	2,756	1,735	−2,373
2003	8,144	1,876	2,965	2,911	62	73	257	23.79 %	4,526	2,704	1,822	−2,650
2004	7,727	1,777	2,791	2,749	84	89	237	23.72 %	4,446	2,653	1,793	−2,669
2005	7,137	1,591	2,604	2,583	74	80	205	22.95 %	4,660	2,734	1,926	−3,069
2006	7,151	1,527	2,680	2,593	86	78	187	21.93 %	4,588	2,676	1,912	−3,061
累計	567,836	80,732	70,700	64,129	666	669	2,521		192,302			236,849

厚生省大臣官房統計情報部編『人口動態統計』等に基づき作成
1955 ～ 1984 年の出生数は「父母朝鮮・韓国籍」以外にも「父朝鮮・韓国籍、母日本籍の子」、「父朝鮮・韓国籍、母朝鮮・韓国籍および日本籍以外の外国籍の子」、あるいは「未婚の母朝鮮・韓国籍の子」ら、出生届時に外国人登録証国籍欄が「朝鮮・韓国」となった者すべてを含む。空欄は不明。
＊「朝鮮人」とは外国人登録上の国籍欄が「朝鮮」もしくは「韓国」記載者。「外国人」とは日本人以外の外国人。

国語を話せることが理想的とされるからである。元来、人間を半分などと計ることが出来ないように、量のようにダブルで表せるものでもない。沖縄で生まれ育ったあるアメラジアンは「僕らはハーフだ、だから英語は話せないんだ！」と言うべきだと話した。S・マーフィー重松は「自分のルーツを受け入れることは精神の健康に欠かせない条件だと私は変わらず信じているが、驚くほど個人差が認められるのも確かだ。複数のアイデンティティというのは、例外ではなく、むしろありきたりなものなのである」（『アメラジアンの子どもたち——知られざるマイノリティ問題』）と指摘している。

人口学では高齢者（六五歳以上）が人口の七パーセントを占めると「高齢化社会」、一四パーセントを占めると「高齢社会」と規定し黙過できない社会問題として浮上する。この規定は一九五六年国連が発表した報告書「人口高齢化とその経済社会的合意」の定義に基づく。内容は異なるがこの比率を当てはめると、明らかにダブル、帰化者の総数は在日朝鮮人社会の現状と展望を論じる上で重要な問題である。ちなみに二〇〇六年外国人登録統計上六五歳以上の朝鮮人は一五・七八パーセント。

【重国籍に関する国際法の動向】重国籍は外交保護権の衝突、（国家への）忠誠義務の衝突、兵役義務の衝突、単一国籍者との不平等などが指摘され、いずれかの国籍選択による「国籍唯一の原則」が広く受け入れられてきた。しかし、「選択」という「強制」は人権侵害であり、また国際結婚の子は両親それぞれの文化を背負って生まれ、二つの国籍もまた等しく大切であるとの考えが徐々にではあるが広がってきた。このような流れのなかで、重国籍の減少を目的にしたストラスブール条約（一九六三年）の改正論議が浮上し、一九九九年同条約改正に関する第二議定書は「他の締約国の国籍を任意取得した場合においても原国籍を保持できる」ことを認めた。これは母国国籍の保持による母国へのアイデンティティを保ったまま、居住地の国民たる地位を取得できることが望ましいとしたもので、重国籍を人権問題としてとらえ国籍の得失に関する「個人の人格的利益」を「国家の論理」に優先させたものと言えよう。

(3)「縮小」する在日朝鮮人

二〇〇六年外国人登録統計によると日本在住外国人の数は一八八カ国二〇八万四九一九人で、日本総人口の一・六三パーセントを占める。朝鮮・韓国の数は五九万八二一九人（在住外国人全体の二八・七パーセント、過去最低）で、以下、中国五六万〇七四一人（二六・九パーセント）、ブラジル三一万二九七九人（一五・〇パーセント）、フィリピン一九万三四八八人（九・三パーセント）、ペルー五万八七二一人（二・八パーセント）、アメリカ五万一三二一人（二・五パーセント）と続く。中国は毎年増加傾向にあるが、朝鮮・韓国は一九九一年末の六九万三〇五〇人をピークに毎年減少を続けている。その背景には「特別永住者」の減少がある（表6参照）。とくに一九九六年以来毎年一万人強減少し二〇〇六年朝鮮・韓国「特別永住者」の数は四三万八九七四人（「特別永住者」総数四四万三〇四四に対する構成比では全体の九九パーセントと絶対多数を占めてはいる）である。

朝鮮・韓国「特別永住者」の減少にはいくつかの要因が考えられる。

①日本社会と同じように一般的な傾向として晩婚、未婚、非婚、少子化による出生率の低下がある。実際、統計上の出生率は年々減少傾向にある。ちなみに日本の年齢別人口構成の波と朝鮮・韓国年齢別登録者数の波は似ており、在日歴半世紀の過程で在日朝鮮人社会が日本の経済動向や時代の価値観に影響されていることを物語る。

②国際結婚による朝鮮・韓国女性の日本国籍取得が推測される。在日朝鮮人の国際結婚は一九八四年を境に過半数を超え続け、九九年より男女比率では女性が男性の倍を示している。女性の場合は日本人男性との結婚を機に、日本国籍を取得するケースが少なくないと思われる。

③国際結婚の子の日本国籍の選択。国際結婚の子は潜在的には一定期間二重国籍状態にあるが、父が日本人の場合はほとんど父の戸籍に記載され日本国籍になるであろう。父が朝鮮・韓国の場合も、出生と同時に日本国籍離脱手続を行い外国人登録を行わなければ、日本人母の戸籍に記載され日本国籍状態となる（二二歳までにいずれか一つの国籍を選択しなければならない）。

④帰化の増加。一九九五年以来、帰化朝鮮人は年間一万人を前後しており、二〇〇六年は八五三一人が日本国籍を取得している。

⑤出生と死亡率の変化。二〇〇六年在日朝鮮人同士のあいだに生まれた子は一五二七人で、死亡数は四五八八人。朝鮮・韓国籍者が全体的に三〇六一人減少していることになる（国際結婚の子が朝鮮・韓国籍を選択した数は含まれていない。出生と死亡による人口マイナス現象は九三年よりはじまり、逆転現象は年々広がっている）。もっとも、国際結婚の子は五二七三人出生しており、それを加算す

るなら全体として「コリアン系」は増えている。それでも出生率の低下により在日朝鮮人社会は絶対的には減少傾向にある。帰化朝鮮人を含めれば「コリアン系」はさらに増えることになる。

このような諸要因によって「固有の意味」における在日朝鮮人社会は縮小傾向にある。ただ、これらの傾向は日本居住半世紀のなかで不可避的な面もあるが（たとえば国際結婚の増加）、他方では民族分断半世紀と日本政府の差別と同化政策により強制された現象でもある（たとえば帰化の増加）。したがって、分断状況の解消と朝日国交正常化という状況変化によって在日朝鮮人社会の姿もまた変化していくことが予想される。この点については最後に触れることにする。

いずれにせよ、在日朝鮮人社会は「世代交代」「複合化」「縮小化」が「質量的」に促進しており「一世の時代」に比べるとまさに一変しているといっても過言ではない。今日、在日朝鮮人社会は国籍において「朝鮮」「韓国」「日本」が混在しており、二つの文化的背景を持つ国際結婚の子や孫の数と、日本国籍取得者とその子や孫などの数を合計すると、従来からイメージされてきた「在日朝鮮人」（その言葉の固有の意味における「特別永住者」ら）の数を超えると推測され、在日朝鮮人個々人も在日朝鮮人社会そのものも民族意識や帰属意識においてすでに複合化、重層化しているのである。したがって、いまやかつてのような「同じ民族」といったイメージをもって在日朝鮮人社会をひとくくりにすることはできないし、在日朝鮮人の「民族性」についても従来の「基準」をもって語るなら多くの人が枠外に置かれてしまうことになるだろう。

（1947 年～ 2006 年）

朝鮮人 特別永住者	朝鮮人 永住者	(特別永住者＋ 一般永住者)	朝鮮人特別永住者 増減
		598,181	
578,741	13,730	592,471	
573,485	14,964	588,449	△ 5,256
557,921	22,201	580,122	△ 15,564
548,968	23,596	572,564	△ 8,953
538,461	24,877	563,338	△ 10,507
528,450	26,425	554,875	△ 10,011
517,787	28,766	546,553	△ 10,663
507,429	31,955	539,384	△ 10,358
495,986	34,624	530,610	△ 11,443
485,180	37,121	522,301	△ 10,806
471,756	39,807	511,563	△ 13,424
461,460	42,960	504,420	△ 10,296
447,805	45,184	492,989	△ 13,655
438,974	47,679	486,653	△ 8,831

表6　在日朝鮮人人口及び「特別永住」者数の推移

年	全外国人	朝鮮人	比率	年	全外国人	朝鮮人	比率
1945				1976	753,924	651,348	86.39 %
1946				1977	762,050	656,233	86.11 %
1947	639,368	598,507	93.61 %	1978	766,894	659,025	85.93 %
1948	648,045	601,772	92.86 %	1979	774,505	662,561	85.55 %
1949	645,749	597,561	92.54 %	1980	782,910	664,536	84.88 %
1950	598,696	544,903	91.01 %	1981	792,946	667,325	84.16 %
1951	621,993	560,700	90.15 %	1982	802,477	669,854	83.47 %
1952	593,955	535,065	90.09 %	1983	817,125	674,581	82.56 %
1953	619,890	556,084	89.71 %	1984	841,831	680,706	80.86 %
1954	619,963	556,239	89.72 %	1985	850,612	683,313	80.33 %
1955	641,482	577,682	90.05 %	1986	867,237	677,959	78.17 %
1956	638,050	575,287	90.16 %	1987	884,025	673,787	76.22 %
1957	667,036	601,769	90.22 %	1988	941,005	677,140	71.96 %
1958	676,983	611,085	90.27 %	1989	984,455	681,838	69.26 %
1959	686,613	619,096	90.17 %	1990	1,075,317	687,940	63.98 %
1960	650,566	581,257	89.35 %	1991	1,218,891	693,050	56.86 %
1961	640,395	567,452	88.61 %	1992	1,281,644	688,144	53.69 %
1962	645,043	569,360	88.27 %	1993	1,320,748	682,276	51.66 %
1963	651,574	573,284	87.98 %	1994	1,354,011	676,793	49.98 %
1964	659,789	578,545	87.69 %	1995	1,362,371	666,376	48.91 %
1965	665,989	583,537	87.62 %	1996	1,415,136	657,159	46.44 %
1966	668,318	585,278	87.57 %	1997	1,482,707	645,373	43.53 %
1967	676,144	591,345	87.46 %	1998	1,512,116	638,828	42.25 %
1968	685,075	598,076	87.30 %	1999	1,556,113	636,548	40.91 %
1969	697,504	607,315	87.07 %	2000	1,686,444	635,269	37.67 %
1970	708,458	614,202	86.70 %	2001	1,778,462	632,405	35.56 %
1971	718,795	622,690	86.63 %	2002	1,851,758	625,422	33.77 %
1972	735,371	629,809	85.65 %	2003	1,915,030	613,791	32.05 %
1973	738,410	636,346	86.18 %	2004	1,973,747	607,419	30.77 %
1974	745,565	643,096	86.26 %	2005	2,011,555	598,687	29.76 %
1975	751,842	647,156	86.08 %	2006	2,084,919	598,219	28.69 %

法務省入国管理局編『在留外国人統計』に基づき作成
＊「朝鮮人」とは外国人登録上の国籍欄が「朝鮮」もしくは「韓国」記載者。

4　在日朝鮮人の民族的アイデンティティ

(1)「異種混淆世代」の民族的アイデンティティ

境界線の不透明化

在日朝鮮人社会を取り巻く外的・内的な変化のなかで、様々な背景を持って生まれ様々な空間で育った世代たちは不可避的に、あるいは自然に多様な価値観や人生観、民族観、国家観を持つようになる。このような多様性を持った世代を「民族性」との関係からとらえるなら境界線の不透明化と言えよう。「私たちのもの（朝鮮文化）」と「その他のもの（日本文化をはじめとする他の文化）」との境界線が不透明化、あるいは複雑に交錯し自己の内に重層的に存在しているのである。いろんなものが入り交じることによって「自画像（自分はいったい何者か）」が揺らぎ、ややもするとわけのわからない「混淆《こんこう》（＝hybrid）状態」にある世代と言えよう。しかし、この混淆性は「自発的」、「平和的」、「自然」にもたらされたものではなく、植民地主義に根を置いた差別と同化という日本政府の半世紀におよぶ政策によって強制され、また冷戦によって強いられた民族分断が生み出した姿でもある。不断に民族的なものを喪失しながらその空間が「その他のもの」すなわち日本文化をはじめとする様々なもので埋められていく、しかもそれは「自由選択」ではなく恒常的な抑圧によってもたらされた側面を忘れてはならない。これが在日朝鮮人の「民族性の危機」（ナショナルアイデンティティ・クライシス）の背景と実体である。

帰属意識の多様化

異種混淆性は帰属意識の多様性にも表れている。帰属意識の多様性はあるひとつの帰属に「唯一の権威」を与えない。たとえば「北か、南か」というように「これか、あれか」ではなく「これも、あれも」であり、「こっちか、あっちか」ではなく「こっちも、あっちも」である。択一的な二分法を拒否し状況や場面で帰属の軸が移動するのである。見方を変えれば「それ以外の選択肢」を持っているのである。そもそもアイデンティティ（identity）とは、自我同一性、自己同一性と訳されるが、「私」を「私」たらしめる一貫性、同一性を与えているものは何かということへの意識で、他者や社会によって承認され、認識されるいわば「身元」であり「自分が自分である証」である。上野千鶴子は「『わたし』を作り上げているのは、ジェンダーや、国籍、職業、地位、人種、文化、エスニシティなど、様々な関係性の集合である。『わたし』はそのどれからも逃れられないが、そのどれかひとつに還元されることもない。『わたし』が拒絶するのは、単一のカテゴリーの特権化や本質化である」（『ナショナリズムとジェンダー』）と示唆に富んだ指摘を行っている。

ただ、マジョリティによるマイノリティへの抑圧という現実、制度化された支配と被支配の状況においては、諸々のアイデンティティを「均等化」して論じることは抑圧や支配の現実から目を背けさせ、あるいは見えなくしてしまう危険性もある。つまり、在日朝鮮人が置かれた差別と同化状況においては「民族的アイデンティティ」（民族への帰属意識）を「私の証」の主要な問題として位置づけざるを得ない。異なっているのに同化を強要するのは人間としての尊厳の否定に他ならず、よって「民族的アイデンティティ」を自分を自分たらしめている諸々のアイデンティティと同列に扱うことはできない。植民地統治時代の「創氏改名」や「母国語の禁止」による民族的尊厳の否定は人間の尊厳そのものの否定であった。かつて朝鮮人は国を奪われることによって民族を否定され、人間性さえも踏みにじられたのである。そこに「国家（祖国）」や「民族」への帰属意識、あるいは民族性というものにこだわり続ける一世の悲痛なる歴史的体験と教訓があり、それはいまもって客観的な現実でもある。それはまた「非対称的権力の構図の中で、民族というスティグマを付けられ、西欧近代的な『進歩』の時間軸から取り残された者とされ、一方的に抑圧され収奪された（そして現在もされつづけている）少数民たち、および『在日××民族』という名で排除され差別されつづけてきた人々は、当然のように民族概念を正のベクトルを持つ力として立ち上げうるし、また、立ち上げるべきだと私は考えます」（森巣博。姜尚中・森巣博『ナショナリズムの克服』）ということである。

故国パレスチナを追われたタニア・タマリ・ナシールは「本拠地をもつことは世界とかかわるために必要なのです。この本拠地は必ずしも物理的なものではなく、心の中で自分が所属するところとして存在していればよいのです。どこに暮らそうが、自分の帰属はここだと思えるところです」とし、ナシールはその本拠地がパレスチナであると話しながら「自分の国を愛するという意味でわたしもナショナリストですが、国家主義者ではありません。そういう偏狭なナショナリズムにはほとんど狂信的なものを感じ、危険で非生産的だと思います。そんなものにとらわれていては二十一世紀のこの世界を生きていけません。でもパレスチナでは、何十年にわたる受難と占領に直面する人々にとって、強烈なナショナリズムが唯一の回答であり、避難所を与えてくれるのです。私たちが解放され、念願の国家をもち、パレスチナ人への不当な仕打ちが正されれば、ナショナリズムも自ずと変化していくでしょう」（「本拠地をもつということ」『エドワード・サイード OUT OF PLACE』）とパレスチナ人にとってのナショナリズムについての実体験を語った。

（2）「異種混淆世代」の積極的価値と民族意識

多様性の価値への接近

ここで問題提起を行ってみよう。

第一に、日本で生まれ育った三、四世代が一、二世代以上に日本の文化風土の影響を受けるのは不可避である。第二に、同化政策の結果としての同化（強制同化）と、日本社会に暮らしているがゆえに受ける一般的な社会・文化的影響による同化（自然同化）を区別する必要がある。第三に、「民族（への帰属）」「民族性」というものに柔軟に接近し、とらえる必要がある。第四に、もっとも強調したいことは、多様なものを自己の内に吸収している世代の積極的存在価値である（異種混淆の否定的側面と積極的側面）。そもそも多様性と民族性は矛盾するものではない。問題は、多様性それ自体ではなく多様性の内容であり、多様性から自己のルーツである民族的なものが失われていく現実であり、しかもそれは自然現象ではなく強制されたもので、したがって多様性の内に民族的なものをいかに守るか、育むか、受け継いでいくかが重要なのである。

ところで「民族性」とはなんであろうか。何を指して民族性の「有無」や「濃淡」を語るのであろうか。国籍、言語、名前、血統……。従来から言われてきた「民族性のメルクマール」をもって三、四世代の「民族性」を論じるなら、極論すればもはや在日朝鮮人社会に「純粋なコリアン」はほとんど見あたらないとさえ言えよう。人は関係を結ぶことによって存在することができるように、集団も国家も他集団、他国家と関係を結ぶことによって存在することができる。関係は相互作用を前提にしており、相互作用のなかで互いに影響を受けながら必然的に変化する（自他の変化）。

文化も元来「複数文化」「雑種文化」であり、民族文化も例外ではない。民族文化もなんら他の影響を受けない「純粋民族文化」などあり得ず、他の文化の影響を受けながら変化してきた。いまの朝鮮民族も高句麗の民と同じ「朝鮮文化」を受け継ぐが、言葉や文字、衣装や風習は大きく変化している。「朝鮮民族」の存在、「民族性」というものの存在や意義を否定しているのではない。日本植民地統治下の独立運動、今日の民族統一への在日朝鮮人の熱い思いも「民族愛」「祖国愛」によるものである。異国において、しかも日本という状況のなかで在日朝鮮人が創造した巨大な精神的、物質的富も差別に抗う民族自主意識によってもたらされたものである。ただ、「民族の純粋性」

を過度に強調するとき、ややもすると「民族的な振り分け」による「われわれ」と「彼ら」の境界線の強化による閉鎖的で排他的な民族主義に陥る危険性がある。アイデンティティとは常に「解放と抑圧」の両面を持つ諸刃の刃のような存在でもある。それを踏まえた上で、日本総合研究所会長寺島実郎の「国際社会との関わりの中で仕事をしてきた私自身が確認してきたことは、自らの民族と帰属する国家への共感無きコスモポリタンは、決して信頼も尊敬もされないということであり、自らのアイデンティティ（帰属意識）を求める傾向は、空疎な国際化志向より評価できる。ただし、自らの民族・国家を愛する気持ちは、国際社会を構成する様々な民族・国家への存在への敬意へと広がりを見せなければならない。『開かれたナショナリズム』でなければならないのである」（「ナショナリズムを問い直す」『朝日新聞』二〇〇三年八月一四日）との指摘は示唆に富んでいる。

出自を確認する歴史意識

今日、在日朝鮮人の民族性の表れ方は多様である。朝鮮学校を卒業し苦しい財政のなかでも子どもたちのために教壇に立つ三、四世たち、また彼らを支える同世代と広範な在日朝鮮人たち、金剛山歌劇団や朝鮮歌舞団で夢を追う三、四世がいるかと思えば、朝鮮名で帰化した孫正義、本名で日本の文学界で活躍している梁石日、柳美里、玄月、日本社会に鋭い警笛を鳴らし続ける学者姜尚中、ロック音楽で民族を歌う朴保、作詞家の康珍化をはじめ日本の各界でコリアンであることを隠さない。二〇〇〇年春、東京朝鮮中高級学校舞踊部生徒（ほとんどが三世以降の世代）のアメリカ公演に同行したときのことである。彼らが聴く歌は日本や外国の歌であり、日本の流行服を格好良く着こなしハンバーガーを好んで食する。しかし、朝鮮の歌も愛し朝鮮の食べ物も大好きだ。そして民族衣装をまとい舞台に立つとき、在米コリアンに驚くほどの感銘を与えた。彼らはいったい何者か。

今日、三、四世代の民族性の「表現形態」「表現内容」「表現手段」の多様性は既成世代の想像を遥かに超えており、「民族性の有無」を既成の基準をもって計ることはできない。従来の「民族性のメルクマール」（厳格な「資格のチェック」）をもって三、四世代の民族性の「有無」や「高低」を計るなら、不可避的に彼らは「朝鮮人」から遠ざかっていくだろう。繰り返し強調するが、多様性自体が問題ではない。多様性は不可避であり、それ自体否定されるべきことではないし、多様性と民族性が絶対的に対置される関係にもない。

このような三、四世代の現実を前提に、彼らの内に民族性を育む上で大切なことは、多様化し拡散する在日朝鮮人社会に非常に柔軟な「最大公約数としての民族」をもって接近することである。言葉を換えれば、複合化し、重層化し、様々なアイデンティティと帰属意識を持つ在日朝鮮人が「どの次元で民族への帰属」をもち得るのか、あるいは民族意識をもつとはそもそもどういうことなのかということである。尹健次の言葉を借りるなら「在日の『民族』意識は、さまざまな要素をもった複合的なものである。在日の現実と未来からするとき、とりわけ自己の出自を確認する歴史意識が重要な意味をもってくる。言い換えるなら、在日を規定する国籍や、血統、意識、あるいは闘うことなどさまざまにいわれるなかで、なによりも自らの来歴を確認する歴史への省察がもっとも重要な意味を持つということである。血統（血）ではなく出自、つまり歴史意識、歴史認識、歴史的自覚である。それは『ルーツ』という言葉と重なり合うものである」（『「在日」を考える』）と言えよう。

5 「統一コリア」のアイデンティティ

複合化、重層化する在日朝鮮人社会にあって、従来言われていたような「祖国志向か在日志向か」「北か南か」といった、どちらかを選択するほど今の在日朝鮮人社会の志向は単純ではないし、すでにそのような二分法、さらには三分法、四分法で在日朝鮮人社会を区分けすることなどできない。現実は、様々な志向が複雑に交錯しながら時と場所、状況によって可変的に帰属の重点が移動しているのである。身近な例をあげるなら、その可否はさておき職場では「通名」、在日朝鮮人社会では「本名」、国籍は韓国だが子どもは朝鮮学校というようにである。在日朝鮮人とくに三世、四世は、何らかの特定の類型にだけ帰属するのではなく、在日朝鮮人を取り巻く諸状況のなかで「場面に応じて帰属を使い分けている」とも言えよう。そしていま、二一世紀を迎えこれら揺れ動く様々な帰属意識の共通軸、中心軸を作り出す歴史的状況が生まれはじめている。

周知のように二〇〇〇年六月、分断史上初めて南北の首脳、金正日総書記と金大中大統領が平壌で出会いを果たし、交わされた「六・一五南北共同宣言」は「国の統一問題を、その主人であるわが民族同士が互いに力を合わせて自主的に解決する」ことを内外に宣言した。そして、北の「連邦制」と南の「連合制」を共通点をもった統一プロセスの段階モデルとして確認し信頼構築のための多方面的な交流の実践を約束した。以降、半世紀にわたる対峙と対立関係にあった南北関係は予想を遙かに越える早さで和解へと向かい、幾多の曲折を経ながらも着実に二一世紀民族統一へのプロセスを歩んでいる。

南北離散家族の再会にはじまり、政治、経済、文化、軍事などの幅広い対話と交流が実現し、国際舞台で白地に青の朝鮮半島を描いた統一旗を掲げての入場は「南北」がひとつであることを内外に誇示し、南北・海外の朝鮮民族のみならず世界中から大きな拍手で迎えられた。二〇〇五年「南北共同宣言」五周年に際しては、官民一体による初の統一祭典がソウルで開かれ「第二の六・一五時代」と称された。また、南北間の鉄道や道路の連結、金剛山観光事業、開城工業団地の三大経済協力事業が推進され、開城工団は「統一民族経済」のモデル地区として建設が遅滞なく進んでいる。二〇一三年完工を目指す開城工団は〇七年九月現在、すでに四四社が稼働し朝鮮の労働者は二万人を数え、軍事境界線を横切りソウルから開城を往復する人は一日平均四〇〇人、車両は二五〇台を数える。一三年完工により三五万人の労働者が二〇〇〇の企業で働き、年間二〇〇億ドルを生産し五〇万人が暮らす「世界最大の生産都市」を目指す。さらに注目すべきは、民族経済共同体の大動脈としての「南北横断鉄道（西海線・東海線）」の連結である。〇七年五月、朝鮮戦争によって途切れて以来西海線は五六年ぶりに、東海線は五七年ぶりに試運行が行われた。「鉄のシルクロード」と呼ばれるこの統一鉄道は、東海ルートはハバロフスク、イルクーツクへとロシア横断鉄道を伝ってヨーロッパへ、西海ルートは瀋陽、北京へと中国横断鉄道を伝ってモンゴル、中央アジアへと、東北アジア経済を結ぶハブ的役割を担うことになる。かつて、物流拠点の湾港として日本の神戸港や横浜港が上位を占めていたが、二〇〇四年世界湾港ランキングに韓国の釜山港が四位に浮上し、神戸港は二九位、横浜港は二八位に転落した。この逆転現象は東アジアの産業構造と物流の変化を映し出しているが、釜山港が基幹航路の拠点となり大陸に向けた巨大なハブ港として生まれ変わっていくことが予想される。東北アジアにおける「鉄のシルクロード」を通じて統一民族経済は大きく発展していくことになるだろう。「六・一五南北共同宣言」以降、いわゆる朝鮮総聯系在日朝鮮人の故郷訪問が実現し、総聯系経済人の訪韓、朝鮮学校舞踊部生徒のソウル公演と交流、金剛山歌劇団の訪韓公演など様々な民間交流が矢継ぎ早に拡大し、また在日朝鮮人を架け橋にした南北・在日の交流も広がっている。朝鮮語、日本語、英語、中国語などを自由に操る在日朝鮮人三世、四世が大陸横断列車の乗務員となる時代、開城工団で起業しあるいは就職する時代、母国の大地に様々な夢実現の舞台を見いだし活躍する時代が遠からずして訪れることを誰が否定できよう。二〇〇七年一〇月には金正日総書記とDMZを超え平壌を訪問した盧武鉉大統領との間で、統一時代に向けた新たな段階を示す歴史的文書が交わされた（「南北関係の発展と平和繁栄のための宣言」一〇月四日）。それはまさに「わが民族同士の理念」に基づき「一国家二制度」による連邦制統一の初歩的段階の青写真を想起させ、また、政治、経済、軍事、文化、外交にわたる包括的内容を具体的に実践する八カ条四九項目の「南北総理会談合意書」（一一月一六日）は統一への歯車にさらなる拍車をかけるであろうし、もはや誰もこの民族史の流れを変えることはできない。

他方、二〇〇五年九月に合意を見た朝鮮・韓国・中国・アメリカ・ロシア・日本による「六カ国共同声明」は、半世紀にわたり停戦状態にある朝米が同じテーブルにつき、相互尊重と平等の精神で朝鮮半島の非核化を実現し、朝鮮半島危機の根源である休戦状態に終止符を打ち、朝米平和協定の締結と国交樹立を視野に入れた東北アジアの平和と安定という、この地域の在るべき青写真を描いた歴史的文書であり、その履行において「公約対公約」「行動対行動」の原則にそって段階的に実行する双務的義務を課した。一進一退を繰り返したが共同声明履行の具体的行動はすでにはじまっている。朝米関係の改善によって冷戦時代とそれを引きずるポスト冷戦時代の朝鮮半島の政治力学が地殻変動を起こしはじめたことは誰の目にも明らかである。東北アジアの平和と安定にとって朝日国交正常化もまた避けることのできない歴史的課題である。二〇〇二年九月朝日両国首脳によって交わされた「朝日平壌宣言」は「朝日間の非正常な過去を清算し、懸案事項を解決して結実ある政治、経済、文化的関係を樹立することが双方の基本利益に合致し、地域の平和と安定に大きく寄与するとの共通の認識を確認した」と前置きしながら、日本政府は「過去の植民地支配により朝鮮人民に多大な損害と苦痛を与えた歴史的事実を謙虚に受け止め、痛切な反省と心からの謝罪の意を表明」した。同宣言は、在日朝鮮人の法的地位にも肯定的な作用をおよぼすことになるであろうし、事実、在日朝鮮人問題は交渉内容の主要な議題のひとつである。

振り返って、在日朝鮮人は植民地と分断、朝鮮半島と日本の境界線上で半世紀以上ものあいだ揺れ動きながらも、その歴史の境界線上にあってなおかつ世界に類を見ない在日朝鮮人社会を築きあげてきた。その根底にあったのは踏みにじられた民族の復権であり、統一朝鮮への憧憬であり希求であったが、それは「一九四五年八月一五日」に当然訪れるべき独立国家朝鮮すなわち真の解放と独立への道のりであった。

いま、その歴史は「植民地と分断時代を生きた一、二世代」から「統一時代を生きる三、四世代」へと向かって動きはじめている。民族分断と歪んだ朝日関係の境界線上に閉じこめられ、半世紀以上ものあいだ苦難を強いられ、朝鮮半島を取り巻く情勢に翻弄されてきた在日朝鮮人は、その境界線から抜け出し境界線上に生まれ生きる者の強さ（エドワード・サイードの表現を借りるなら「自分の中に多くの異なる要素を抱え込むことで豊かになる自分」）を開花させる時代を迎えようとしている。二一世紀、在日朝鮮人社会はもっとも力強い海外コリアンとして「閉塞的な在日思考」から脱し、南北朝鮮そして東北アジアさらには海外へと自由に越境しなければならない。和田春樹は「在日コリアンは東北アジアコリアン全体の中で中心的な役割を持っている。この人々が韓国、日本、北朝鮮と三つに切れた身体を一つにする姿勢で、三国の接近のために努力すれば、東北アジアを一つにするために大きな役割が果たせるだろう」（「ディアスポラ朝鮮族の可能性」『言語』二〇〇四年五月号）と指摘した。

二一世紀初頭五年間に交わされた南北、朝米（六カ国共同声明）、朝日三つの合意文書は、まさしく在日朝鮮人にとって民族意識、帰属意識の軸変動をもたらす歴史的意味を持つ。南北関係、朝鮮半島と日本の関係が変化するなかで在日朝鮮人の民族的アイデンティティも新たな姿を作り出していくことになるであろう。在日朝鮮人社会も時代の変動に相応した「統一コリアの海外コリアン」としてパラダイムの変革を迫られており、在日朝鮮人は歴史的転換に主体的にかかわる提案と行動が求められている。

［補遺］ 在米・在中コリアンの民族的アイデンティティ

（1）「一世主流」の在米コリアン社会

同じ海外コリアンである在米、在中コリアンは民族的アイデンティティをどのようにとらえているのであろうか。

在米コリアンの渡米の歴史は一九四五年朝鮮解放から朝鮮戦争をはさんで一九六五年までを第一期、第二期は米国移民法改正を背景にした一九七六年まで、以降からいままでを第三期とする三つの時期に大きく区分される。一期の特徴は韓国駐留米軍兵士との婚姻者や戦争孤児、養子などに与えられた特恵としての市民権付与の期間であり、二期はアメリカが門戸を広く開放し移民を積極的に受け入れた時期、三期はその延長線上にもあるがアメリカンドリームを求めてやってきたり、韓国の軍事政権を嫌う「逃避移民」の増加である。本格的な渡米は一九六五年以降のことで、在米コリアンの歴史はまだ浅く現在も「進行形」の状態が続いている。したがって、いまだ在米コリアンは「一世主流」の社会であり、しかもその一世は高齢者から若者まで幅広く、次世代として在米コリアン社会の一角にやっと登場しはじめているのは「一・五世」（親に連れられ渡米した子どもで一世と二世の間を意味する）である。在米コリアン社会は「コメリカン世代（コリアン系アメリカ人）の到来」とは言い難いが、二つの文化にまたがる「一・五世」は徐々にその存在を増してきているのも事実である。

在米コリアン社会の研究者許元茂は、このような在米コリアンとアメリカ社会の関係を次の四段階理論で展開している。

一段階はコリア文化とアメリカ文化との相互作用、二段階は人間関係や国際結婚などによる限定された社会的同化、三段階は否定的な同化と「民族的正体性」（民族的アイデンティティ）の危機、四段階はこれらを克服し「朝米民族的正体性」を持つ段階。「朝米民族的正体性」とは、コリア文化との関係を維持しながらもアメリカ文化と部分的に同化させたものだと許は説明する。そして、多民族社会アメリカにおいては「民族的正体性」を持つことが重要であり、生存競争の単位である民族集団への帰属意識の重要性を強調しながら、民族集団に結集した力によって社会的差別を打開し自らの地位を向上させていくことができるというのである。

アメリカは「純粋の白人」をもってアメリカ人と定義し、常に「人種の線」（たとえば慣例化されてきた「一滴の血の規定」＝少しでも黒人の血が混ざっていると黒人と規定）によって仕切り序列を設けてきた。ＷＡＳＰ（ワスプ＝白人でアングロサクソンでプロテスタント）を頂点にした、人種のカースト制度が確立しているアメリカ社会では、いまも所得、貧困率、失業率、健康状態などの社会経済統計において人種の格差が厳然とした開きを見せていることは、良識を持った米国社会研究者の間では常識である。よって許は、形式的な平等を掲げながらも実質的な差異化が制度化されているのがアメリカ多文化社会なのだから、多民族国家アメリカにおいて他民族・他人種との競争でコメリカンの利益を守ることに主な民族団体の存在価値があり、またそのために民族団体が必要であると強調する。裏を返すと、ＷＡＳＰを頂点とするピラミッド型差別構造のなかで、既得権を守りより高い地位を手にするために民族団体が必要だということである。多民族国家アメリカの「多」は決して横並び一線の「平等」ではないからである。

日系移民社会の衰退＝二〇〇〇年米国国勢調査によると日系米国人の人口は一一五万人。過去半世紀の間に三・五倍に増えている。しかし、カリフォルニア大学ロサンゼルス校アジア系米国人研究所所長ドン・ナカニシは、人口の増加に反して日系社会の存在感や活力の衰退を懸念しながら次のように話す。七〇年代まで日系人口はアジア系最大数を誇っていたが、その後中国系、コリアン系、インド系が増え、現在は六位である。人口に比例するようにロサンゼルスやサンフランシスコの日本人タウンから日系人が流出し活力を失いつつある。これとは対照的に、コリアン系社会は九八年カリフォルニア州議会へのロビー活動を活発に行い、韓国産焼酎の販売規制緩和を勝ち取るなど政治勢力を伸張させている。「そもそも日系社会の衰退は、戦中戦後の差別に懲りた日系人が子供の名前に日本名を避けるなど日系人であることを隠し、日系社会や日本との関わりを極力避けようとしたところから始まっている」（「地球回覧」『日経新聞』二〇〇六年六月六日）との指摘は興味深い。

（2）「プリ」と「トランスナショナル」

二〇〇〇年三月、ロサンゼルス・オリンピック通りの裏通りで運営されている「民族学校（KOREAN RESOURCE CENTER）」を訪れたときのことである。同校は、一九八三年に連邦政府と州政府から永久免税許可を受けた非営利法人で、「ただしく生きよう」「プリ（根っこ）を知ろう」「強く生きよう」「共に生きよう」という四つの理念を掲げ、ロス在住コリアンのための奉仕活動を行う総合センター的役割を果たしている。民族教育や民族文化の普及にはじまり税務処理の代行、老人福祉、新移民の手続事務処理や他民族との連帯活動など行動半径はかなり広い。訪れた日は「土曜プリ学校」が開かれていて、母国語や民族遊技、キムチの漬け方などを教えていた。

同校の中心メンバーの沈仁輔氏（三六歳＝年齢は取材時）は「多民族で構成されているこの社会で、おのおのは自民族の誇りを持たなければ差別に打ち勝つことができません。多様だからこそ自らの『色』が必要なのです。もちろんそれは他民族の排除を意味しません。だから『トブロサルジャ（共に生きよう）』なのです」と話した。もっとも、このような考え方に異論を唱える在米コリアンもいると沈氏は続けた。アメリカに来たのだからアメリカ人になればいい、ロスのコリアタウンの看板もハングルなどなくして英語にすればいいなど、初期のコリアン移民に見られた「早くアメリカ社会に同化し、彼らに認められ、対等になり、主流社会に食い込むべきだ」というのである。話しがはずむなか、沈氏の机に置いてあった在米コリアンコミュニティー誌『ＫＯＲＥＡＭ』の特集タイトル「Love Korean American Style」を指しながらどういう意味かを尋ねた。彼は難しい質問だと言いながら、「コリアンはアイデンティティ、アメリカンは生活者としての米国市民とでも言えるでしょうか」と短く言った。

ロス・ウェスト通りに事務所を構えるＫＩＷＡ（南カリフォルニア韓人労働相談所）は、民族学校の「共に生きる」をさらに強く打ち出した「トランスナショナル」なコリアン団体と言えるだろうか。ＫＩＷＡは四つの運動方針を掲げている。コリアタウンの労働条件の改善、他民族との連帯、主流社会との関係（マイノリティの意思に反する施策の拒否）、朝鮮の平和統一である。ロスでコリアンが経営する店舗の数は約二四〇軒、そこで働く労働者の三分の一がコリアン、三分の一がラテン系でＫＩＷＡはコリアン労働者だけではなく、同じ被抑圧者としてラテン系労働者の人権問題にも乗り出す。同事務所で働く金承敏氏（二八歳、渡米歴三年）は「共に抑圧されているラテン系の労働者を除外するなら、それはもうひとつの差別を生むことになる」と話した。コリアン経営者→コリアン労働者→ラテン系労働者という抑圧の序列をコリアン経営者対コリアン労働者＋ラテン系労働者の構図に作り替え、賃金や労働条件の改善に乗り出すのがＫＩＷＡのスタンスである。隣人として手を取り合う、同じ境遇の人が力を合わせる「共生」の実践である。したがってＫＩＷＡは朝鮮（朝鮮民主主義人民共和国）への支援も行う。そこには「同族への愛」とともに、困っている人を救うというヒューマンな視点が強くあることを感じた。

(3) 在米コリアンに映るアメリカ社会

KIWAの所長洪スニョン氏(三九歳)は「アメリカは矛盾の多い国です。良い面を学ぶべきだと強調する人もいるけど、果たしてそうだろうか」と疑問を投げかけた。「たとえばロス暴動のとき、コリアンと黒人の対立が印象づけられたけど、あれはメディアが意図的に作り出したものです。メディアは、最初はコリアン店舗の女性主人を黒人女性が激しく殴打する場面を何度も流しました。次は一カ月ものあいだ女性主人が黒人女性を銃で撃つ場面だけを流しました。それまでコリアンと黒人は大きな問題もなく暮らしてきたのに、これを機に対立意識が助長され、やがて憎しみへと発展し、あとはご存じの通りの惨事です」。移民受け入れ社会、多民族共生社会、自由と平等を標ぼうしながらも、他方では明らかにWASPを中心にした差別構造が厳然と存在する社会であると洪氏は冷徹にアメリカを見つめた。しかし、だからこそ民族的なものを大切にし、それを「トランス」して、被抑圧者の目線で「違いの壁」を越えて「共に生きる」というのがKIWAであった。

ロス在住のKNCC(在米コリアン全国連合会)首席副会長金賢煥氏(五三歳)は、移民国家アメリカの国内政策を「エンゲージメントポリシー」と特徴づけた。要は移民たちがアメリカの自由民主主義に早くなじむための政策で、その具体策がESL(English as a Second Language)、つまり新移民に英語を第二言語とする無料プログラムの提供である。集中的に三カ月学べばかなりの水準に達するというノウハウを持ったプログラムだが、金氏は「これも早くアメリカに馴染ませ、アメリカの市民として、アメリカの利益のために生きることを求めたものである。だから、これに反する者にはミリタリーポリシーが加えられる。アメリカの外交政策と似てるでしょう」と笑った。

ちなみに第二次世界大戦中、日系アメリカ人の強制収容問題でアメリカ合衆国は謝罪し補償を行ったが、彼らが「アメリカ人」であることを強調し「アメリカ市民」の権利侵害（強制収容）は許されないとの理由を全面に掲げた。つまりは普遍的人権の侵害という視点ではなく、「同じアメリカ市民」への差別は許されないということで、裏を返せばアメリカ市民でなければ許されるということになるのだろうか。日系アメリカ市民協会も強制収容の補償問題で「一世も二世もアメリカ社会の良き成員としてアメリカに貢献してきた。そんな私たちを差別し強制収容するのは許されない」という主張を繰り返した。前述したように在日朝鮮人の「国籍」や「参政権」をして「かつて日本人であった」ことから「日本国籍復活」や「参政権付与」などを主張する人がいるが、矛盾した人権論である。

ニューヨークで総合病院の院長を務めるかたわら、移動診療バスに乗ってブラックハーレムに赴いては無料で治療に当たる金昌学氏（五八歳）は「人は加えられる差別には敏感でも加える差別には鈍感なようです。アメリカはユートピア国家ではありません。WASPは一等級、その他は二等級という根強い意識があり、いっとき公務員であった私も何度も差別に直面しました。しかし、移民国家アメリカは機会の国であり、それがシステムとして存在します。むしろ、それを最大限利用して『あなたもわたしも豊かに暮らす社会』を築くべきです。市民権の考えがなく帰化によってのみ『法的平等』が与えられる日本ではとても無理でしょうが」と話す。「コリアンスクールを建て、在米コリアン二世たちに民族教育を実施し、コリアンの誇りを培い、アメリカ社会でコリアンの政治勢力図を広げることが大事です。また、在米コリアンスクールと在日の朝鮮学校が姉妹関係を結ぶことができれば、育ち行く在米コリアンにも、在日コリアンにも有益であり、世界のコリアンが繋がっていくモデルケースになるでしょう」と夢を語る金氏もまた、多民族国家ゆえに在米コリアンが「民族的正体性」をもつことの重要性を強調した。

ニューヨークとロスのコリアタウンを案内してくれた在米コリアンは、みな活気にあふれるタウンをしきりに自慢した。しかし、この「コリアタウン」なるものは、実はＷＡＳＰ中心社会から疎外されたマイノリティの姿でもあると感じ在日朝鮮人の姿がオーバーラップした。実際、タウン内の業種は、グローサリーストアーやハンバーガーショップなど、一家総出によるスモールビジネスがほとんどである。にもかかわらず、ある在米コリアンは日本と比べるならその「差別性」や「閉鎖性」において、アメリカがより「開かれていることは事実では」と話した。

ニューヨーク、ロサンゼルスを訪れながら、在米コリアン社会の場合、二世、三世と呼ばれる世代において、アメリカ文化への同化が促進していることを感じた。幼い頃に父母に連れられ渡米した「一・五世」や、アメリカ生まれの二世は朝鮮語を話せない人が多く国際結婚も増加しているとのことである。もっとも、同じアジア系同士の結婚がかなりの割合を占めていて離婚率も高いとのことであった。

（4）在中コリアン――「国民意識」と「民族意識」

在中コリアンの方はどうであろうか。中国には約二〇〇万人の朝鮮族が暮らし（人口数において中国五六の民族中一四位、唯一の「流入民族」）、なかでも吉林省を中心に黒龍江省、遼寧省などの東北三省に集中しており、とくに豆満江を隔てて朝鮮と接する延辺朝鮮族自治州には全人口の四〇パーセントを占める八〇万人の朝鮮族が暮らしている。朝鮮半島から中国への移住は清国時代にさかのぼるが、大量移住は日本の朝鮮植民地時代からである。土地調査事業（一九一〇年～一九一八年）により土地を奪われた朝鮮農民が満州に移住し朝鮮人村が形成されていくが、満州事変が勃発して以降は大陸侵略の政策に基づく計画的な集団移住が推し進められた。それが今日の中国朝鮮族の母体を形成している。『在中韓国人』を記した李光奎は、在中コリアンは「国民意識」と「民族意識」を区別しながらも、この二つが世界に散在するいかなる海外コリアンより調和を保っている海外コリアンであると指摘する。在中コリアンは「中国国民」であるという「国民意識」と「朝鮮民族の一員」であるという「民族意識」をあわせ持つ。これを李光奎は「能動的な民族意識」であると規定し、中国文化に決して同化せず、中国文化と併存しながらコリアン文化を保存し発展させているという。その拠点が延辺朝鮮族自治州である。一九九七年暮れに延辺自治州を訪れたが、実際そこは中国におけるコリアン文化の源泉地となっていた。朝鮮族が各行政ポストに就いており、各種施設、大学、出版社、メディア、博物館、研究室など民族文化を保存し発展させる上で必要なすべての施設や手段がある。自治条例などにより公式的な会議や看板などは朝鮮語を主としながら漢語の併用が義務づけられている。もちろん、これらは中国政府の少数民族保護政策によって支えられている。

にもかかわらず今日、主流社会へ食い込むために延辺自治州という朝鮮族コミュニティから飛び出す若者たちが増えているという。その背景には魅力的な職場がない、賃金が低い、外国での成功談があるが、一九九二年韓中国交正常化とその後の中国の改革・開放の大きな余波を受けながら青島、天津、大連などに雪崩のように押し寄せる韓国企業の進出が追い風となって、中国語と朝鮮語さらには日本語を操る朝鮮族が彼らの中国ビジネスに欠かせない戦力として高い評価を受けているという時代の変化がある。そして出会った朝鮮族の若者たちの多く（とくに女性）がすでに朝鮮族同士の結婚にこだわっておらず、実際にマジョリティである漢族との結婚が増えていると話し、一様に延辺からより発展した都市へと脱け出すことを望んでいた。すなわち中国社会全体の激しい変動の中で、中国朝鮮族の民族的アイデンティティもまた変化しているのである。

在米コリアンと在中コリアンを例にあげたが、アメリカも中国も日本とは大きく異なる外国人政策、マイノリティ政策を実施している。また、その発生の歴史的背景においても在米コリアンは自由意思による移住（移民）であり、ほとんどが市民権を得ている（アメリカは国籍取得において生地主義を採用）。他方、在中コリアンは抗日闘争を通じて中国の国家建設に主体的に参与し、（幾多の試練はあったが）同じ社会主義同盟国としての朝中関係に彼らの地位は規定されてきた。在日コリアンの場合、日本の植民地統治の結果日本に居住することになったという特殊な歴史的発生原因があり、その法的地位は日本国家を構成する少数民族問題や一般のニューカマーの人権問題とは性質を異にする。この歴史的背景の差異、当該国家での在り方、当該国家の外国人や、マイノリティ政策の差異などから、在日朝鮮人とその他の海外コリアンを同じ次元で単純に比較できないことは言うまでもないだろう。

第1章　在日朝鮮人の権利問題の推移と現状

1　社会保障

社会保障とは、人間が人間らしく暮らすために国家が最低限の生活を保障するものである。一般的には疾病、老齢、障害、死亡、出産、労災、失業などに対する医療保険や所得保障などの社会保険と福祉などの公的扶助を内容とし、広くは戦争犠牲者への国家補償も含まれる。在日朝鮮人は「在日」することになった歴史的背景から、また日本国民同様に納税義務を負っている事実から社会保障制度が当然適用されるべきであった。しかし、日本政府は長い間、義務は日本人同様に課しながら、権利は「国籍条項（日本国籍要件）」を盾に社会保障制度から在日朝鮮人を排除してきた。

(1) 国民健康保険

社会保険は被用者保険（健康保険、厚生年金保険、各種共済組合保険）と住民保険（国民健康保険、

国民年金）に分けられる。被用者保険には「国籍」による差別はないが、国民健康保険に関しては「日本の国籍を有しない者およびその者の世帯に属する者」（改正前、国民健康保険法施行規則・第一条二号）を除外対象にすることで在日朝鮮人には適用されなかった。しかし、「協定永住者」と「条例で定める国の国籍を有する者」には適用された（同規則但書）。つまり、同じ在日朝鮮人でありながら朝鮮籍者および「協定永住権」を取得しなかった韓国籍者は排除されたのである。長年にわたる訴えにより、厚生省は一九八六年四月一日から国籍を問わず日本に居住するすべての外国人に国民健康保険を適用する省令を出し、在日朝鮮人に等しく適用の道が開かれた。

（2）国民年金、障害年金

国民年金法の規定する年金には、一定の事業所で働く労働者を対象にした厚生年金と公務員、教員などを対象にした共済組合があり、このいずれの適用も受けない者を対象に国民年金制度がある。国民年金法は「日本国内に住所を有する二〇歳以上六〇歳未満の日本国民は、国民年金の被保険者とする」（第七条）と規定し、対象者を「日本国民」とすることで在日朝鮮人には適用されなかった。この規定は国民年金からの排除だけにとどまらず、たとえば厚生年金や共済組合に加入していた人が退職などでこの制度から脱けた場合、朝鮮人は日本人のように国民年金に加入し年金加入期間の継続を行えないのでまったくの掛け捨てとなった。

難民条約の批准にともなう一九八一年の法改正（難民の地位に関する条約への加入に伴う出入国管

理令その他の関係法律の整備に関する法律）により国民年金から「国籍条項」が撤廃され、翌年一月一日より在日朝鮮人にも適用の道が開かれることになった（もっとも、当時の厚生省は難民に社会保障を与えると在日朝鮮人にも与えなくてはならず、なかでも国民年金制度への加入を認めなければならないと反対していた）。しかし、年金の受給資格は「六〇歳までに二五年間の支払い（掛け期間）」を満たすことを条件に支給されるので、八一年時点ですでに三五歳以上の朝鮮人は切り捨てられることになった。八六年の法改正により「カラ期間」（加入期間の不足分を加入扱いにする。受給金額は加入分）制度を導入し、六〇歳未満の人も加入できる道が開かれた。それでもこの時点ですでに六〇歳以上の朝鮮人は、一年も掛けることが出来ないので排除され今日にいたっている。彼らはもっとも手厚い保護が求められる一世たちである。

国民年金の障害福祉年金等についても差別が残った。一九八一年の法改正により「国籍条項」は撤廃されたが、八二年一月一日の時点で、二〇歳を超えている外国人障害者および同時点ですでに母子状態、準母子状態にある外国人は福祉年金の支援から除外された。専業主婦を強制的に加入させる八六年の大幅改正時にも六〇歳までに老齢年金支給に必要な二五年の被保険者期間を満たせない主婦に「カラ期間」制度を導入し無年金を回避したが、在日朝鮮人に対する救済措置はとられなかった。また、障害者の無年金問題をめぐり救済措置として〇五年四月特定障害者に対する特別給付金支給法が施行された。同支給法は、国民年金が任意加入の時代に未加入のまま障害を負い、障害基礎年金を受け取れない無年金障害者を救済する議員立法で、一級障害者に月五万円、二級障害者に月四万円が支給される。対象は学生が強制加入となった九一年までに障害者となった元大学生

（約四〇〇〇人）、八六年四月以前の任意加入時代に障害を負った専業主婦（約二万人）である。しかし、在日朝鮮人はこの時も除外された。附則第二条に「検討事項」として「日本国籍を有しなかったために障害基礎年金の受給権を有していない障害者」らに対する措置について言及したが、いまだなんの検討もされておらず排除の状態が続いている。在日朝鮮人と日本人らの運動により、現在七五〇以上の地方自治体が独自の給付制度を設け、高齢者と障害者に一定額の給付金を支給しているが、年金に比べると支給額の格差は許容範囲を越えている。一般の老齢福祉年金が月額約三万四〇〇〇円であるのに対して自治体支給は月額一万円から二万円、障害基礎年金は約八万三〇〇〇円に対して三万円から五万円である。

二〇〇〇年に京都在住の朝鮮人ら七人（「在日無年金障害者・高齢者年金訴訟」）が、障害基礎年金を受給できないのは「法の下の平等に反する」として、日本政府を相手に不支給処分の取り消しを求めたが、〇三年八月京都地裁判決に続き〇五年一〇月大阪高裁は「国籍条項」は「立法府の裁量権の逸脱・濫用には当たらず、憲法や国際人権規約に違反しない」と全面棄却の判決を言い渡した。「国籍」を理由に在日朝鮮人排除を「適法」とするが、そもそも日本の植民地統治によって朝鮮人が「在日」することになった歴史認識がまったく欠落した判決であると原告は訴えた。また、日本政府は小笠原諸島・沖縄返還のときや中国大陸残留者の日本帰国に際しては無年金を回避するための「特別措置」を講じているとの主張に対しては、大阪高裁は「日本国民または日本国民であった者に対する特殊事情を考慮した結果」であるとの判断を示した。年金には納税義務を果たしている多くの在日朝鮮人も加入しており、その財源で日本人には「特別措置」や議員立法によって年金が支給されながら、朝鮮人高齢者や障害者が排除されるというのは社会保障の理念に反する差別である（たとえば老齢基礎年金は支給額の三分の一を税金でまかなっており、遺族基礎年金や障害基礎年金には無拠出制の年金が含まれている）。他にもいくつか在日朝鮮人無年金高齢者による訴訟が起こされているが、いずれも裁判所は「立法府の裁量権の範囲を逸脱しているとは言えない」（日本政府を相手にした在日朝鮮人女性高齢者五人の損害賠償請求、京都地裁判決・二〇〇七年二月二三日）として原告の訴えを退けている。こうしたなか〇七年一二月二五日、先の大阪高裁判決に対する上告審で最高裁は無年金障害者と老齢年金不支給に対する訴えを棄却、原告の敗訴が確定し救済の道が閉ざされた。最高裁判決に先立つ一一月二八日、国民年金の満額支給（約六万六〇〇〇円）などの支援を充実させる改正中国残留邦人法が全会一致で可決された。現在、年金から排除された在日朝鮮人高齢者は三万人、在日朝鮮人障害者は五〇〇〇人と推計されている。在日朝鮮人高齢者や高齢となっている朝鮮人障害者は救済されないまま亡くなっている。

障害年金問題の悲惨な事例として「塩見訴訟」がある。塩見日出さんは一九三四年大阪市で朝鮮人両親の間に生まれた。満二歳の頃に麻疹にかかり両目の視力を失う。六四年大阪市立盲学校を卒業し、按摩・鍼・灸の三療で生計を立てる。やがて同じ視覚障害者である日本人と結婚し、国民年金法による障害福祉年金を受けたいと考え七〇年日本国籍を取得した。七二年大阪府知事に年金裁定申請を行うが、「廃疾（障害）認定日（五九年一一月一日＝国民年金法制定日）に日本国民でなかった」ことを理由に却下。七三年、大阪府知事を相手に処分取り消しを求める裁判を大阪地裁に起こした。塩見さんは「廃疾認定日において日本国籍を有していたことを要件とする国民年金法五六条一項本文但し書きの規定は、戦前の日本帝国主義の政策により強制的に日本へ連行され、日本での居住、生活を余儀なくされた在日朝鮮人およびその子孫の特別な立場を無視するものとして不当である」と前置きしながら、「少なくとも帰化により日本国籍を取得した日以降の受給権を否定するのは不当」であり、沖縄返還後に沖縄県民には改正国民年金法施行日を障害認定日とした例をあげ、「日本国籍を取得した日」か「国民年金法から国籍条項が撤廃された日」を障害認定日にすべきであると訴えた。しかし、三〇年におよぶ裁判で地裁（八〇年一〇月）、高裁（八四年一二月）、最高裁（八九年三月）はいずれも社会保障上の施策を在留外国人に流用するか否かは「立法府の裁量権」であると訴えを退けた。これは、「帰化」しても差別から逃れられない事件として大きく取り上げられた。結局、解決を見ないまま塩見さんは亡くなった。

(3) 児童手当、公共住宅、国民金融公庫

児童手当法（義務教育就学前の子どもに支給）、特別児童扶養手当法（二〇歳未満の障害児世帯に支給）、児童扶養手当法（子どもが一八歳未満および一定の障害がある場合は二〇歳未満の母子家庭に支給）においても、難民条約の批准にともなう一九八一年法改正により「国籍条項」が撤廃され、翌年一月一日より在日朝鮮人にも適用の道が開かれた。公営住宅の入居に関しては、以前より地方自治体独自の判断などで認められる場合があったが、国際人権規約の批准にともない「日本国民に準じて取り扱うことが望ましい」（住政発九号・一九八〇年二月）との通達が発せられ、一九八〇年四月か

ら全国的に朝鮮人に対する制限（日本国籍者に限るとの行政方針）が撤廃され入居が可能となった。国民金融公庫および住宅金融公庫も日本国籍者に限るとの規定が削除され融資の道が開かれた。

（4）生活保護

一九五〇年五月より施行された最低限の生活保障を目的とした生活保護法は、外国人への適用については「国籍条項」はないが、一九五四年五月厚生省社会局長は都道府県知事宛に「生活に困窮する外国人に対する生活保護の措置について」（社発三八二）を通知し、「外国人は権利としてこれらの保護の措置を請求することはできない」、ただ「法の準用」によって生活保護の適用は可能であるとした。したがって、生活保護が受けられないからといって「不服の申立をすることはできない」（そのような権利は外国人にはない）とした。これは生活保護法の目的を定めた第一条および無差別平等を定めた第二条の規定が「国民」という文言を用いていることから、適用対象者を日本国籍者に限ると解釈したものである（立法趣旨を無視した文言の形式的解釈による朝鮮人排除の適法化）。一九五六年には「特別実態調査」の名の下に生活保護の停止、廃止、保護費の削減など在日朝鮮人に対する保護の一斉引き締めが強行されている。また、生活保護のひとつである教育扶助（学用品や扶助金の支給）については「学校教育法第一条に規定する小学校、中学校以外の各種の学校において受ける教育については教育扶助の適用を認めることはできない」（社発三八二）として、在日朝鮮人世帯で子どもが日本学校に通う場合は適用され、朝鮮学校に通うと適用されないという不当な対応を可能にしている。さらに、難民条約発効前は地方公共団体の負担になる外国人生活保護世帯は、退去強制（国外退去）事由該当者として入国管理局に通報することが地方公務員に義務づけられていた（入管令第二四条。ただし終戦前より在留する朝鮮人および台湾人の場合は「通報は当分の間、必要としない」としていた。外国人生活保護世帯を退去強制事由該当者とする規定は八二年入管令改正で削除された）。

ところで、大阪市で外国人生活保護受給者が保護変更申請を却下されたことに対して「不服申立」を行ったところ、大阪府知事は審査請求を認め福祉事務所の決定を不当としている。これは、基本的人権としての生活保護審査請求は外国人にも行う権利があることを認めた前例となる。生活保護の核心は生存権に関するということであり、生存権という性質上日本国民のみを対象としていると は解されず、そもそも外国人と内国民とを問わず保障されるべき権利だということである。

二〇〇四年段階で、在日朝鮮人生活保護受給者数は約三万人と推計されている。生活保護率は四九・三パー・ミルで、およそ二〇人に一人が生活保護を受けている。同年の日本全国の保護率一一・一パー・ミルの四・五倍という高い比率である。朝鮮・韓国籍者を世帯主とする受給世帯の世帯人員は一人世帯が七二・七パーセントで日本全体の傾向と類似しており、在日朝鮮人社会の高齢化が進むにつれ、今後、受給世帯に占める一人世帯の割合が増加し受給世帯数や受給者数も増加することが予想される（金永子「在日朝鮮人の生活保護受給状況と生活保護のいくつかの問題点」『人権と生活』二二号）。世帯類型別に見た日本人貧困層のトップは母子家庭で、次いで高齢単身者が高い比率を示し、その半数に近い四三パーセント（〇一年度）が貧困状況にあるとされる。原因はいくつかある。高齢者には無年金の者が多い、また高齢単身女性の場合は生計基盤を遺族年金に頼っている可能性が高く、その遺族年金は夫が受領していた年金の何パーセントかに削減される、しかも夫の年金そのものが少額なら当然遺族年金も相当に低くなる。このようなことから高齢者が貧困層に陥ることになる。厚労省は二〇〇五年段階で生活保障を受けている約五五万六〇〇〇人の日本人高齢者（六五歳以上）の内、五二・九パーセントが公的年金を受け取れない「無年金者」であるとの調査結果を発表したが、国民年金制度から排除されてきた在日朝鮮人無年金高齢者が、日本人無年金高齢者に比べて高い比率を示し、いっそう厳しい状況に置かれていることは容易に推測できる。

2　民族教育

(1)　差別の「合法化」

日本政府による朝鮮学校の法的処遇の歴史については第三章で触れるが、九〇年代より在日朝鮮人と広範な日本人の運動により制度的差別が年々解消され、各種コンクールや公式試合への参加、JR通学定期券割引格差の是正、国立大学などへの受験資格の認定など極めて当然かつ初歩的な権利を得るようになった。しかし、それら権利はあくまでも「特別な措置」による認定ということであり、ある種の「恩恵的門戸開放」と言えるもので民族教育そのものの保障という立場から行われたものではない。日本で民族教育を行うことになった歴史的責任を回避し、むしろ民族教育への弾圧（四・二四阪神教育闘争）を繰り広げ、その後は一貫して「各種学校」を盾に差別的処遇を「合法化」しているのが現実である。

たとえば、二〇〇三年九月文科省は大学入学資格の弾力化をはかるために省令・告示を改定し、ほとんどの外国人学校に大学入学資格を認める方針をとった。しかし、この改定案は当初はインターナショナルスクールの一部にだけ認める内容（しかも一部の「無認可校」も含まれていた）となっていてアジア系の学校は除外されていたが、内外の批判に押されるかたちで朝鮮学校が含まれた。それまでは、朝鮮学校卒業生は大学入学資格検定（大検＝現高等学校卒業程度認定試験）に合格することで、日本の国立大学などの受験資格を得られるという「ダブルスクール」状態にあり、精神的・経済的苦痛を本人も父母も強いられてきた。

ところがふたを開けると、弾力措置においても朝鮮学校は欧米系のインターナショナルスクールと同じように扱われず、朝鮮学校卒業生に受験資格があるかどうかは「各大学の判断」に委ねられることになった。「個人単位」で大学側が受験資格を認定するというものである。文科省はこの差別について、欧米の評価機関の認定を受けたインターナショナルスクールや国交のある国の認可を受けた外国人学校には受験資格を認めるが、朝鮮学校は朝鮮と日本との国交がないことから「個人単位」にしたと説明した。そもそも教育を受ける権利は基本的人権の主要な内容であり、また公平なる機会を与えることに「国交の有無」は無関係である。しかも、朝鮮学校が教育内容や課程において日本の学校と何ら変わるところがないのは周知の事実である。朝鮮学校卒業生を同じように扱うことに、現実的にいかなる不合理が生じるのか当事者たちは理解に苦しむ。文科省の解釈はいかにも合理性を欠く恣意的区分であり、朝鮮学校に対する「六五年通達」(民族性を涵養する朝鮮学校は日本の利益にならない)と同じ民族排他的思考を思い起こさせる。文科省のこのような措置によって、〇六年一月玉川大学(東京都町田市)が神奈川朝鮮高級学校三年生の一般入試出願に対して「受験資格がない」と拒否する事件が起きている。

(2) 国連・日弁連の勧告

すでに日本が批准した国際人権規約、子どもの権利条約などの国際人権条約から、朝鮮学校への差別的処遇は許されるものではなく、また国連条約委員会では民族教育の置かれた現状から日本政府に対して厳しい指摘や勧告が幾度となく行われている。

「朝鮮人学校の不認定を含む、日本国民でない在日コリアンマイノリティーに対する差別の事例に懸念を有する」(自由権規約委員会総括所見・一九九八年一一月一九日)、「朝鮮学校のようなマイノリティーの学校が、たとえ国(日本)の教育カリキュラムを遵守している場合でも正式に認可されておらず、したがって中央政府(日本政府)の補助金を受けることも大学入学試験の受験資格を与えることもできないことについても懸念」を表明し「マイノリティーの学校およびとくに朝鮮学校が国の教育カリキュラムに従っている状況においては当該学校を正式に認可し、それによって当該学校が補助金その他の財政援助を得られるようにすること」（社会権規約委員会総括所見・二〇〇一年八月三一日）を日本政府に勧告している。

「チマ・チョゴリ事件」などの嫌がらせや社会的差別に対しては「コリアン、主に子どもや児童・生徒に対する暴力行為に関する報告およびこの事件に関する当局の不適切な対応を懸念し、（日本）政府に対して当該行為を防止し、それに対抗するためのより確固とした措置をとるよう」（人種差別撤廃委員会総括所見・二〇〇一年三月二〇日）、また社会的差別や偏見をなくすために「教育・意識啓発キャンペーンを通じてあらゆる必要な積極的措置をとるよう」（子どもの権利条約委員会・二〇〇四年一月三〇日）勧告している。日弁連（日本弁護士連合会）は、朝鮮学校に対して「学校教育法第一条の各学校と同等の資格を認める措置をとるべき」で、一条校（学校教育法第一条が定めた「学校」）とそうでない学校との間に「大きな差異を生じ、甚だしい不平等」があり、その結果、自己の民族文化を学ぶことを妨げ「日本の教育を受けることを押しつけることになっており、重大な人権侵害であるので、かかる事態を速やかに解消」させるべきであるとし、「新たな外国人の学校の振興助成に関する立法措置がなされるまで、少なくとも私立学校振興助成法によると同等以上の助成金が交付されるよう措置をとるべきである」（日弁連報告書・一九九八年二月二〇日）と日本政府に勧告している。

二〇〇六年一月国連に提出された「人種主義・人種差別・外国人嫌悪・関連する不寛容の現代的諸形態に関する特別報告者ドゥドゥ・ディエンによる日本への公式訪問報告書」は、日本政府に対して朝鮮学校差別は「民族差別」（報告書は「人種差別」という言葉を使用）と見なすことができるとしながら、とくに「朝鮮学校は、他の外国人学校と同等に、また日本に朝鮮人が存在することの特別な歴史的状況を考慮すればなおさら、助成金その他の財政的援助を受け取れるようにされるべきであり、また朝鮮学校の卒業証明書が大学入学試験受験資格として認められるべきである」と指摘した。

そもそも大学受験資格は言うまでもなく、納税義務を果たしている在日朝鮮人が子どもを日本学校に送ると還元としての補助が受けられ、朝鮮学校に送ると経済負担を強いられるというのは不条理である。朝鮮学校の場合、遠距離通学が多く少人数制が増えるなか、父母の経済負担は年々増加しており、いくつかの学校は統廃合を余儀なくされていることからさらに負担が増している。本来、在日朝鮮人の民族教育は日本の学校教育法をはじめとする教育関係法規の枠内で、その権利要求の当否が論じられる問題ではない。日本の植民地統治によって民族教育がことごとく弾圧され、朝鮮語の使用を禁じ「創氏改名」を強要し、同化政策によって「民族性のホロコースト」を企ててきた過去の日本の罪過を振り返るとき、また解放後においては半世紀以上にわたって朝鮮学校に対する差別と弾圧を加えてきた歴史を振り返るとき、その反省と謝罪の意味を込めた制度的な特別な保障と補償が行われてしかるべきである。以下、現在焦眉の問題となっている助成金および寄付金問題について触れておく。

（3）各種助成金格差

現在、朝鮮学校への助成金は都道府県、市区町村独自の判断により様々な名称で交付されている。大きくは経常費などの「一般補助」と保護者の負担を軽減する「特別補助」に分けることができる。各種学校認可という朝鮮学校の法的地位の向上を背景に、行政による朝鮮学校への補助は一九七〇年代から徐々に拡大していった。八〇年代にはほとんどの都道府県で助成が行われ、九七年愛媛県が補助を認めることで朝鮮学校所在地二七都道府県すべてで交付が実現した。東京都を例にあげると「私立外国人学校運営費補助金交付要綱」に基づく「公益上の必要性」「修学上の経済的負担の軽減」を名目に、教職員の人件費や教育研究関係の経費として補助を行っている。市区町村単位においても「日本の義務教育に準じて行われている」との判断から保護者補助金などの名目で補助が行われ、八〇年代後半以降は改築、新築、設備補充のための補助も行われはじめた。

たとえば、川崎朝鮮初中級学校体育館建設金二億六〇〇〇万円の五〇パーセント（川崎市一九八六年）、奈良朝鮮初級学校改築費（奈良県二〇〇〇万円、奈良市一〇〇〇万円・一九九一年）、滋賀朝鮮初中級学校新築校舎建設補助金（滋賀県五〇〇〇万円、大津市二五〇〇万円・一九九一年）、東京朝鮮第三初級学校改築費（板橋区等四区一一〇〇万円・一九九五年）、東京朝鮮第六初級学校改築費（大田区二〇〇〇万円・一九九五年）、広島朝鮮初中高級学校（広島市五〇〇〇万円・一九九五年）など、いずれも「一条校」に準じた教育を行っており、地域社会での意義を認めて補助に乗り出している。また、これらと時期を同じくして九〇年代は日本の公式試合への参加やＪＲ通学定期券割引格差が是正されるなど、朝鮮人と日本人のねばり強い運動によって朝鮮学校の地位が向上してきた。しかし、各種名称による補助、なかでも「私立学校なみ」として公的補助制度を援用する運営経常費補助は三分の一から三〇分の一という格差とばらつきがあり、朝鮮学校全体では数十億円の差額が生じているとの調査結果もある。それさえ近年、財政難という理由から削減傾向にある。ちなみに朝鮮学校生徒一人あたり平均助成金は年額八万円から九万円（都道府県・市区町村による幼初中高平均）に対して、日本の公立学校一人あたり平均年間教育助成金は幼稚園七五万円、小学生九二万円、中学生一〇〇万円、高校生一一二万円（〇一年度・文科省ホームページ）、私立学校経常費補助は年額一人あたり平均幼稚園一五万円、小学校二四万円、中学校二七万円、高等学校三一万円（〇三年度・東京都ホームページ）である。

（4）税制優遇制度の壁

税制上の優遇措置に関しては、一般の寄付金、指定寄付金、受配者寄付金と融資制度がある。寄付をした法人・個人が、それに応じた一定金額を納税額から差し引くことができる一般寄付金に関する税制優遇は、二〇〇三年外国人学校の日本の大学入学資格問題が浮上したとき、外国人学校に対しても税制度上の優遇措置がはかられた。「初等教育または中等教育を外国語によって施すことを目的」とする各種学校を運営する学校法人が、特定公益増進法人（公益の増進に寄与するものとして私立学校などが対象）に加えられたのである（所得税法施行規則、法人税法施行規則の改正・〇三年三月三一日）。ところが、文科省は告示五九号を発して対象となる外国人学校に二つの要件を設けた。国際評価機関（WASC、ECIS、ACIS）および国際バカロレア事務局により認定された学校であること、そこで学ぶ児童生徒が「外交」「公用」「家族滞在」の資格を持っていることとした。文科省は大学入学資格については門戸を不平等に広げる一方、一般寄付に関しては抜き打ち的かつ露骨にアジア系を排除し、欧米系インターナショナルスクールだけが私立学校と同様の特定公益増進法人として優遇措置を受けられるようにした。

WASC＝アメリカ・西部地区基準協会、ACIS＝アメリカ・国際クリスチャンスクール協会、ECIS＝イギリス・インターナショナル欧州協議会

校舎の増改築や敷地の整備などに適用される指定寄付金（法人は全額損金算入、個人は所得金額の三〇パーセントまたは寄付金額のいずれか少ない金額マイナス一万円が控除額）制度は、広く一般に募集されること、教育、科学、文化、福祉などの振興や貢献に寄与する支出で緊急を要すること、この二要件が満たされることを条件に募金団体の申請により財務大臣によって認定される（大蔵省告示一五四号・一九六五年四月三〇日）。これまでも各種学校は対象となっており、インターナショナルスクール、東京韓国学園、ドイツ人学校などに適用されてきたが、朝鮮学校や中華学校は阪神・淡路大震災時の「特例措置」を除いては認められていない。その理由として、日本政府は「保護者の用務の都合により、わが国に短期滞在する外国人児童・生徒を多く受け入れている各種学校が、

対内直接投資を促進し、海外から優秀な人材を呼び込む上で重要な役割を果たしている」（衆議院議員大島礼子の質問書に対する答弁・二〇〇三年四月一一日）と答弁している。このような見解をもって税制上の差別を正当化すること自体問題であるが、すでに一九九六年下関朝鮮初中級学校が校舎改築に際して指定寄付金制度の申請を行ったとき、当時の文部省は「健全な日本人を育てるという立場からすれば、朝鮮人同胞を育てるのが目的の朝鮮学校は日本の公益に資するとは思えない。政府として優遇することには否定的にならざるを得ない」（『朝日新聞』一九九七年八月七日）と驚くべき見解ではねつけている。

日本私立学校振興・共済事業団が企業や個人から寄付金を受け入れ、寄付者が指定した学校法人に寄付する受配者指定寄付金制度（指定寄付金と同じ優遇措置、大蔵省告示一五四号第二項二）も、学校教育法の一条校だけではなく専修学校も一定の要件（授業時間数が二〇〇〇時間以上の高等課程など）を満たしていれば利用できるが、朝鮮学校をはじめ各種学校は、それら要件を満たしているにもかかわらず適用除外となっている。また、一般金融機関より有利な条件で貸与が行われる同事業団の融資制度からも除外されている。朝鮮学校職員が同事業団の前身団体から組合加入していることを考えても、これらの制度が朝鮮学校に適用されない不条理は解消されなければならない。

3　新たな人権侵害

（1）治安と管理、差別と同化（一九四五年〜一九九〇年代）

振り返って解放後より今日にいたるまで、日本政府による在日朝鮮人政策は治安と管理、差別と同化をもって実施され、また時々の朝鮮半島の政治情勢（南北関係、朝日・朝米関係）に在日朝鮮人の法的地位は直接・間接に影響を受けてきた。概括すると、一九四五年八月の民族解放から五〇年代中頃まではGHQ占領下、東西冷戦と民族分断そして朝鮮戦争を背景に、日本政府は在日朝鮮人に対する歴史的・法的・道義的責任を回避しながら、むしろ植民地統治時代をほうふつとさせるむき出しの暴力をもって基本的人権を踏みにじり、差別的で抑圧的な法的地位が確立された時期であった。日本政府は、在日朝鮮人に「二重の地位」（義務は日本人同様に課し、権利は外国人として排除）を与えることで無権利状態に追いやり、母国への帰国や往来の自由を制限・禁止し、在日朝鮮人団体の強制解散（朝聯、民青など）にはじまり、民族教育への公権力による全面的弾圧（朝鮮学校閉鎖）を展開し、講和条約締結を機に外国人登録法と出入国管理令を適用し不安定な在留資格を与え取り締まりの法体制を築いた。

一九六〇年代から七〇年代にかけては、「在日韓国人法的地位協定」に基づき日本政府は植民地支配の責任を等しく負っている在日朝鮮人を政治的に選別する新たな差別政策を打ち出し、在日朝鮮人社会に民族分断の壁を作り上げていく時期であった。日米韓の同盟強化を図りながら朝鮮に対する敵視政策を実施し、他方では韓国籍取得を前提に在日朝鮮人に「協定永住権」を与えるなどの「優遇措置」をとり、外登証国籍欄記載の「朝鮮」は国籍ではなく「用語」であるとする政府統一見解を発表するなどはその最たる例であった。また、文部次官通達を発して、朝鮮人としての「民族性を涵養する朝鮮学校は日本社会にとって積極的意義を有しない」として各種学校の認可すら認めないとし、さらには民族教育を「反日教育」であるなどとして教育内容と運営を規制する「外国人学校法案」を執拗に国会に提出した。民族教育に対する差別は朝鮮学校生徒に対する差別を助長し、日本高校生による朝鮮高校生への集団暴行事件が頻繁に起きたのもこの時期からであった。

一九八〇年代から九〇年代は、差別に抗する在日朝鮮人のたたかいによって多くの権利が獲得された時期であるとともに、検定教科書による歴史の歪曲がはじまり日本の現職閣僚による妄言が繰り返され、他方では光州蜂起を武力鎮圧し権力の座に就いた全斗煥政権との新たな「日韓癒着」（八三年一月中曽根首相訪韓による「日韓新時代」を確認、八四年九月全斗煥大統領訪日、「日韓両国の関係史に新しい章」との共同声明発表）を背景に法の名を借りた在日朝鮮人、朝鮮人団体への取り締まりが強化された時期である。なかでも威力を発揮したのが外国人登録法であった。一九八三年度外登法違反送致件数四六三九件のうち、在日朝鮮人は三八五四件で八三パーセントを占め、そのうち朝鮮人取り締まりのもっとも効果的な手段となった登録証不携帯罪（当時は一四歳から登録証の常時携帯が義務づけられ警察の要求があれば提示しなければならず、不携帯罪には刑事罰を科すことができ、よって現行犯逮捕も可能であった）は二二三九七件で全違反類型の六二パーセント、全外国人不携帯罪件数中では九二パーセントを占めていた。外登法違反起訴率も他の外国人に比べ六九・五パーセント（アメリカ人は七パーセント）と異常に高かった。

「韓日条約」締結以降、職務質問の名を借りた（チマ・チョゴリや制服などから判別、あるいは朝鮮学校や各種朝鮮人集会付近で待ちかまえ取り調べを行う）登録証携帯調査はあったが、それらはある種の「嫌がらせ」の域を大きく出るものではなかった。しかし、八〇年代の外登法違反事件の実態は露骨な民族差別、政治的弾圧と言うべきものであった。

いくつかの事例をあげると、一九八三年バイクに乗っていた申哲煥さん（一九歳＝当時）は登録証不携帯を理由に埼玉県警南部警察に現行犯逮捕。手錠、腰縄をかけられ二二時間拘留され一〇指指紋と掌紋、顔写真をとられた。一九八四年居住地変更届違反を口実に柔道選手として朝鮮民主主義人民共和国で開催された朝鮮人民体育大会に参加した金賀一さん（二八歳）は、自宅および金さんの母宅を家宅捜索され選手団名簿を押収品目録に記入せずに押収された。一九八五年東京在住洪信幸さん（二三歳）は車で帰宅途中、交通検問で運転免許証を提示するとさらに外登証の提示を求められ二、三日前に紛失したと話すと、小岩警察に連行され一〇指指紋と顔写真をとられ手錠をかけられ留置された。一九八六年神奈川県在住朝鮮人Aさんは、登録更新時に指紋押捺を拒否し逮捕。警察官はAさんを羽交い締め、左手人さし指を開き指紋採取補助器（死体指紋採取器具）に引っかけるなどして左右全指の指紋を採取した。他にも指紋押捺拒否者を逮捕し、罰金を科し、さらには再入国許可を出さず、登録証の更新期間や在留期間の短縮などの報復的措置で応じた。一九八四年東京地裁は、指紋押捺を拒否した在日朝鮮人に有罪判決を下すが、以後「人さし指の問題」として外国人を犯罪人扱いする指紋押捺義務をはじめ常時携帯義務、刑罰規定などの外登法の抜本的改正を求める運動が繰り広げられた。一九九〇年には朝鮮人Bさんの居住地変更届違反（一四日以内に変更届を行わなかった些細な手続ミス）を口実に、Bさんが勤める東京朝鮮中高級学校を機動隊など一〇〇人で包囲し、「容疑」と無関係な書類を押収、また関連施設として朝鮮総聯新宿支部事務所、東京同胞生活相談所、実家（母宅）などへの強制捜査を行った。これらは一例に過ぎない。

「チマ・チョゴリ事件」が起きはじめたのもこの時期からである。「ラングーン事件」（八三年）、「KAL機失踪事件」（八七年）、「パチンコ国会」（八九年）、「北の核疑惑」（九四年）、「人工衛星打上」（九八年）などを機に、官・メディア一体となった「北朝鮮バッシング」が繰り広げられ、「仮想敵国北朝鮮」→「朝鮮総聯」→「朝鮮学校」というイメージが作りあげられ、チマ・チョゴリを着て朝鮮学校に通う女子学生への暴言にはじまり、チマ・チョゴリが切り裂かれたり、脅迫や暴行、傷害などが頻発し、それら犯罪行為、民族排他的な言動は八〇年代初頭から今日まで続いており、その対象も女子生徒に限らず男女児童生徒にまで拡大している。

八〇年代を前後して日本政府は国際人権規約および難民条約を批准し難民の法的地位改善に重い腰を上げ、在日朝鮮人の法的地位も一定程度の向上を図らざるを得なくなった。結果として朝鮮籍者などがより安定した「特例永住権」を取得し、児童手当や国民年金、公営住宅への入居、国民金融公庫からの借り入れなど社会保障や制度融資における「国籍条項」が撤廃され在日朝鮮人に等しく適用の道が開かれた。朝鮮学校生徒のインターハイへの参加やJR通学定期券割引格差の是正など、身近な差別の是正運動が盛り上がり多くの前進を見たのもこの時期である。公権力の意思形成に外国人は参画できないとした「当然の法理」の「例外措置」として、「国公立大学外国人特別任用法」（部長などの管理職への任用には制限があるが、大学の管理運営のための審議決定機関である教授会や評議会の構成員になることは可能・八二年）による外国人教授の採用が実現した。もっとも、従来より地方自治体独自に小中高公立学校で外国人を「教諭」として採用していた地域では、先の任用法施行直後「教諭については、校長の行う校務の運営に参画することにより公の意思の形成への参画に携わることを職務としている」（衆議院、中曽根首相答弁・一九八三年四月）との解釈を受け、待遇面では同じであるが「教諭」から「常勤講師」へと不安定な地位に変更された（文部省通知・九一年三月）。国家公務員である郵便外務職員（八四年）、専門技術業務とされる看護三職（保健師、助産師、看護師・八六年）も「国籍条項」が撤廃された。逆に「国籍条項」の全面撤廃を行ってきた政令市である大阪、神戸、川崎、横浜などでは九二年にいたり自治省から「当然の法理」（「公権力の行使または国家意思の形成の参画に携わる公務員には日本国籍が必要」とする法理）の「制約基準」の遵守を迫られ、「一般事務職」と「専門職」を区分し後者において外国人の昇進は「課長級」（主幹など）にとどめるなどの制限を設けざるを得なくなった。また、外国人は公務員に就職する段階で「当然の法理」に抵触しない職種に限定され、昇進試験においても昇進レベルにかかわりなく暗黙裏に「当然の法理」を援用し判断せざるを得なくなった自治体も出てきた。

外国人の公務就任問題が一進一退するなか、管理職採用試験において外国人に受験資格はないとする東京都を相手に都職員の鄭香均さんが訴訟を起こした。鄭さんは一九八八年外国籍保健師第一号として採用され、九四年上司に勧められ管理職試験受験願書を提出するが「国の見解により受験できない」と都に返答された。申し込み時、管理職採用試験募集要件に「国籍条項」はなかったという。鄭さんは悩んだ末、納得できず日本国憲法が保障する「法の下の平等に反する」として提訴した。九六年東京地裁は「憲法は外国人が国の統治にかかわる公務員に就任することを保障していない」と原告の訴えを退けたが、九七年東京高裁は「外国人の任用が許される管理職と許されない管理職を区別して考える必要があり、東京都の対応は一律に道を閉ざすもので違憲」であるとして一審判決を覆し原告の訴えを認めた。

しかし二〇〇五年一月二六日、最高裁は東京都が外国籍公務員の管理職試験受験を拒否したことを合憲とする判決を下した。判決は「職員として採用した外国人を国籍を理由として勤務条件で差別してはならないが、合理的理由があれば日本人と異なる扱いをしても憲法には反しない」とし、「合理的理由」として地方公務員は「公権力の行使にあたる行為を行い」、よって「国民主権の原理に基づき国および地方公共団体による統治のあり方については国民が最終的な責任を負うべきものであることに照らし、原則として日本国籍を有するものが公権力の行使など地方公務員に就任することが想定されている」、そして「公権力の行使と重要な意思決定にかかわる管理職は一体的」であり「日本国民である職員に限って管理職に昇任できることとするのは、合理的理由に基づく区別である。このことは特別永住者についても異ならない」とした。もっとも少数反対意見として「特別永住者は、憲法が保障する法の下の平等の原則や職業選択の自由を享受」しており、法律上「特別永住者が地方公務員になることを制限していない」、制限する場合の「合理的理由」も「公共政策の形成に直接関与」する職員や警察官、消防職員のように「住民に対し直接公権力を行使」する職員への就任の制限に限られるとの見解も示された。最高裁は「合理的理由」との表現を用いたが、結果として法的根拠のない「当然の法理」に基づき都の政策を合憲とした。

日本の法を遵守しながら暮らす在日朝鮮人は、日本人をはじめ他の外国人と共に地域という公共社会を作り上げていく主体的存在である。一審地裁判決はもとより最高裁の判決には「合理的理由」からかけ離れた「日本人」という「血や出自の同質性」（血統主義）に「信頼と安定」を強く求める閉鎖的かつ排他的な思考が表れている。

（2）「公益論」と「法の厳格適用」（一九九〇年代末〜二〇〇〇年代初頭）

九〇年代末からとくに二〇〇〇年以降、在日朝鮮人に対する人権侵害は新たな様相を呈してきた。治安と管理、差別と同化を根底に置きながらも、いわゆる「公益論」に基づく差別の正当化であり、「法の厳格適用」という名の公権力による法の恣意的解釈と濫用（罪刑法定主義に基づく法解釈の合理的範囲を逸脱した国家政策による拡大解釈と適用）、さらには新法制定による在日朝鮮人の既得権の規制であり侵害と言えよう。具体的には、特定船舶入国禁止法の適用による「万景峰号」の日本入港禁止、朝鮮を渡航先とする在日朝鮮人の再入国許可の規制や制限、外国為替法改正による朝鮮への資金移転防止のための金融制裁（口座の凍結）、朝鮮からの輸入全面禁止および輸出規制、朝鮮総聯機関の固定資産税減免取消などがそうであり、これらが「拉致問題」（〇二年九月）以降とくに朝鮮の「ミサイル発射訓練」（〇六年七月）、続く「北の核実験」（同年一〇月）を機に発動された「北への圧力」と「制裁措置」であることは日本政府が公言しているところである。

再入国許可規制

なかでも朝鮮が「ミサイル発射訓練」を行った二〇〇六年七月五日、法務省が入国管理局長名で各地の地方入国管理局宛に発した通達は、在日朝鮮人の基本的人権を著しく侵害するものであった。通達は、外国人登録証の国籍欄に「朝鮮」と記載された者を対象に、再入国許可申請に際して渡航先、目的、日程を把握し受理する、数次再入国許可は二回以上の渡航日程の提出がなければ一回限りの許可とする、「朝鮮」記載者は渡航先が「北朝鮮」でない場合も制限する、また日本人およびすべての外国人に日本からの朝鮮訪問の自粛を要請する、他に再入国許可書などに「北朝鮮への渡航自粛を要請」と書かれたシールを貼るなどの措置をとった。

振り返って、在日朝鮮人の朝鮮（朝鮮民主主義人民共和国）訪問が可能となったのは、解放後二〇年が過ぎた一九六五年一二月、日本政府が「人道的観点」からとして二人の在日朝鮮人高齢者に再入国許可を出したのが初めてであった。しかし、朝鮮訪問時に彼らが歓迎集会に参加したことを「政治活動」であるとして以後不許可措置をとった。一九六八年七月朝鮮創建二〇周年にあたり、在日朝鮮人祝賀代表団が再入国許可を申請したところ、法務大臣は「（在日朝鮮人の管理上などから）わが国の国益に沿わない」との理由で不許可を通知し、代表団は不許可処分の取り消しを求めて東京地裁に取消訴訟を起こした。同年一〇月東京地裁は原告全面勝訴の判決を言い渡したが、日本政府は判決を不服とし東京高裁に控訴、同年一一月東京高裁は法務大臣の控訴を棄却し原告勝訴とし、やむなく法務省は二カ月の期限付きで六人に再入国許可を出した。

在日朝鮮人の朝鮮を渡航先とする再入国許可を取り巻く二つの裁判で確認されたことは、一般外国人の入国・出国とは異なり、在留権（永住権など）を有し日本の法に服している在日朝鮮人の再入国は、日本国憲法二二条が規定する海外渡航の自由に関して、日本国民と同様に保護されるべきであり、彼らはその権利を享有するとの判断を示したことである。また、一般的に海外渡航の自由に関しては「公共の福祉による制限」などはあるが、朝鮮訪問が「ただちにわが国の国益を害するものと断定することは極めて偏頗であり誤りといわなければならない」「元来政府の政策は、国益や公共の福祉を目標として企画実施されることは多言を要しないが、政策と福祉とは同義でないから、ある人々が本来享有する海外旅行の自由を行使することが、たとえ政府の当面の政策に沿わないものであっても、政策に沿わないということのみで右自由の行使が公共の福祉に反するとの結論は導かれないのである」としながら、日本政府の対朝鮮政策に対して「憶測の域を出ないものと思われ、わが国に対する明白な危険が予知されているとは認められない」との結論を下した。日本の法学研究者のあいだからも「在留権を有する在日朝鮮人の再入国」であることに力点を置きながら、「在留外国人の旅行が権利として認められている以上、その再入国許可を新規の入国と同じく法務大臣の自由裁量下に置く理由はない、というべきであろう」（小林直樹『憲法講義』上）としている。

他方、原告は在日朝鮮人という存在が日本の植民地統治の産物であることを強調しながら、祖国を訪問し再び日本に入国するのは当然保障されるべき権利であり、再入国許可を与えないのは在留資格を有することによって持つ既得権益、すなわち生存権、財産権、居住権、家族生活を営む権利

表7　朝鮮、韓国への再入国申請許可数

年度	韓国へ出国	韓国から入国	朝鮮へ出国	朝鮮から入国
1964	6,776	6,665	0	0
1965	9,045	8,769	2	0
1966	12,686	12,284	0	2
1967	14,319	13,913	0	0

（東京地裁に提出された原告側資料）

を侵害するものであるとした。さらに原告は、渡航の自由は表現の自由の前提であり、協定永住者の韓国行きの再入国許可には便宜を図り、朝鮮行きに対しては差別的に取り扱うのは歴史的・道義的にみて許されるものではないとした。また、日本政府は「未承認国との往来は好ましくない」と言うが、「韓日条約」が締結される前から韓国行きの再入国は大量に許可しており（表7参照）、朝鮮政府と同じように承認していない中華人民共和国行きの再入国についても以前から許可している（約三〇〇〇人）などの事実をあげながら、日本政府の恣意的解釈による法の運用を厳しく批判した。いずれにせよ東京地裁・高裁判決以降、祖国往来の自由を求める声が高まり実現の道が徐々に広がり今日にいたっている。

日本政府は在日朝鮮人祝賀代表団に再入国許可を出す一方、東京高裁判決を不服とし最高裁に上告。一九七〇年一〇月最高裁は朝鮮創建祝賀行事が終わっていることを理由に「訴えの利益がなくなった」として原判決を破棄、第一審判決を取消し訴えを棄却した。しかし、朝鮮創建記念祝賀期間に祖国を訪問し祝意を表すればいいのであって「訴えの利益がなくなった」とする判決に反対意見を述べる最高裁裁判官もいた。日本国憲法第二二条二項に規定する、一時的海外渡航の自由を含む外国移住の自由については

「権利の性質上、外国人に限って保障しないという理由はない」との最高裁判決が下されている（一九五七年一二月二五日）。

日本が批准している国際人権規約（B規約）は、第一二条において「移動および居住ならびに出入国の自由」を規定し、二項は「（自国を含む）いずれの国からの出国」の権利、四項は「自国への入国」の権利を規定しているが、ここにいう「自国」とは国籍国だけを意味するのではなく、「永住資格で定住している外国人」「その国で生まれ育ち定住している外国人」を含むと解され、「日本定住者」（特別永住者など）に対する「再入国許可制度」自体、国際人権規約の同条規定に違反する。人種差別のあるところに「移動および居住の自由の侵害あり」と言われ、出入国は国際レベルにおける移動の自由であり、この自由は国際交流促進の前提をなすものとして世界平和にとって重大な意義を有しており、その十分な保障を国際人権規約は求めている（法学セミナー・臨時増刊「国際人権規約」一九七九年五月）。B規約が求める国際基準に照らして、国内の実施状況を審査する自由権規約委員会も、一九九八年一一月日本政府に対して日本に生活基盤のある外国人の出入国および再入国を権利として認め、再入国許可制度がB規約第一二条二項および四項に反するとして撤廃を求めている。これらの指摘を受け、一九九九年の入管法改正に際して衆参両議院法務委員会では、特別永住者に対して「歴史的経緯などを十分に考慮」し、再入国については「人道上適切な配慮をする」との付帯決議がなされた。また、現行の出入国に関する特例法（入管特例法）一〇条二項は「法務大臣は、特例永住者に対する入管法第二六条（再入国許可）の規定の適用に当たっては、特別永住者の本邦における生活の安定に資するとのこの法律の趣旨を尊重するものとする」と定めている。

朝鮮を渡航先とする在日朝鮮人の再入国許可の歴史的経緯を振り返ったが、要するに実質的な違法行為、法益侵害行為がないにもかかわらず国家政策によって好き勝手に基本的人権が制限されうるのかということである。日本に居住することになった歴史的経緯、国際人権規約をはじめとする国際人権法、日本国憲法の規定から、そもそも在日朝鮮人一般の再入国における日本政府の規制は許されるものではない。とくに朝鮮への自由往来および親族訪問の規制は人道的にも許されるものではないということ、朝鮮往来は日本の植民地統治がもたらした離散家族の再会であるということ、それを登録証国籍欄が「朝鮮」と記載されていることだけをもって（そもそも外国人登録証の国籍欄記載の「朝鮮」は国籍を意味せず、また「朝鮮」イコール「北朝鮮」ではない）、「敵性外国人」のように標的にし、しかも基本的人権を侵害する措置を行政命令という通達で実施するなど、明らかに自由裁量権の濫用であり法治国家にあるまじき行為である。

【外国人登録証明書国籍欄の「朝鮮」「韓国」】 外登証国籍欄の「朝鮮」「韓国」記載の経緯について触れておこう。一九四五年八月朝鮮解放後、在日朝鮮人は「(かつて日本臣民であったことから) 日本人」として処遇されていたが、一九四七年五月二日外国人登録令の施行にあたっては「当分の間、これを外国人とみなす」(第一一条) として在日朝鮮人にも適用され、同令施行規則において「(外登証) 国籍欄には台湾人および朝鮮人は台湾または朝鮮と記入すること」とした。四八年朝鮮半島南部に大韓民国政府が（八月）、北部に朝鮮民主主義人民共和国政府が樹立されることで（九月）、国籍欄記載問題に変更が生じはじめた。四九年韓国政府はGHQに要請して駐日代表部を設置し（一月）、在外国民登録令（八月）を施行すると在日朝鮮人に対する国民登録を進めた。韓国政府は外登証一斉切り替えの年にあたる一九五〇年を機に「朝鮮」から「韓国（あるいは大韓民国）」という名称を使用するようGHQに要請し（一月）、GHQは日本政府に「韓国という用語の使用」を指令した（二月）。これを受け日本政府は同年二月二三日閣議決定を行い、同日法務総裁談話を発表し「外国人登録事務の取り扱い上朝鮮人については、その国籍をすべて『朝鮮』として処理してきたのであるが、一部の人々よりの強い要望もあり、登録促進にも適当と思われるので今後は本人の希望によって、『朝鮮』なる用語に代えて『韓国』または『大韓民国』なる用語を使用してさしつかえないこととする。……もっとも右はたんなる用語の問題であって、実質的な国籍の問題や国家の承認問題とは全然関係なく、『朝鮮人』あるいは『韓国人』、『大韓民国人』のいずれを用いるかによって、その人の法律上の取り扱いを異にすることはない」とした。同時に民事局長通達を発し「一部朝鮮人で登録証明書の国籍欄の記載を『朝鮮民主主義人民共和国』とすることを申請するものがあっても申請に応じないこと」とした。また、この時点では「朝鮮から韓国」に書き換え、再び「韓国から朝鮮」へと書き換えることは可能であった。

ところが日本政府は一九五一年から韓国在外国民登録法（四九年一一月二四日施行）に基づき韓国駐日代表部が発行する「大韓民国国民登録証」の添付により「朝鮮から韓国」への書き換えを認め、他方「韓国から朝鮮」への書き換えは認められないと姿勢を一変した（出入国管理庁長官通達・一九五一年二月二日）。冷戦を背景に四八年朝鮮半島南北に二つの政権が樹立され、二年後の五〇年六月には朝鮮戦争が勃発し、極東アジアにおける「反共の砦」（日米韓）を強固にするためにアメリカは韓日国交正常化交渉を促し、並行するように日本政府は外登証国籍欄記載において大韓民国政府を「承認」する動きを見せていくのである。一九五二年四月二八日対日講和条約締結直前の四月一九日、日本政府は「平和条約の発効にともない朝鮮人、台湾人等に関する国籍および戸籍事務の処理について」との法務府民事局長通達を発し、「朝鮮および台湾は、条約発効の日から日本国の領土から分離することとなるので、これに伴い、朝鮮人および台湾人は、内地（日本）に在住している者を含めてすべて日本の国籍を喪失する」とした。つまり「朝鮮領土放棄」にともなう朝鮮人の「日本国籍消滅」による「朝鮮籍回復」という理屈である。そして四月二八日を期して外登令は外登法として施行され、在留外国人の圧倒的多数を占めていた在日朝鮮人に適用された。いくたびか中断を経ながら韓日交渉が繰返されるなか、一九六三年日本政府は「理由のいかんを問わず、原票などの国籍欄を『韓国』から『朝鮮』に書き換えることとは、原則として認めない」（入国管理局登録課長通達・一九六三年一二月六日）と再度強く確認する通達を発した。そして「韓日条約」の締結にともない一九六五年一〇月二六日、日本政府は「韓国・朝鮮」表記について次のような「政府見解」を表明した。

「外国人登録上の国籍欄の『韓国』あるいは『朝鮮』の記載について、一……、二、在日朝鮮人は、もと朝鮮戸籍に属し、日本国内に居住したまま日本国籍を失い外国人となった特殊事情から、旅券またはこれに代わる国籍証明書を所持していないので、便宜の措置として朝鮮という名称を国籍欄に記載したものである。この意味において、朝鮮という記載は、かつて日本の領土であった朝鮮半島から来日した朝鮮人を示す用語であって、何ら国籍を示すものではない。三、ところがこれらの者の中から韓国（または大韓民国）への書き換えを強く要望してきた者があるので、本人の自由意思に基づく申し立てと、その大部分は韓国代表部発行の国民登録証を提示させたうえ韓国への書き換えを認めた。このような経過によって韓国と書き換えたものであり、しかも、それが長年にわたり維持され、かつ実質的に国籍と同じ作用を果たしてきた経緯などにかんがみると、現時点から見ればその記載は大韓民国の国籍を示すものと考えざるを得ない。四、最近、韓国に書き換えた者の一部から朝鮮に再書き換えを希望する者が出てきたが、右に申したとおり、外国人登録上の韓国という記載が大韓民国の国籍を示すものと考えられる以上、もともと国籍変更が単に本人の希望によってのみ自由に行われるのでないという国籍の本質にかんがみ、本人の希望だけで再書き換えすることはできない」

このような「政府見解」の不当性はさておき、明らかなことは外登証国籍欄における「朝鮮」が「朝鮮民主主義人民共和国」を意味するものではないということである。本来、朝鮮はひとつであり、在日朝鮮人のなかには分断国家の一方に与せず、出自としての朝鮮半島出身者として「朝鮮」のままにした人もおり、それぞれの信条から「朝鮮」とする人もいる。また、「韓日条約」に基づく日本政府の「韓国籍優遇」という差別と分断政策に抗して「朝鮮」を固持した人もいるなど、外登証国籍欄の「朝鮮」表記には様々な背景がある。そもそも外登証国籍欄記載の「朝鮮」は国籍ではなく「用語」に過ぎず「国家承認」とは無関係であるとの立場をとってきたのは日本政府であり、実際にいまだ朝鮮民主主義人民共和国を正式に国家として承認しておらず「韓国」から「朝鮮」への書き替えも認めていない。また、日本政府自体、「朝鮮」「韓国」を問わず在日朝鮮人に韓国法を適用しようとしてきた経緯もある。

固定資産税減免取消

「公益論」や「法の厳格適用」の名による国家権力の乱用は朝鮮総聯施設に対する固定資産税減免取消にも表れている。

朝鮮総聯中央本部会館（東京都千代田区）の非課税措置は、一九七二年七月当時の東京都知事美濃部亮吉により実施されたが、一九七六年三月五日東京都主税局長は減免措置の理由について「外交使節団の公館にかかる地方税の取り扱いにつては、昭和二八年二月二日付各都道府県知事宛自治庁次官通達『駐日外交官および領事館に対する地方課税上の待遇について』に基づき固定資産税を免除することとされています（……）が、我が国と朝鮮民主主義人民共和国とは、国交が開かれていないため、同通達に基づく免除の措置を講ずることができないものであります。しかしながら、日朝交流の唯一の窓口である中央本部については、本部が推進する市民外交の趣旨からも、また日朝国交正常化を望む市民の立場からも、事実上その活動の実態が外交使節団の公館としての機能を果たしている面が認められること。それに、国交が回復した場合には、直ちに外交使節団の公館として位置づけられる性格を有するものであること。これらにより中央本部についてのみ固定資産税および都市計画税を前記通達に準じて課税免除しているものであります」（朝鮮総聯機関である総合文化研究所の不動産取得税の課税免除申請についての回答）と説明した。

約四〇年前から「外交機関に準ずる機関」として課税免除されてきた朝鮮総聯中央本部ほか関連二施設に対して、二〇〇三年七月東京都知事石原慎太郎は「そのような機関に該当しない」との新たな解釈を示し都は固定資産税を課す通知書を送付したが、その背景には「拉致問題」と関連した朝鮮に対する石原都知事の一連の発言（「拉致はテロだ！　北朝鮮に拉致された日本人家族を救出するぞ！　第五回国民大集会」で「東京都の責任で（北朝鮮系のいろいろな施設に）課税をしていく」と発言）があり、「北朝鮮＝朝鮮総聯」という構図のなかでとられた「政治的報復措置」である。さらに日本政府は朝日包括並行協議（交渉の議題をそれぞれ別個に並行して行う）を朝鮮政府に提案し、中断していた朝日交渉が二〇〇六年二月に再開するが、「拉致問題」によって再び交渉が膠着状態に陥ると、三月に「六省庁会議」（法務省・財務省・経済産業省・海上保安庁・警察庁・金融庁）を新設し、四月には「北朝鮮圧力政策」の一環として「現行法の厳格適用」「公益性の精査」の名の下に、中央本部会館のみならず各地の朝鮮総聯関連施設に対する課税強化などの「圧力強化策」を実施する通達を各都道府県知事に発した（四月以降一〇月末現在二二自治体が減免取消措置をとるなか、総務省は一一月にも「公益性の有無などを厳正に判断せよ」との通達を発し、〇七年七月現在五二自治体が減免取消を行った）。

　このようななか、二〇〇六年二月固定資産税減免に関する熊本朝鮮会館裁判において、福岡高裁は「朝鮮総聯の活動はもっぱら北朝鮮の国益や在日朝鮮人の私的利益を擁護するもの」であり、「我が国一般社会の利益のために行われていないことは言うまでもない」と断定し、一審熊本地裁の「減免適法」の判決を覆し「減免違法」の判決を言い渡した。熊本朝鮮会館裁判は、二〇〇四年

「北朝鮮に拉致された日本人を救出する熊本の会」が熊本市の朝鮮会館減免措置は違法であるとして市を相手どり熊本地裁に訴訟を起こしたことにはじまる。〇五年四月熊本地裁は「(朝鮮会館は)公益性を備えた公民館類似施設に該当し、固定資産税などの減免措置に違法性はない」と原告の請求を退けた。これを不服として原告は控訴、〇六年二月福岡高裁は地裁判決を覆し減免措置を「違法」としたのである。熊本市は同月、福岡高裁の判決を不服とし最高裁へ上告した。市は、熊本朝鮮会館減免措置は一九七一年熊本市が熊本市税条例第五〇条(二)「公益のために直接専用する固定資産」についての減免規定に基づく、熊本市税条例施行規則第六条(二)に列挙された「公民館類似施設」などの全額免除規定を適用し、固定資産税などの減免の見解を公的に示して以来続いてきた措置であるとしたが、〇七年一一月三〇日最高裁は市の上告を棄却する決定を下し福岡高裁判決が確定した。〇六年九月には、石川県金沢市議会は自民党石川県連による朝鮮会館施設の固定資産税減免取消の求めに対して「(朝鮮会館の減免は)税法に基づく対応であり、法律の恣意的運用をしてはならない」と本会議で不採決を決定している。しかし、全体的には減免取消が増加傾向にある。

そもそも朝鮮総聯は、旅券の発行など領事館的役割を果たしてきており、在日朝鮮人の人権擁護や民族文化の普及、朝鮮人高齢者に対する福祉活動にはじまり地域社会や市民団体との親善と交流を図るなど、朝鮮と日本の架け橋としても大切な役割を果たしてきた。これらの活動は各国の大使館や領事館でも行っているところである。一九九五年阪神・淡路大震災時には、朝鮮総聯中央本部の呼びかけに応じて全国の総聯各機関から日常物資や食料などの生活必需品が被災地に運び込まれ、在日朝鮮人の若者たちが中心となって朝鮮人、日本人の区別なく救援活動に乗り出し、神戸の朝鮮学校は避難所となり炊き出しなどが行われた。朝鮮総聯機関への固定資産税減免見直しは、これら活動の歴史と事実を無視するばかりか、道義的に見ても説得力を欠く不当な措置である。「関連法規には何の変更もなく、当該施設の利用目的や利用状況にもまったく変化がないにもかかわらず、突如として採られた、極めて政治的な措置」(前田朗「ミサイル実験以降の在日朝鮮人への人権侵害」『世界』二〇〇六年一一月号)との指摘もあるが、まさに在日朝鮮人団体に対する「政治的報復」としての法の恣意的解釈と適用である。

朝鮮の「ミサイル発射訓練」および「核実験」を行った二〇〇六年七月五日から一〇月一九日までの間だけでも、朝鮮学校児童生徒および朝鮮学校に対する嫌がらせ、暴行や脅迫、無言電話、学校周辺での嫌がらせビラ、器物損壊などが一六九件発生している。朝鮮総聯建物に対する放火未遂、器物損壊事件も各地で起きた。金剛山歌劇団公演の右翼による妨害事件も頻発し、〇六年一〇月一三日岡山県倉敷市は「公演に反対する者による妨害活動が激しくなることが予想され、施設などの管理上支障が生じる」との理由で倉敷市民会館の使用許可取消通知を出した。ただちに弁護団が構成され市の措置を不当として一六日使用許可取消処分取消請求が岡山地裁に起こされた。二四日岡山地裁は市の使用取消措置を停止する判決を言い渡した。地裁は「(公演の中止は)憲法上の保障をともなう中立人の集会の自由や表現の自由に対する制約となる」「主催者が集会を平穏に行おうとしているのに、その集会の目的や主催者の思想、信条などに反対する者らが、これを実力で阻止し、妨害しようとして紛争を起こすおそれがあることを理由に公の施設の利用を阻むことができるのは、……公の施設の利用関係の性質に照らせば、警察の警備などによってもなお混乱を防止することができないなどの特別な事情がある場合に限られる」との判断を示した。〇七年仙台公演においても同様の理由から市は市民会館の使用許可を取り消したが、七月二四日地裁は取消停止を決定し、市は即時抗告を行ったが八月八日高裁は訴えを棄却した。判決に先立ち七月二四日仙台弁護士会は「(市の対応は)集会の自由を侵害する処分で違憲である」との警告書を市長宛に郵送した。同年二月二六日東京都も「殺到する抗議(右翼団体、拉致被害者家族、一部都議員など)により「混乱が予想され警備や安全面で支障があると判断」し、日比谷公園野外音楽堂での「三・一節記念在日朝鮮人中央大会」(三月三日開催)における同施設の使用許可の取り消しを主催者である朝鮮総聯に通告した。朝鮮総聯は翌日二七日東京地裁に使用許可取消執行停止を求める仮処分を申請、二八日同地裁は執行停止の仮処分決定を下すと都は不服として東京高裁に抗告した。三月一日東京高裁は「大規模集会の警備に慣れている警視庁の……専門的なサポート」を受けながら音楽堂の使用は可能であり、よって「正当な理由もないのにその利用を拒否するときは、憲法の保障する集会の自由の不当な制限につながるおそれがあり」「(都は)種々の主張をしているが、その理由がない」と訴えを退けた。

「枝川裁判」——東京朝鮮第二初級学校土地問題

教育の場であることをまったく考慮せず、「不法占有」として東京都が校庭の明け渡しなどを求めて起こした「枝川裁判」は、民族教育の場そのものを奪おうとする公権力による新たな権利侵害であった。

東京朝鮮第二初級学校（通称・枝川朝鮮学校、東京都江東区）は、敷地約五〇〇〇平方メートルの八割を東京都から賃借していたが、財政難により一九七一年に無償貸与を要望し、翌年都は在日朝鮮人による民族教育の歴史的経緯などを考慮して一九九〇年まで無償貸与を決定した。しかし、都はその期限が切れており、すでに学校に占有権限はないとして一三億円での買い取りを求めたが、学校の年間予算は五〇〇〇万円で、運営は授業料や同地域に暮らす朝鮮人たちの寄付によって維持されており巨額の買収費用を払える状態にはなかった。二〇〇三年八月より学校と都の話し合いが続くなか、同年一二月都は学校側との協議を一方的に中断し、校庭の明け渡しを求める訴訟を東京地裁に起こした（都による朝鮮総聯会館の固定資産税減免取消と時期を同じくする）。都は「期限切れ」を理由に学校側に「買い取りか、明け渡しか」の二者択一を迫り、裁判では都有地の明け渡し、校舎の一部取り壊し、無償貸与期限後の地代相当損害金約四億円の支払いを求めた。これが「枝川裁判」である。ただちに在日朝鮮人と日本人による弁護団が結成され、都は教育の場であることを軽視しており、日本における民族教育を自らの手ではじめなければならなかった在日朝鮮人の歴史を無視するものであり、契約関係書類にも「（無償貸与の）期間満了時に継続使用する必要がある場合は協議し善処したい」と明記されていることなどを列挙し訴えた。

振り返って、枝川は一九四〇年に東京オリンピックの開催が予定されたとき、開催予定地の「環境整備」という名目で周辺に暮らしていた一〇〇〇人以上の朝鮮人を強制的に移住させた地域である。当時の枝川はゴミ埋め立て地でとても人が住めるような環境ではなかった。しかし朝鮮解放後、枝川の在日朝鮮人は力を合わせて徐々に居住環境を整えながら、最優先課題として民族教育に取り組んだ。枝川の朝鮮人は、彼らを監視し「皇民化教育」を行った「隣保館」を校舎として貰い受け朝鮮学校の前身である国語講習所を開いた。その後、日本政府の朝鮮学校閉鎖令により都立学校に吸収されるなど幾多の苦難を経るが、一九五五年四月学校法人東京朝鮮学園を設立し再出発を果たした。寄付金を募り新校舎の建設にも着手した。やがて日本全国の自治体で朝鮮学校が各種学校として認可され、わずかではあるが補助金も支給されるようになった。朝鮮学校の法的地位が徐々に改善されていくなか、同校教育会は東京都に対して日本人と同じように納税義務を果たしながら、朝鮮学校に送ると助成金が支給されないのは理不尽であり、学校の運営も財政が困窮しており無期限かつ無償で校地の利用を認めるよう要請した。その結果、合意を見たのが上記契約である。

このように枝川に朝鮮学校が創立されることになった歴史的経緯を無視した都の対応に、朝鮮人関係者は「東京都は植民地時代の原状回復義務として、民族教育を実施している朝鮮学校を保障しなければならない」(学校法人東京朝鮮学園理事長金順彦、口頭弁論での意見陳述・二〇〇六年一一月二一日)と訴え、また「ある日突然『被告』となった学校。二〇〇三年一〇月一七日、産経新聞をはじめ、各新聞で報道された『不法占拠』と言う大きな見出し。本当に信じられませんでした。六五年前、当時の東京市によって一〇〇〇名を超える朝鮮人を、ゴミ捨て場であった枝川に強制移住させられた同胞たちがはじめた学校が『不法占拠』なのですか?」(東京朝鮮第二初級学校校長宋賢進・同上)と怒りをあらわにした。日本人支援者は「枝川朝鮮学校で行われている民族性を備えた普通教育は、歴史的に見ても、国際人権基準から見ても、人権として保障されなければならない。本件訴訟の核心は、結局のところ、人格形成の基礎である『普通教育』を行っている枝川朝鮮学校に現に学んでいる子どもたちの『教育への権利』を奪うことに他ならない。東京都の形式的な請求は、子どもたちの権利を奪うに値するものとは到底考えられない」（龍谷大学教授田中宏、口頭弁論での弁護側意見書・二〇〇五年一〇月二〇日）と都に撤回を求めた。東京都の対応をよそに、朝鮮学校支援のために二〇〇五年五月「枝川朝鮮学校支援都民基金」が設立され幅広い募金活動がはじまった。一年のあいだに四〇〇を数える団体・個人からの寄付が寄せられたが過半数は日本人である。枝川周辺の住民をはじめ多くの人々が都の措置に疑問と批判の目を向け、同年、韓国ソウルでも「枝川朝鮮学校問題支援対策会議」の結成式が開かれ、韓国国会議員らが同校を訪問し外国人特派員協会で都の不当な措置を批判する記者会見を行った。〇六年に催された「枝川朝鮮学校を応援する集い」には八五〇人（三分の二が日本人）が集まった。

支援運動が拡大し都に対する批判が高まるなか、二〇〇七年三月八日東京地裁は土地利用の経緯と学校運営の経過と現状を踏まえ「相当額で売却することによって、本件紛争を早期に解決することが相当である」との和解勧告案を提示した。学校と都は地裁勧告案を受け入れ三年三カ月にわたった裁判は終了した。同日、弁護団は「和解という決着の性質上、在日外国人の教育権の法的権利性を明記できなかったことは残念です」としながらも「裁判において、朝鮮学校は正規の学校ではなく各種学校だから校庭は必要ないと主張していた東京都が、最終的に朝鮮学校が朝鮮人の子どもたちの教育権を保障する場であり、日本社会にとって公共的・社会的な存在意義があると認めて和解にいたったことは重要な意義があります」との談話を発表し、枝川朝鮮学校を応援してくれた朝鮮学校関係者および枝川の住民、幅広い日本の方々への心よりの感謝の言葉を述べた。

4 在日朝鮮人の権利問題への視角

在日朝鮮人の人権問題は、いうまでもなく日本の植民地統治の結果生じたものである。解放前は「渡日」を余儀なくされ、解放後は「在日」を余儀なくされた人々とその子孫に対して、日本政府は被害回復のための歴史的・法的・道義的責任を負っている（この意味で、在日朝鮮人の人権問題は、一般在留外国人やニューカマーと呼ばれる在日外国人と同じ枠組でとらえることはできない）。しかし、在日朝鮮人の歴史を振り返ると、日本政府はただの一度も過去を謝罪し在日朝鮮人の法的地位の向上に乗り出した例がない。

ところで、日本政府がこれまで批准した主要な国際人権法として、国際人権規約（一九七九年）、難民の地位に関する条約（一九八一年）、女子差別撤廃条約（一九八五年）、子どもの権利に関する条約（一九九四年）、人種差別撤廃条約（一九九五年）をあげることができよう。今日、人権の国際化の流れのなかで、外国人の処遇は人権保障のバロメーターとなっており、なかでも国際人権規約は法的拘束力を持つ人類普遍の人権保障基準として国際人権法の中核をなしている。国際人権規約は、経済的、社会的および文化的権利に関する国際規約（A規約・社会権規約）と市民的および政治的権利に関する国際規約（B規約・自由権規約）、そして個人が国家によって人権侵害を受けた場合、国連人権委員会に訴えることが可能なB規約選択議定書の三つからなる。日本政府は選択議定書を除きA規約、B規約ともに批准した。

国際人権規約A規約、B規約はともに前文で「人類社会のすべての構成員の固有の尊厳および平等のかつ奪い得ない権利を認めることが世界における自由、正義および平和の基礎をなす」とし、各国がその尊重と遵守の義務を負っていることを明記している。そして具体的な実施義務として、国際人権規約B規約第二条一項は「その領域内にあり、かつ、その管轄下にあるすべての個人に対し……この規約において認められ権利を尊重しおよび確保することを約束する」と定め、A規約は第二条一項において「立法措置その他のすべての適当な方法により、この規約において求められる権利の完全な実現を漸進的に達成するため、自国における利用可能な手段を最大限に用いることにより、個々または国際的な援助および協力、とくに経済上および技術上の援助および協力を通じて行動をとることを約束する」と定めた。つまりA規約、B規約ともに同規約の規定に矛盾したり抵触するおそれのある国内法の改廃、あるいは積極的な権利保障を実現するための新法の制定あるいはすべての適当な方法を講じることを締約国に求め、B規約は「即時的実現（immediate realization）」を義務づけているのに対して、A規約は利用可能な手段を最大限に利用しながら順を追って少しずつ達成していく「漸進的実現（progressive realization）」を義務づけたと解されている。

この「即時」と「漸進」の違いは、B規約の市民的・政治的権利は人間にとって固有の基本的人権であるが、A規約の経済的・社会的・文化的権利は国家による一定の施策を求めざるを得ず、したがって当該国家の経済的発展状況などからただちに実現することが困難な場合があり得るという現実を前提にしていた。しかし、一九六〇年代以降多くの旧植民地国が独立を果たすなかで、従来の欧米的価値観に基づく自由権中心主義は厳しい批判にさらされ、生存権としての社会権の保障にも等しく重点を置く議論がなされることで（たとえば表現の自由を実現する物質的基盤の保障がないなら、抑圧されている側にとっては「絵に描いた餅」に過ぎない＝社会権と自由権の相互依存性・不可分性）、社会権規約も項目によっては「即時的適用義務」を負うとし、このような見解は国際人権法の主要学説において有力であり社会権規約委員会ではすでに定着した見解である。ましてや、十分な発展段階にあるにもかかわらずA規約の実施を怠るのは明らかに規約違反である。

国際人権規約の実施義務および日本の経済力などから、今日、在日朝鮮人の置かれた差別的状況は「即時的」に改善されるべきである。なかでも朝鮮学校に対する税制上の差別の放置などは明らかに規約違反であり、差別解消のための現行国内法の改廃あるいは新法を制定すべきである。朝鮮学校差別のみならず政策によって行政が国内法を恣意的に解釈し、そのような解釈を国際人権法に優先させ在日朝鮮人の再入国許可を制限したり、朝鮮人団体の固定資産税減免措置を取り消すような人権・権利侵害を「適法」とするなどは国際人権法を踏みにじるものである。とりわけ「チマ・チョゴリ事件」に象徴される民族差別、民族排他の放置、あるいはそれを醸成する言動などは許されるものではない。B規約第二七条はマイノリティ（民族的少数者）の権利を取り上げ「種族的、宗教的または言語的マイノリティが存在する国において、当該マイノリティに属する者は、その集団の他の構成員とともに自己の文化を享有し、自己の宗教を信仰しかつ実践しまたは自己の言語を使用する権利を否定されない」と定め、同条第二項では差別や敵意、暴力の扇動となる唱道を禁じている。

また、人種差別撤廃条約は第一条一項において「人種差別の定義」を「人種、皮膚の色、門地または民族的もしくは種族的出身に基づくあらゆる区別、除外、制約または優先であって、政治的、経済的、社会的、文化的またはその他のすべての公的生活の分野における人権および基本的自由の平等な立場における承認、享有または行使を無効にし、または損なう目的または効果を有するもの」と定め、三項は平等を社会構造的に実現するための「特別な措置（アファーマティブ・アクション）」をとることは差別にあたらないとの規定をあえて設けた。この「特別な措置」とは「過去における差別のために現時不利益な状況に置かれている集団・個人に積極的な優遇措置をとり、平等を目指す措置」（畑博行・水上千之編『国際人権法概論』）を指す。同時に第二条一項は、人種差別を非難し撤廃するための手段を「遅滞なく（without delay）」とることを定め、法の改廃、新法の制定、運動の支援など具体的施策を締約国に求めている。それは不平等な状態にあるものを平等に扱うくらい不平等なことはないからである。さらに第四条（a）および（b）は、人種差別の助長、扇動、宣伝、暴力行為、それら団体への支援や参加は法律で処罰すべき犯罪であるとし、（c）は「国または地方の公の当局または機関が人種差別を助長しまたは扇動することを認めない」と定めている。日本政府は同条約の加入にあたり「処罰立法主義」を規定した第四条（a）（b）を保留した。フランスやイギリスでは出版の自由に関する法律や刑法の改正を行い、人種関係法、人種差別禁止法などを制定し条約上の義務を履行するための諸般の施策を講じている。

国際人権規約の歴史的意義は、世界人権宣言（一九四八年）とは違って法的拘束力を持つことであり、世界人権宣言では認められていなかった権利が新たに規定されたことにある。とくに注目されるのが、A規約、B規約いずれも冒頭第一条一項において「人民の自決権」を明記したことである。すなわち「すべての人民は、自決の権利を有する。この権利に基づき、すべての人民は、その政治的地位を自由に決定しならびにその経済的、社会的および文化的発展を自由に追求する」とした。「人民の自決権」は、世界人権宣言が採択されてからまもなく、かつて欧米列強の植民地であったアジア、アフリカ諸国が次々と独立を果たすなかで「人権問題が自決権と結びつけられ、植民地支配のような、外国による従属が続く限り人々の人権は保障されず、人権が十分に保障されるためには、なによりもまずすべての人民が外国の支配から解放され、自立することが重要である」（田畑茂二郎『国際化時代の人権問題』）との歴史の教訓からあえて第一条一項に明記されたものに他ならない。

「人民の自決権」とは言葉を変えると「民族自決権」である。被植民地国家にとって民族自決の権利は他の人権の享受よりも本質的であって、集団的権利としての民族自決権が奪われることで個人の人権をも踏みにじられてきたという歴史的事実と教訓が基礎にある。植民地からの独立を法的権利として認め、また、民族の同権と自決の権利を尊重することは、諸国家間の友好と平和的国際秩序を構築しようという国連の目的にもかなうものである。国際人権規約の起草過程で、西側諸国は自決権を法的権利として認めることに反対したが、踏みにじられ抑圧されている側の権利としての自決権は、人権概念の普遍的発展に大きな役割を果たした。在日朝鮮人の人権問題もまさに日本の植民地統治により発生した問題であり、いまだその歴史が正しく清算されていないことによる民族の自決権の侵害に関わる問題である。解放後から今日にいたるまでの在日朝鮮人の人権状況、日本政府による在日朝鮮人政策は、本質においてかつての植民地時代に通底する朝鮮民族に対する差別と同化と抑圧である。

したがって在日朝鮮人の法的地位問題は、何よりも日本による加害の歴史の清算として、侵害された民族的諸権利の積極的な法的保障の視点から（歴史的・法的・道義的責任から被害回復のための積極的措置で、一般永住外国人の「内外人平等」以前の問題）、そして、国際人権法が求める普遍的人権の視点から、また、統一朝鮮の海外コリアンとしての視点からとらえられるべきである。

具体的には、第一に、民族的マイノリティとしての在日朝鮮人の文化的権利の保障、なかでも民族学校の法的地位の向上、積極的支援事業が求められる。第二に、「法の谷間」に置きざりにされた一世などの無年金者問題および障害基礎年金不支給問題の是正が求められる。第三に、治安管理を目的に違反者を刑事罰を持って取り締まる外国人登録制度に代わって住民の利便の増進を目的とした住民基本台帳法のような制度の適用と、出入国においては再入国の「許可制」から「事務手続」による交付が求められる。第四に、就職差別（事務管理職における公務員の任用を含め）や商工人の商企業活動における不当な規制、また民間住宅の入居拒否など生活の場における積極的差別是正措置が求められる。第五に、在日朝鮮人は「地域社会の一員」、また「納税者」として自らの要求を行政に反映させる制度的装置が求められる。第六に、相互理解のための様々な歴史教育、多彩な文化事業、啓蒙事業への取り組みが求められる。他方において民族蔑視や排他的言動を取り締まる予防措置が講じられるべきである。第七に、「朝鮮」か「韓国」かによって法的処遇を異にしたり、基本的人権を侵害する法の恣意的解釈と運用が行われてはならない。第八に、事実上、朝鮮の準外交施設の役割を担っている朝鮮総聯に対しては、朝日相互理解を深める地域コミュニティー機関として、国際人権規約をはじめとする国際人権法で保障された民族文化を守り継承させる機関としての法的地位が求められる。第九に、在日朝鮮人は朝鮮民族の一員として外登証国籍欄の統一表記や、南北統一時代に「海外同胞教育基金」のようなものを求め、在日朝鮮人の民族教育への財政上の補助をはじめ分断時代の思考を払拭し統一時代に向けた人材育成、在日朝鮮人が南北朝鮮を自由に越境し統一時代に寄与できるよう諸般の法的・制度的便宜を提案すべきではなかろうか。これについては今後、叡智を集め議論を深めていく必要がある。

第2章　日本の朝鮮植民地法制史

1　「江華島条約」と朝鮮の開国

いわゆる在日朝鮮人問題発生の起源とは何であるか。それが朝鮮と日本の間に存在する「過去の歴史」に存在することは言うまでもない。本章では、列強による朝鮮の門戸開放から日本による軍事占領、植民地支配へといたる過程、そして一連の植民地法制を振り返る。

(1) 欧米の圧力と「江華島条約」

一八世紀から一九世紀にかけて産業革命をいち早く終えたイギリスを中心に、欧米諸国は商品を輸出し豊富な資源を得るための市場を求めてアジアに侵出していた。イギリスはインドをはじめシンガポールやビルマを植民地にし、アヘン戦争を経て中国とは不平等条約を結んでいた。フランスは東南アジアに侵出し、ロシアはアムール（黒竜江）地方を支配し、ペリー率いるアメリカ艦船黒船は徳川幕府に開国を求め「日米和親条約」を締結していた。東アジアは欧米諸国の強い圧力を受けながら開国を余儀なくされていたのである。

欧米諸国の植民地主義は朝鮮半島にも押し寄せた。一八六六年フランスによる江華島への武力侵攻にはじまり（丙寅洋擾）、同年アメリカのシャーマン号による平壌への侵入がそうである（辛未洋擾）。シャーマン号は大砲を撃ち略奪を繰り広げたが、戦いに立ち上がった民衆によって船は燃やされた。アメリカは一八七一年にも艦隊を送り込み、江華島を砲撃し軍隊を上陸させたが再び撃退された。朝鮮では欧米列強の侵入、通商の強要を拒否する意思表示として各地に「西洋の野蛮人が侵入するとき、戦わずして和解するのは国を売ることである」といった内容が書かれた「斥和碑」を建てていたが、軍艦と商船を率いて不平等な通商条約を強要する列強を前に権力の座にいた大院君（国王の実父に送られる称号。王位に就いた幼い高宗に代わって父の興宣大院君（本名・李昰応）が実権を握っていた）は脅威にさらされていた。

この頃、明治維新を終えていた日本では「内に民権を争うより外に国威をはれ」と西郷隆盛らを中心に「征韓論」がとなえられ、西欧にならい朝鮮侵略の機会をうかがっていた。

ところで日本で朝鮮蔑視の考えが表れるのは古代天皇制の確立期からで、『古事記』『日本書紀』にはじまる伝説が出発点である。日本最初の史書として七一二年に完成した『古事記』は、神功皇后の軍勢に破れた新羅が支配を受けるという物語を作り上げ（神功皇后の「新羅征伐」説）、七二〇年に編纂された『日本書紀』では、高句麗、百済、新羅の日本への朝貢や神功皇后が新羅に加え百済も服従させたなどと記され、ヤマト政権が伽耶を征服し「任那日本府」を置いて朝鮮南部を支配したという物語が展開されている。いずれにせよ、こういった「朝鮮属国論」が朝鮮に対する偏見の土壌を作り、やがて朝鮮侵略を正当化する精神的な下地となっていく。豊臣秀吉の朝鮮侵略に際して「朝鮮は属国だった」とする神功皇后伝説が説かれたのもその表れである。江戸時代になり朝鮮通信使に見られるように友好関係が長らく続くが（一六〇七年～一八一一年）、朝鮮蔑視がなくなったわけではなく、徳川幕府が揺らぎはじめた江戸時代末期、欧米諸国の開国圧力が強まるなかで「征韓論」が再び表れた。日本を中心にアジア侵略論を展開した吉田松陰、橋本左内、勝海舟らはそういった考えを強く持ち、こうした主張を受け継いだ明治政府においても「征韓論」がとなえられた。維新政府首脳の木戸孝允や西郷隆盛らがそうであり、木戸は一八六八年「大政一新」（明治維新による体制の変革）を知らせる外交文書を受けとらなかった朝鮮政府を「無礼」であるとし、「兵力をもって、韓地釜山付港」を開かせるなどと武力による朝鮮侵攻を主張した。その二年後、維新政府は朝鮮外交を担っていた対馬宗家から外交権を没収し、対馬を窓口とした江戸時代からの朝日関係はついに閉ざされる。やがて、西欧と同じように東洋への侵出を説いた福沢諭吉の「脱亜論」（『時事新報』一八八五年三月一六日付社説）へと連なっていく。福沢は「脱亜論」で中国や朝鮮は「文明開化」の流れに背を向けており、数年も経たないうちに滅んで文明諸国に分割されることは疑いないとして「むしろその伍（アジア）を脱して西洋の文明諸国と進退を共にし、その支那、朝鮮に接する法も隣国なるが故にとて特別の会釈に及ばず、正に西洋人が之に接するの風に従て処分す可きのみ」などと、要するに侵略されるくらいなら侵略する側になることを主張した。福沢の「脱亜論」によって日本人の間に広くアジア蔑視と侵略意識が浸透し、やがて日清・日露戦争を通じての朝鮮植民地化によって朝鮮に対する差別と蔑視がいっそう深く植え付けられていった。

話を朝鮮半島に戻すと、一八七三年朝鮮では閔妃（高宗の王妃）一族は鎖国政策をとっていた大院君から王権を奪い取るという政変を起こした。閔氏政権は内においては勢道政治（王の信任と委任を受けた一部の人や集団が政権を独占し私的利害を追求する政治で政権集団は王との血縁や婚姻関係にある場合が多い）を行うが外に向けては弱腰で、日本はその隙を狙い一八七五年開国を求めて軍艦雲揚号を朝鮮に向かわせ、江華島付近の領海を侵犯し挑発を繰り返した。江華島はソウルの入り口に位置しており、朝鮮政府は首都防衛のために江華島沿岸に五十余の砲台を設置し要塞を築いていた。雲揚号は挑発するように江華島から塩河に進入し、さらにソウルにいたる河を遡航することで朝鮮側はついに砲撃をはじめた。日本軍は待ちかまえていたように艦砲射撃を行い江華島に上陸し大砲を持ち去り、となりの永宗島にも上陸し砲台を破壊し民家に火を放ち住民を虐殺した。交戦は三日間にわたった。

交戦の原因が日本側の領海侵犯にあったにもかかわらず、翌年、日本政府は朝鮮居住日本人の保護や砲撃の責任を口実に黒田清隆を全権大使に軍艦をしたがえて仁川に上陸すると、ぜい弱な閔氏政権を脅して「江華島条約」（別名「丙子修好条約」、日本側は「日鮮修好条規」一八七六年二月）を締結させた。

「江華島条約」は朝鮮が外国と締結した初めての近代的条約であり、強制的に結ばれた不平等条約であった。同条約は、釜山、仁川、元山の三つの港を貿易港として開放する、日本人の居住・通商の自由を保障する、領事裁判権を認める（日本人の犯罪は日本官員が裁く）、日本通貨の流通と日本商品の輸出入の無関税を認めるなど典型的な不平等条約であったが、なかでも「朝鮮は自主の国であり、日本と平等権を持つ」と表面上明記することで、清国の朝鮮に対する強い影響を取り除き逆に自らが優位に立とうとした。「江華島条約」を皮切りに一八八〇年代に入ってアメリカ、イギリス、ドイツ、フランス、ロシアが次々と不平等条約を強要し、朝鮮半島は清国、ロシアなどの大陸勢力と日本、アメリカ、イギリスなどの海洋勢力の利権獲得の舞台となっていった。

「江華島条約」に続き、朝米（一八八二年）、朝英（一八八二年）、朝独（一八八二年）、朝伊（一八八四年）、朝ロ（一八八四年）、朝仏（一八八六年）間で修好通商条約が結ばれた。これら条約により、釜山、元山、仁川、ソウル、慶興、木浦、平壌、群山、馬山、清津、新義州などが開港された。

（2）壬午軍人暴動と「済物浦条約」

外に不平等条約を締結し、内に勢道政治を行う閔氏政権に対する民衆の反発は高まり、金玉均を中心にした開化派は政治改革への思いを強め、他方で崔益鉉らは「衛正斥邪（正きを衛り邪悪を斥ける。邪悪とは日本や欧米のこと）」運動を繰り広げていた。

開化派＝朝鮮ブルジョア革命を目指した人たち。開化思想は支配階級の学問であった性理学の空理空論を排し、科学的思考による現実批判、現実変革を目指した実学思想の流れを引き継ぐ。

金玉均（一八五一～一八九四）＝科挙試験の文科に受かり官吏となる。やがて開化思想に共鳴し日本視察などで明治維新の影響を受け朝鮮の政治改革、甲申政変を断行する。ブルジョア革命に失敗すると金玉均をはじめ開化派幹部は日本に亡命。金玉均自身は横浜や小笠原諸島で抑留され警察の監視のもと札幌、東京などを転々とする。一〇年間にわたる不遇な亡命生活の末、閔氏の放った刺客によって上海で暗殺される。

崔益鉉（一八三三～一九〇六）＝京畿道出身。学者、義兵のリーダー。一九〇五年「乙巳条約」が締結されると四〇〇人の義兵を率いて戦うが捕らえられ対馬に監禁される。「この老いた体で、敵の飯を食べて何故、生きようぞ」と断食を行い世を去った。

閔氏政権の門戸開放による日本の経済侵略と専制的な国内政治によって民衆の生活は困窮を極めていた。とくに都市の貧民層は大きな打撃を被った。高級綿布などの外来品の流入は朝鮮の手工業者から職を奪い、穀物の日本への搬出によって米の価格が高騰し、人々は日々の食事にもこと欠く状態であった。また、日本教官を呼び寄せ訓練させた新式軍隊である別技軍が優遇され、旧式軍下層兵士の俸禄米が一三カ月も滞り、やっと支給された米に砂とぬかが混ざっていたことから兵士の不満は一気に爆発し民衆の怒りと重なった。かくして一八八二年七月壬午軍人暴動が起きた。ソウルのはずれの貧民街に職を失った多くの人々が下層兵士をリーダーに反乱軍を組織し、閔氏政権の高官らを処断し（閔妃殺害は失敗）日本の公使館を襲撃、さらに王宮を占拠し大院君を押し立て閔氏政権を倒したのである。

大院君の登場により反乱は徐々に鎮まるが、混乱の隙を狙い清国が朝鮮に軍隊を送り込むと、日本も朝鮮居住日本人の保護を口実に軍隊を送り込んだ。閔氏一族と手を握る方が有利と考えた清国は、大院君を清国に拉致し再び閔氏一族を政権の座に就かせた。閔氏政権は復活を果たしたが、日本への賠償金の支払いと清国と同じように日本軍の朝鮮常駐権を認める「済物浦条約」（一八八二年八月。済物浦は今日の仁川。ソウルの玄関として軍事的に重要な通路であり、やがて貿易の中心地として発展する）の締結を迫られた。壬午軍人暴動を機に日本と清国は朝鮮への介入を強めていくが、このような外国の干渉から抜け出し近代国家を築こうとしたのが甲申政変であった。

（3）甲申政変と「漢城条約」

金玉均ら開化派は、明治維新を模範とする朝鮮の政治改革を進めようと福沢諭吉らに接近していたが、他方で明治政府は親清政権を崩壊させ親日政権をたてるために、むしろ開化派の政治改革を利用しようともくろんでいた。

クーデター時に日本公使館から支援を確認した金玉均ら開化派は、一八八四年八月清仏戦争が勃発し朝鮮駐兵清国軍の半数が引き上げると、これを好機に同年一二月四日郵政局落成祝賀宴を狙って閔氏政権の重鎮らを処刑し政権を奪い取ると開化派政府の樹立を宣言した。これが朝鮮史上初のブルジョア革命、甲申政変である。開化派が掲げた綱領は、封建的な専制権力から立憲制へ、清国の内政干渉や事大主義外交を是正する、独立国家の尊厳を守る、封建的身分制度の廃止と人民の平等など、反封建・反侵略思想をもった愛国的で進歩的な内容であった。ところが、清国軍の武力干渉によって開化派政府は「三日天下」に終わってしまった。

福沢諭吉と開化派＝福沢諭吉は開化派と接触し朝鮮からの留学生を自らが創始者である慶應義塾で学ばせた。朝鮮の文明開化を支援する態度をとっていたが、日本の指導の下に朝鮮の近代化を進めながら朝鮮を自国の勢力下に置くことに目的があった。しかし甲申政変が失敗に終わると、欧米列強と並びアジアへの侵略を合理化する「脱亜論」を展開するが、それは古代以来からの朝鮮蔑視を受け継ぎながら資本主義を歩みはじめた近代日本の侵略主義思想を築き上げるものであった。

甲申政変が失敗したのち、日本側は公使館が焼かれ職員と居留民が犠牲になった責任を朝鮮に問うた。朝鮮側は政変への日本の関与を問い亡命した開化派の引き渡しを求めたが、結局、朝鮮側が一〇万円の賠償金を支払い、公使館の修築費を負担するなどを内容にした「漢城条約」（一八八五年一月。漢城とはソウル）が締結された。他方、日本は伊藤博文を全権大使とする代表団を清国に派遣し、朝鮮における日清両軍の撤収と、将来、朝鮮で動乱および重大事件が起き、どちらか一方が派兵する場合は相手に伝えることなどを内容にした「天津条約」（一八八五年四月）を締結するが、これによって日本は清国と同じように「朝鮮有事」の際の朝鮮派兵権を手に入れ朝鮮支配の準備を着々と進めていった。

(4) 朝鮮「利益線」と日清戦争

この頃、朝鮮半島を取り巻く状況もにわかに動きはじめていた。イギリスの巨文島占拠事件、フランスによる不平等条約の強要、ロシアが慶興を開港市場にするなど日本の権益が著しく侵害され、列強による朝鮮への軍事・政治・経済的支配が強まっていたのである。国内では支配層と農民の対立が激しくなり民衆による反乱が多発するが、なかでも「江華島条約」締結以後、日本の商人が朝鮮の農村に浸透し、あらゆる方法を使って米や豆などを買い占め日本に輸出することで朝鮮は食糧難に陥り、封建体制に対する不満と怒りが極限状態に達していた。咸鏡道観察使(地方行政長官)などは、管轄下にある元山港からの米輸出を禁じる「防穀令」(一八八九年)を発するなど防御策を講じるが、当然、日本政府は激しく抗議し朝鮮政府は「防米令」の解除を命じた。ところが、観察使は「防穀令」を取り下げるどころか、むしろ日本商人の米を押収するなどのさらなる強化措置で応じた。朝鮮政府は観察使を左遷し日本に賠償金を払うことで決着を見たが、食糧難は増すばかりで、親日政権への反感はいやがうえにも高まった。一八九四年一月、ついに全羅道古阜で全琫準を総大将に大規模な農民軍の戦いが起きた。甲午農民戦争(一八九四年~一八九五年)である。農民軍は「輔国安民をもって生死の誓いとする」との布告文を発し民衆に蜂起を呼びかけ、政府軍の武器庫や米倉を襲い武器を手に入れ米を分け与えた。

農民軍の戦いを支えた理念は東学であった。東学はキリスト教の西学に対して、崔済愚が提唱した朝鮮末期の代表的な新興民族宗教である。当時、混乱した政情、官吏の腐敗、各地での反乱、外国の干渉など朝鮮は非常に不安定な状態にあった。崔済愚は儒教・仏教・道教の三つを土台に「人是天（人すなわち天）」「天心即人心（天の心すなわち人の心）」とし、人間の主体性を強調しながら地上に万人の平等を実現する現世的利益を説いた。儒教道徳や両班社会の封建的な身分差別に反対した崔済愚は、「邪教」「異端者」として捕らえられ一八六四年に処刑された。この思想を精神的支えとする農民軍の戦いは、反封建だけではなく反侵略となって朝鮮全土に広がり、破竹の勢いで政府軍を破りながら全羅道の中心である全州を占領するとさらに進撃した。甲午農民戦争は、朝鮮封建体制の変革を求める初めての下からの武装蜂起であったと言えよう。

全琫準（一八五四～一八九五）＝全羅北道出身。別名、緑豆将軍。三〇代に社会改革の志を抱き東学に入教。一八九四年政治と社会制度の全面改革を断行するために「斥倭斥洋（日本と欧米をしりぞける。倭は日本を指す）」、腐敗階級の打破などの綱領を打ち出し、全羅道は古阜の白山で東学教徒を中心に八〇〇〇人の兵力を率いて戦いに立ち上がった。甲午農民戦争の開始である。農民軍は行動綱領として四カ条を定めた。一、人を殺さず物を害さない、二、忠孝をまっとうし済世安民を図る、三、倭兵（日本軍）を追い出し聖道を明らかにする、四、ソウルに侵攻し権力者（閔氏一派）を一掃する。一八九五年初頭、全琫準は捕らえられソウルで処刑される。

ところでその頃、日本帝国議会では国境としての「主権線」とともに、その「主権線」を守るための「利益線」がさかんに説かれ、「利益線」確保のための軍備拡張政策が進められていた。「利益線」とはいうまでもなく朝鮮と台湾を勢力圏に置くことであった。閔氏政権が農民軍の鎮圧を清国に求める動きを見せると、日本はただちに「日本人の保護」(「利益線」の確保)を名目に、日本史上初めて天皇が直轄する戦時大本営を設置し、戦争可能な八〇〇〇人という大規模兵力を組むと(結果的に四〇〇〇人以上を朝鮮半島に投入)、中国・四国一帯の兵士らを広島に集結させて先鋒部隊として素早く仁川に向け出発させた。一八九四年六月のことであった。日清両国の侵入に政権の危機を感じた閔氏一派は農民軍の要求を受け入れ全州和約(休戦協定)を結んだ。農民軍は全羅道五三州をはじめ慶尚道、忠清道一帯に農民による一種の自治機関である「執綱所」を設け「弊政改革案一二カ条」に着手した。農民軍による戦いも徐々に鎮まり政情は安定を取り戻していった。日清両軍が朝鮮に駐留する理由もなくなり、閔氏政権は両軍に撤退をうながすが、日本政府は当初の出兵目的を変更し、清国政府に日清両国で朝鮮の内政改良を行うこと、清国政府が拒否する場合は日本単独で実施するなどの提案を行った。朝鮮に対する日本の影響力がこれ以上強まることを恐れていた清国政府は、当然日本政府の提案を拒否し「天津条約」にしたがってあくまで両軍の撤退を主張した。

しかし、このような結果を想定していた日本政府は、次なる方法としてすでに景福宮(国王の居所、朝鮮王宮)を占領し、国王を捕らえ大院君による新政府の樹立を計画していたのである。日本政府は拒否すると知りながら朝鮮政府に対して清軍の撤兵と清国との条約破棄を突きつけた。朝鮮政府は改革は自主的に行うとし日清両軍の撤兵を求めると、日本軍は計画通り景福宮を攻撃し金弘集新政府を樹立した。一八九四年七月二三日のことであった。そして「朝鮮政府が日本に清軍の撤退援助を依頼してきたので、それに従った、という開戦理由が成立する」(原田敬一『日清・日露戦争』)という筋書きの実現が可能となったのである。それからわずか二日後の二五日、「委任状体の書面」を受け取ると日本軍は清国軍への攻撃を開始した(豊島沖海戦)。日清戦争の勃発である。日本は「清国に対する宣戦の詔勅」で「朝鮮は帝国(日本)が、そのはじめより導き誘って諸国の仲間となした一独立国家である。しかし、清国はことあるごとに自ら朝鮮を属国であると主張し、陰に陽に朝鮮に内政干渉し、そこに内乱が起こるや属国の危機を救うという口実で朝鮮に対し出兵した」としながら、それは朝鮮征服への欲望の表れであり、他方では「帝国を否定」し「帝国の権利、利益に損害を与え、東洋の永続的な平和を保障できなくすることにある」、よって「宣戦布告」し「帝国の栄光をまっとうする」などとした。福沢諭吉が社主を務める『時事新報』は二九日「日清戦争は文野の戦争なり」(文明と野蛮)との社説を掲げ支持した。翌年、戦争に勝利した日本は「日清講和条約」(下関条約)一八九五年四月)を結び、清国に日本の朝鮮支配権を認めさせ、台湾、遼東半島をはじめとする領土の譲渡と膨大な賠償金の支払いを引き出したのである。その直後、ロシア、ドイツ、フランスの「三国干渉」によって遼東半島は清国に返還されるが、日本はすでに満州そして朝鮮への支配権を強めている帝政ロシアを追い払うことに次なる主眼を置いていた。

朝鮮半島は日清両国のたび重なる干渉を受けるが、他方において当時の金弘集政権は東学思想に基づく弊政改革に押され、また政権内部の開化派官僚らの勢力もあり、近代化の方向へと内政改革に着手していた。一八九四年から実施された甲午改革である。限界を抱えてはいたが、甲午改革はすでに甲申政変で金玉均ら開化派によって主張され、甲午農民戦争での弊政改革案で示された内容であり、朝鮮の社会発展の流れをある程度反映したものであった。学校を建て、軍隊を養成し、商工業を振興させるなど数々の改革案を実施し、一八九六年には陰暦一一月一七日を一八九六年陽暦一月一日と宣言して、太陽暦を公式に採用した。また同年、列強の干渉に抗するようにソウルに独立門が建てられ、朝鮮初の民間紙『独立新聞』が発刊された。一八九七年には国号を「大韓帝国」に改めた。しかし、日本の干渉により改革は挫折し内政干渉はさらに強まった。

「弊政改革案一二カ条」＝主な内容は横暴な両班は処罰する、奴婢文書は燃やす、賤民差別を改善する、若い寡婦は再婚を許す、官吏採用での地位や門閥を打破する、倭（日本）と通じる者は厳しく処罰する、公私債は無効にする、土地を平均に分け与えるなど。日本軍の介入によって農民軍が鎮圧されると執綱所は消滅し改革も挫折した。

国号、「朝鮮」と「大韓帝国」＝朝鮮政府は甲午改革を推進していた一八九七年に国号を「大韓帝国」に改めた。朝鮮史を振り返ると「朝鮮」という言葉は檀君朝鮮、「韓」は馬韓、弁韓、辰韓など古代から使われてきた。なかでも「朝鮮」という言葉は一四世紀末から約五〇〇年間、朝鮮を支配してきた朝鮮王朝によって内外に広がり定着した。「朝鮮」にしろ「韓」にしろ朝鮮史において多用されてきた固有の言葉である。国号「大韓帝国」は一九一〇年「日韓併合条約」公布日に廃止され、日本統治下の地域名としての「朝鮮」の使用が義務づけられた。このような過程で、蔑称としての「鮮人」「半島人」「北鮮」「南鮮」という差別用語が登場し定着し、同じように日本人の朝鮮人に対する差別意識も強まり根付いた。朝鮮総督府は「大韓」という言葉の使用を禁じたばかりか、ソウルを意味する「漢城」を「京城」と呼び変え、「明洞」を「明治町」などとした。

2 「乙巳条約」と朝鮮植民地支配

(1)「日露戦争」と「韓日議定書」

日清戦争終結から半年後の一八九五年一〇月八日、日本政府は公使三浦悟楼（後に学習院院長、枢密院顧問官となる）を先頭に王宮に押し入り、親露派閔妃を虐殺するという前代未聞の蛮行を働いた（乙巳事変）。「滅倭討賊」をスローガンに農民、都市貧民、漁民、労働者、儒生ら広汎な民衆による義兵闘争が全国各地で巻き起こるなか（乙巳義兵）、翌年九六年には伝統的な成人男子の髷を刈ることを命じた「断髪令」が断行され、それに反発して戦いはいっそう拡大し金弘集政権はあえなく崩壊した。その隙を狙って、今度はロシアが李完用親露派政権を打ち立てた。俄館播遷《はせん》（俄館＝ロシア公使館。露館播遷とも言う）である。皇帝高宗をロシア公使館に移すと李完用をはじめとする親露派内閣を組織しロシアが求める利権（森林伐採権、採鉱権など）を譲渡させた。

「断髪令」＝一八九六年、朝鮮の風習であった長い髪を刈り洋式にすることを命じた。金弘集内閣は官吏にハサミを持たせて城門や町中で人々の髪を強制的に刈った。両班や儒生にとっては、髷は「首を切られても頭は切れぬ」と言うほど尊厳にかかわるものであった。

朝鮮に対するロシアの影響力が強まるや、日本政府は一九〇二年一月「日英同盟」を結びイギリスの「清国に有する利益」と日本の「清国と朝鮮に有する利益」を他国が侵害した場合、両国は「適当なる措置をとる」という軍事同盟をもってロシアを牽制し日本の朝鮮に対する支配権を確認した。そして日本政府は朝鮮、台湾の支配をめぐる日露協商を中止すると国交の断絶をロシアに告げ、一九〇四年二月に旅順港を襲撃、続いて仁川沖のロシア艦隊を攻撃するとロシアに宣戦布告を行った。日露戦争の勃発である。一万余の日本軍が怒濤のように朝鮮に上陸すると朝鮮北部から満州へと侵攻し戦線は拡大していった。双方甚大な被害を出し戦争を遂行する能力を欠くなか、一九〇五年六月日本は対露講和の斡旋をアメリカに申し込んだ。アメリカ大統領ルーズベルトは両国に講和を勧告し、同年九月アメリカ東海岸の軍港ポーツマスで「日露講和条約」（「ポーツマス条約」）が締結され日露戦争は終結した。この条約で、ロシアは日本の朝鮮に対する「政治、経済、軍事上の卓絶なる利益を認め」「必要な指導、保護、監理を行うことに干渉しない」ことを約束した。すでにアメリカとイギリスは日露開戦と同時に日本を積極的に援助し、とくに終戦直後にアメリカのフィリピン支配を前提に日本の朝鮮支配を認める「桂―タフト密約」（米陸軍長官タフトと日本首相桂太郎との間の秘密覚書・一九〇五年一〇月）が交わされていた。

日本が朝鮮を「保護国」とする動きは一挙に加速しはじめるが、領土争奪戦としての日露戦争を前後してすでに日本政府は朝鮮半島支配のための政策を具体的に進めていた。列強の動向に危機感を募らせていた朝鮮政府は日露戦争で「厳正中立」を宣布していたが（一九〇四年一月）、日本はこれを無視して朝鮮に軍隊を出動させると武力を背景に、施政に関する日本の「忠告」を受け入れる、朝鮮は危機に直面したとき日本が朝鮮半島で必要な措置を講じることができるよう便宜を図る、日本の承認を経ずしてこの協定に反する条約を第三国と結ぶことはできないなどを内容にした「韓日議定書」（一九〇四年二月）の締結を強要し、朝鮮の「保護国化」に着手していた（「保護国化」の第一段階）。一九〇四年五月には「帝国の対韓方針」および「対韓施設綱領決定の件」の二つの重要文書が閣議決定された。前者は「帝国は韓国に対し政治上及び軍事上に於いて保護の実権を収め、経済上に於いて益々我が権利の発展を図るべし」との目標を掲げ、その理由として「韓国の存亡は帝国安危の繋がるところにて断じて之を他国に呑噬させてはならない」とし、また「帝国は日韓議定書に依り或る程度に於いて保護権を収めたが、国防、外交、財政などに関し一層確実且つ適切なる締約及び設備を成就し、以て帝国に対する保護の実権を確立し且つ之と同時に経済上各般の関係に於いて須要の権利を取得して着々その経営を実行」するとした。後者の文書では「帝国の対韓方針」を具体的に推し進める施策が示され、その第一項に掲げたのが「韓国内に我が軍隊を駐屯させることは我が国防上必要なるのみならず、帝国政府は日韓議定書第三条に依り韓国の防御及び安寧維持の責任を負担したるものなるが故に……相当の軍隊を同国要所に駐屯せしめ内外不慮の変に備える」、また「韓国内地及び沿岸に於いて軍略上必要な地域を収用するは国防上欠くべからざる事にして日韓協約に依り既に韓国の独立及び領土保全を保証したる以上、それを施行するは帝国政府の当然にして且つ必要なる権利」であるとの日本軍による占領政策の強化であった。そうして二項、三項、四項で外政、財政、交通機関の監督と掌握を命じた。続いて「韓日議定書」を実行するために朝鮮政府に対して、日本が推薦する財政顧問、外交顧問を採用する、重要外交案件に関しては日本と協議するなどを内容にした第一次「韓日協約」（同年八月）を締結していた（「顧問政治」の開始。「保護国化」の第二段階）。

すでに日本は朝鮮に対する「保護の実権」を掌中に収めていたが、一九〇五年四月には「韓国保護権確立の件」を閣議決定し「韓国に対する保護権を確立し、該国（韓国）の対外関係を挙げて我の掌裡に収めざるべからず」とし、朝鮮の対外関係は日本が担当し朝鮮は直接外国と条約を締結しない、日本は朝鮮に駐剳官をおいて施政を監督するといった保護権をいっそう確たるものにするための内容を具体的に策定した。そして一〇月にはいまや「韓国に対し我保護権を確立」する「最好の時期」であり「実行の時機は一一月初旬とす」とし、「帝国軍隊を可成本件着手以前に悉皆入京せしむること」さらには「着手の上、到底韓国政府の同意を得る見込みなき時は最後の手段として、一方韓国に向ては保護権を確立したる旨を通告」（「韓国保護権確立実行に関する閣議決定」）などと威嚇と蜂起鎮圧に備えた武力をソウルに配備しての一方的な条約の強行締結が決定されていた。日本軍は一九〇四年三月日本公使館や日本人居留民の保護、治安維持などを名目に韓国駐剳軍として事実上、朝鮮半島を軍事的に占領しており日露戦争を経てさらに増強されていた。以降、「乙巳条約」「日韓併合条約」の締結、抗日運動の弾圧など日本による朝鮮植民地化を武力をもって実行する軍隊として日本敗戦まで駐屯し続けたのである（「日韓併合」後は朝鮮駐箚軍に改称）。

（2）「乙巳条約」と統監政治

「保護条約」の締結方法を確定した日本は、ただちに軍隊を朝鮮に増派し伊藤博文を送り込んだ。伊藤は軍隊を配備すると憲兵の監視下に内閣会議を招集し、五つの条文からなる「乙巳条約」（第二次「韓日協約」一九〇五年一一月）を締結させた。同条約は「（朝鮮は）日本の許可なく国際条約を結べない」と規定し外交権を剥奪、そして日本は朝鮮に統監府を置き「保護国」とした（「保護国化」の第三段階）。初代朝鮮統監は伊藤博文で（一九〇九年、ハルピンで安重根に射殺）、統監は「天皇に直隷」し、「統監府令」によって禁錮や罰金を科すことができ、朝鮮守備軍司令官に兵力の使用を命じることができるなど、内政においても強大な権力を握った。実際、朝鮮民衆の国権回復運動を取り締まるために「保安規則」（一九〇六年）、「保安法」（一九〇七年）、「新聞紙法」（一九〇七年）、「出版法」（一九〇九年）、「警察犯処罰令」（一九〇八年）、「韓国における犯罪即決令」（一九〇九年）などの統監府令および法律を公布し、反日的集会や愛国啓蒙的言論を封じ込め、違反者には法定手続きを踏まず即決で懲役や罰金を科した。実態は軍事占領による植民地支配の開始である。

統監府＝一九〇六年二月から朝鮮を「併合」する予備工作機関として活動。朝鮮全土に日本官憲を配置、外交権を代行、内政に干渉、高宗を強制的に退位させ純宗を即位、李完用親日内閣をして「丁未七条約」を締結、続いて朝鮮軍を強制解散させるなど朝鮮植民地化を具体的に推進した。

安重根（一八七九〜一九一〇）＝黄海道海州出身。幼い頃より漢文を学び武術にたけていた。一六歳のときカトリックに入教。平壌で石炭商店を営むが一九〇五年「乙巳条約」を目の当たりにし商店を閉めて学校を創立し人材育成に励む。一九〇七年より義兵闘争に参加。一九〇九年一一人の同志らと救国闘争を繰り広げることを誓い、同年一〇月二六日日本人に仮装しハルピン駅にて一〇歩の距離から伊藤博文を射殺した。旅順刑務所に収監され翌年一九一〇年二月に死刑が宣告、三月二六日に執行された。

「乙巳条約」の締結が強制によることを皇室は内外に訴えたが、統監府は「ハーグ密使事件」などを口実に「乙巳条約」違反であるとして高宗を退位させ病弱な純宗を即位させた。そして「丁未七条約」（「韓日新協約」一九〇七年七月）を結び、第一次「韓日協約」からの「顧問政治」を「次官政治」に変え内政権を完全に奪い取った（「保護国化」の第四段階）。「丁未七条約」は、朝鮮政府高等官吏の任命における統監府の同意権、日本人の朝鮮官吏の任命、司法権の統監府の掌握を規定し、宮内、内部、農商工部、学部、度地部（土地測量府）、法部などの内閣次官は日本人となった。また、「付随覚書」で朝鮮軍の解散を決定し、一九〇七年七月三一日「軍隊解散に関する件」を公布すると翌日八月一日に執行した。「丁未七条約」締結から六日後には「日露協約」が結ばれるが、付属の「秘密協約」では日本による朝鮮支配を「妨害」も「干渉」もしないことが合意された。これで日本は清国に続きロシアの影響力も朝鮮から完全に排除した。すでに「大韓帝国」とは名ばかりで日本との「併合」の手続きが残るだけであった。

統監統治を通じてすでに朝鮮植民地統治を段階的に進めてきた日本は「韓国併合に関する件」および「対韓施設大綱」(一九〇九年七月)を閣議決定した。前者は「適当な時期において韓国の併合を断行すること」「韓国を併合しこれを帝国版図の一部となすは半島におけるわが実力を確立するため最も確実なる方法」であるとし、後者はその実行のために必要な軍隊とできる限りの憲兵と警察官の増派を行い治安の維持をはかり、たとえ朝鮮が反対しても武力をもって「併合」することを明記した。他方では朝鮮人自らが「併合」を求めているような雰囲気を醸成するために、親日団体「一進会」を組織し「合併促進声明」を発表させた。こうして一九一〇年八月二二日、朝鮮内閣総理大臣李完用と朝鮮統監寺内正毅とのあいだで八カ条からなる「日韓併合条約」(「韓国併合に関する条約」)が調印され、二九日に公布された。現地最高統治機関として朝鮮総督府が置かれ、朝鮮は日本の完全な植民地となったのである。

ハーグ密使事件＝一九〇七年六月オランダのハーグで第二回万国平和会議が開かれた。高宗の密書をたずさえた三人の密使が同会議で「乙巳条約」の違法性を欧米列強に訴えようとしたが、日英の執拗な妨害と欧米の傍観により会議に参加できず失敗に終わった。

「乙巳五賊」＝事実上、朝鮮植民地統治の道を開いた「乙巳条約」（一九〇五年）を肯定・黙認した五人の大臣を指す。外部大臣朴齊純、内部大臣李址鎔、軍部大臣李根澤、学部大臣李完用、農商工部大臣権重顯。なかでも総理大臣として政府全権委員となり統監寺内正毅と「日韓併合条約」を締結した李完用は売国奴の代名詞。その「功」によって日本政府から「伯爵」を与えられ朝鮮総督府中枢院顧問に就き、三・一人民蜂起時には民衆に警告文を出すなど死ぬまで売国の道を歩んだ。

「一進会」＝一九〇四年八月親日的民意を醸成するために日本の手先となった売国奴の組織（「維新会」とも呼ばれた）。日本から莫大な資金援助を受け「乙巳条約」「日韓併合条約」を支持するなど親日活動を繰り広げた。

（3）「乙巳条約」の違法、不当性

すでに見たように、一九〇四年より朝鮮半島は事実上日本の軍事占領下に置かれていたが、日本の朝鮮植民地統治の起点である「乙巳条約」はいかなる情況で締結されたのであろうか。

一九〇五年一一月一七日に「乙巳条約」は締結されるが、九日伊藤博文がソウルに入り、一〇日高宗と会い明治天皇の親書を渡した。一五日伊藤は高宗と再面談し、条約の締結を拒んだ場合「貴国の地位はこの条約を締結するより以上、困難な境遇になり、いっそう不利益な結果を覚悟しなければならない」と脅迫するが、高宗はなおも締結の遅延を図る。このとき韓国駐箚軍が治安警察権を掌握し厳戒体制を敷き、ソウル一帯に配備された日本軍は歩兵、砲兵、騎兵が演習を行い威嚇を繰り返していた。一七日王宮内を日本憲兵が警備するなか、外部大臣林権助が御前会議を招集し、他方で伊藤は陸軍長谷川大将と佐藤憲兵隊長とともに王宮に向かい、高宗に面談を求めたが病気を理由に断られると、各大臣と協商するよう高宗から許可を得たとし、軟禁状態にあった諸大臣に同意か不同意の二者択一を迫った。受諾を渋ると伊藤は「天皇陛下の特命を奉じてこの任にあたっている。諸君に愚弄されて黙っていることはできない」と脅し、一八日午前、特命全権公使林権助と外部大臣朴齊純が署名し条約は締結された。このように「乙巳条約」は武力による威嚇のなかで、正式会議でもない会合で、諸大臣の反対を封じ込め、高宗の裁可もないまま調印されたのである。

一一月二三日『チャイナ・ガゼット』紙（英文・上海発行）は、京城電報として「調印は詐術をもってなされた」と報じ、一二月には駐日オーストリア・ハンガリー帝国公使館が「乙巳条約」の締結に関して、朝鮮は条約締結を強要された、押された官印は副次的問題である、その官印さえ日本人が持ち出したと本国に報告し、当時、在朝アメリカ公使も本国国務長官宛に「調印が自由な行為として行われたとは考えられない」とし、条約締結に際して日本軍は二日間にわたりソウル市内で示威行動を行ったと本国に伝えている。高宗が一九〇七年一月『ロンドン・トゥリビューン』紙の特派員に手渡した手紙には、皇帝は認許も手決、国璽なつ印もしていない、日本の勝手な条約頒布に反対した、皇帝権を少しでも他国に譲与していない、外交、内政に関する権限を日本に渡すような条約締結の覚えはない、日本統監が常駐することを許可したことはないと書かれており、高宗は同年オランダのハーグで開かれた万国平和会議に特使を送り「乙巳条約」の無効を訴えようとしているなど、「乙巳条約」はまさに違法か無効な条約である。

一九九一年ソウル大の奎章閣（朝鮮王朝時代の文書保管所）で、「乙巳条約」書正本が発見され、正本自体からも同条約の問題性が指摘されている。条約の調印を印す署名において、日本側は「特命全権公使　林権助」とあるが、林は条約の交渉権および締結権を有することを意味する日本の主権者である天皇の「全権委任状」を受けておらず、日常の職権の委任において署名を行っている。一方、朝鮮側の署名は「外部大臣　朴齊純」となっているが、署名が本人のものかどうか疑問視されており、さらに職印を持参しておらず取り寄せるのに二時間を要しているなど、国家間の重要な条約にしてはあり得ない異様な状況である。日付も「一一月一九日」と書かれているが、実際の調印は「一八日未明」である。正本には条約名もなく、「日韓協約」とは後に日本側が付けた名称であり、朝鮮側は締結年の干支から「乙巳」とした。このように、いわゆる「国権譲渡」という重大な条約が本来の体裁を整えておらず、正式な手続きを経ずに非常に簡略に締結されていることなどから、同条約の強制性が正本からも読み取ることができるとの指摘がなされている。さらに、条約は「批准書」によって効力を発生するが、いまだ「批准書」は発見されていない。

条約法に関するウィーン条約五一条は「条約に拘束されることについての国の同意の表明は、当該国の代表者に対する行為または脅迫による強制の結果行われたものである場合には、いかなる法的効果も有しない」と定めているが、一九六三年国連国際法委員会に提出された報告書（条約法条約草案）において、国家の代表者に対する強制として締結の時から効力を持たない条約の典型的実例として「乙巳条約」をあげている。「乙巳条約」は軍事力による威嚇と代表者に対する強制によって締結されており、条約文書自体に多くの疑問点が見受けられ、日本の研究者も「国家に対する強制であったと同時に明らかに条約代表者に対する強制が意思の自由を奪った。私は当時の国際法によっても現在の国際法によっても、第二次日韓協約は無効であると主張したい」(荒井信一『歴史和解は可能か』)と指摘している。

「乙巳条約」の締結が国際法上無効であるということは、その後に締結された「日韓併合条約」も当然無効となり、今日、日本政府が主張するように「合意による合法的」な「日韓併合」などではなく、侵略による軍事占領(違法行為)として、道徳的謝罪だけではなく賠償・補償問題が法的に生じることになる。日本政府を相手にした一連の戦後補償訴訟(強制連行・強制労働、「慰安婦」、日本軍人・軍属などの被害者)においても補償を行うべき法的義務が明確に発生することになる。一九六五年に締結された「韓日条約」で、日本政府があくまでも一九四五年八月一五日以前に朝鮮と締結されたあらゆる条約は当時「有効」(合法)に締結されたとし、朝日交渉においても強行にこの立場を崩さない理由もここにある。

(4)愛国啓蒙運動、抗日義兵闘争

列強の圧力に抗することができずに門戸を開放した朝鮮の支配層は、列強に依拠して権力を維持しようと親清政策、親露政策、親日政策を転々とし、ついには朝鮮を植民地へと陥れた。しかし、

他方で門戸開放から「日韓併合」までの三〇年間、主権の擁護と朝鮮王朝の専制体制を打ち壊し、国民主権による近代国家を目指す数々の運動や戦いが繰り広げられたことも紛れもない事実である。多くの時代的限界をはらんではいたが、東学革命、それを理念的支えにした甲午農民戦争、やがて独立運動、愛国啓蒙運動、社会主義運動となって引き継がれていった。

一八九六年には朝鮮初の本格的新聞『独立新聞』が発刊され、同年ソウル市内に国の永久独立を願い「独立門」が建立された。民族陣営の言論を代表する『皇城新聞』（一八九八年）、『帝国新聞』（一八九八年）、『大韓毎日申報』（一九〇四年）、『萬歳報』（一九〇六年）、『大韓民報』（一九〇九年）なども刊行され、親日団体「一進会」を批判し日本の植民地政策に警笛を鳴らした。また、「保護国」下において正しい民族教育を行うために民間有志たちの力で多くの私立学校が設立された。併合直前一九一〇年七月の統計によれば、全国の官公立系学校一五三校に対して私立学校二〇八二校と一四倍を数えている。国語の普及では漢文に代わって朝鮮語を国文とし民族文化発展の基礎を築いた。『乙支文徳伝』『姜邯賛伝』『李舜臣伝』など外敵を追い払い国を守った英雄たちの伝記も数多く出版され愛国思想が育まれていった。

なかでも特筆すべきは抗日義兵闘争であった。義兵は両班、儒生、農民、士兵（下士官以下の軍人）、火賊、猟師、商人、手工業者、鉱夫らで組織された。「日韓併合」への動きが一気に強まる一九〇八年から一九〇九年には「討倭」をスローガンに抗日運動が朝鮮全土へと広がり、失敗に終わったが一九〇九年には連合戦線によるソウル侵攻も行われた。朝鮮政府政務局の統計によっても一九〇八年下半期だけで義兵と日本軍との戦闘は一九〇〇余回、義兵数は約八万三〇〇〇人を数え、一九〇九年上半期は一七〇〇余回、三万八〇〇〇余人が参加している。日本は義兵を完全に鎮圧することなしに植民地化を進めることはできないと判断し、この時期に大規模な軍事作戦を展開し朝鮮中部と南部地方を抑えさらに南韓大討伐作戦に着手した。一九〇九年九月から翌年一〇年までに日本軍によって虐殺された義兵数は一万七六八八人、負傷者は三七〇六人にのぼった。

国債報償運動＝一九〇七年日本からの借金（国債）を返すために起きた全国規模の運動。一九〇四年日本政府は朝鮮に対する顧問政治を実施すると巨額の借款を投入し朝鮮経済を牛耳るために使用。外債の膨張と並行して朝鮮政府への介入が強まる。国権の危機に直面した民衆は酒やたばこを断ち、かんざしや指輪を売るなどして返済金を募った。統監府は借款の償還で朝鮮への影響力が弱まることをおそれ弾圧を加え運動は中断した。

南韓大討伐作戦＝一九〇九年九月から約二カ月間にわたり日本軍によって展開された朝鮮南部地域への大々的な討伐作戦。「日韓合併」を前にもっとも強力な抵抗勢力である義兵部隊を壊滅することに目的があった。義兵たちは満州へと移動し戦いを続けた。

3 「日韓併合条約」と武断統治

(1) 朝鮮総督府と憲兵警察制度

「日韓併合」前夜の一九〇九年一〇月、ハルピンで伊藤博文を射殺した安重根は処刑を前に次のような遺書を残した。

「百年を生きない人生、死して千年を生きる。私は韓国独立を回復し東洋の平和を維持するために三年間、海外で風餐露宿しながらついにその目的を達成できず、ここに死す。我が二千万兄弟姉妹がみな進んで奮起し、学問に力を注ぎ、実業を振興させ、私の遺志を受け継いで自由独立を回復するならここに死すとも悔いはない」（「旅順獄中遺書」として処刑前日の一九一〇年三月二五日『大韓毎日申報』に掲載）

「日韓併合条約」は、朝鮮の皇帝が一切の統治権を永遠に日本の皇帝（天皇）に譲り（第一条）、天皇はそれを受託し「併合」を承認する（第二条）と規定し、あたかも「併合」が「自発的意思」によって行われたかのような荒唐無稽なものであったが、日本は朝鮮を自国の領土とし「大韓帝国」を消滅させ「朝鮮」との地域名を使い現地統治機関である朝鮮総督府を置いて植民地政策を実施した。初代朝鮮総督には「併合」当時の統監であった寺内正毅が就いた。日本は敗戦まで再任を合わせて九代八人の総督をすえた。朝鮮総督は日本の天皇に直属し、陸海軍を統率し、「朝鮮において法律を要する事項は、朝鮮総督の命令をもって規定する」（「朝鮮に施行すべき法令に関する件」一九一〇年）とし、法律は総督の命令として実施できるなど（民法を民事令、教育法を教育令などと）、まさに司法・立法・行政の三権を掌握する専制君主の権限が与えられていた。

「日韓併合条約」締結と同時に「朝鮮総督府警察官署官制」（一九一〇年一〇月）が公布され、朝鮮駐屯日本軍憲兵司令官が警務統監となり、憲兵隊長が警察部長を兼任し、朝鮮全土に憲兵の分遣所と憲兵派出所が設けられ、そこに巡査の駐在所が置かれた。まさに「併合」の現実は大規模かつ制度化された軍事占領であった。当時、憲兵機関は六五三カ所、人員二〇一九人（半数の一〇一二人が朝鮮人で憲兵補助員として配置）であったが、一年後には九三五カ所、人員七七四九人に増強された。平壌など大都市二十数カ所に新たに監獄が設けられ要衝地には軍を駐屯させた。他方で総督府は、朝鮮中央政府行政機構を支配するために府を局に格下げし、局長にはほとんど日本人を任命し例外的に親日派を就かせ、地方行政組織の長も日本人あるいは親日派をすえた。総督府の一連の施策に朝鮮人も参与しているような形式を整えるために、いわゆる諮問機関として「中枢院」を総督府に設けたがそれもすべて親日派であった。

「日韓併合条約」締結とともに「集会取締令」（一九一〇年八月）が公布され、いっさいの政治集会を禁じ、「朝鮮刑事令」（一九一二年）の制定により朝鮮半島に日本の刑事法が適用され、日本の「皇室」に対する危害は死刑、誹謗・中傷は懲役刑という極刑をもって臨むとした。「乙巳条約」締結後、すでに憲兵警察は裁判を開くことなく朝鮮人を処罰できる権限を持っていたが、「併合」後に公布された「朝鮮笞刑令《ちけいれい》」（一九一二年）は日本人に対する侮辱や日本人巡査への反抗など反日的言動者を「その場で鞭で打つことができ」、「朝鮮人に限り適用」すると明記した朝鮮人差別法、前近代的植民地統治法であった。こうして朝鮮総督府は、司法・立法・行政および軍隊の使用権を牛耳り、植民地統治に必要な法を好き勝手に制定し、刃向かう者は手当たり次第に逮捕、投獄し拷問を加え重刑を科し処刑した。武断統治のはじまりである。しかし多くの民衆が独立運動、義兵闘争に立ち上がり日を追うごとにその規模は拡大した。そうしたなか、朝鮮総督は一九一一年一月寺内総督暗殺未遂事件をねつ造し、全国の警察署に独立運動家の取り締まりを命じ大々的な弾圧に乗り出した。一九一〇年に逮捕投獄された朝鮮人の数は二万四〇〇〇人、一九一二年には四万人、一九一五年には六万五〇〇〇人、三・一人民蜂起が起きる前年の一九一八年には九万六〇〇〇人を数えた。

ところで、一九一〇年「日韓併合条約」により、日本が朝鮮を「併合」し「日本の領土」とすることで朝鮮人は「日本国籍」を押しつけられ「日本臣民」とされた。しかし、日本の植民地政策上、朝鮮人の身分（法的地位）と日本人の身分（法的地位）は明確に区別されていた。「日韓併合条約」締結直前の六月、日本政府は「朝鮮には当分のあいだ憲法を施行せず大権によりこれを統治する」との方針を閣議決定しており、朝鮮半島は日本の国内法上「異法地域」つまり「外地」として、「内地」である日本本土とは異なる法体制下に置かれることになったのである。事実上の軍政である。日本国民たる要件を定めた旧国籍法（一八九九年、法律第六六号）も、同じく植民地支配下にあった台湾と樺太には適用されたが朝鮮半島には適用されなかった。朝鮮人は「併合」によって「日本人」とされたが、実際には「異法地域」に暮らす者（「日本人といっても、種族的ないし民族的に区別されていたのである」東京地裁判決・一九六八年三月四日）として、支配と被支配関係が法的に確定され（日本帝国主義の朝鮮人蔑視に基づく「従属民」としての地位）、したがって日本帝国憲法に規定された「初歩的な権利」さえも保障されない「外地人」という無権利状態に置かれたのである。一九二二年、「内地（日本本土）延長主義」として「外地（朝鮮半島）」の朝鮮人も「日本臣民」と同等に扱うという名の下に「朝鮮戸籍令」が公布されるが、これは朝鮮人は「内地（日本本土）」の「戸籍法の適用を受けない者」（「外地人」）としてより合理的管理を行うための差別の法制化に過ぎず、実際に朝鮮戸籍を日本戸籍に転籍することは日本人との結婚や養子縁組などを除いては原則として出来なかった。むしろ、この戸籍制度によって戦争遂行では日本人と同様、朝鮮人にも徴兵・徴用の義務を課しながら、他方では「外地人」として二重三重に差別が強化された。

強占（カンジョム）と併合（ピョンハプ）＝日本は条約締結に関する国際法上の手続きを踏まず、軍事力を動員し条約締結を強制したが、二国間での「合意」のもとに「平等」に結ばれたことを装うために日本は「併合」という用語を使った。南北朝鮮ではこの時期の朝鮮史を表現する場合、「併合条約」の違法性と軍事占領による植民地支配を表現する言葉として「強占」をしばしば使用する。

「朝鮮貴族令」（皇室令第一四号）＝「日韓併合条約」公布日の一九一〇年八月二九日発布。「併合」を推進した親日派や民族反逆者ら七六人に「公爵」「伯爵」「子爵」「男爵」などの「爵位」と「恩賜金」を与え総督府の官吏として登用した。「乙巳条約」に賛成し「併合条約」に調印し総督府中枢院の顧問となった李完用などがそうである。また、「日韓併合条約」に基づき朝鮮皇帝は「王・公族」として日本の皇族に準ずる者となった。

「笞刑」＝前近代的な刑罰であることから一八九四年甲午改革のときに廃止されたが、「併合」後の一九一二年に総督府が復活させた。「刑枠にうつ伏せにしズボンを脱がせ殴打する。苦痛に叫ぶおそれがあるので濡らした布で口を閉ざす」（「笞刑執行心得」）というまさに野蛮で残酷な刑であった。

寺内総督暗殺未遂事件＝一九一〇年一二月鴨緑江鉄橋竣工式に参加するため京義線に乗った寺内の暗殺計画事件。密告によって事前に発覚し安明根（安重根の弟）らメンバーは捕らえられた。しかし事実と異なる事件としてねつ造され翌年一一年に民族運動の指導者ら六〇〇人を検挙、一二年に一〇五人を起訴した（「一〇五人事件」）。

朝鮮総督府は独立運動の取り締まりを強化する一方、「朝鮮教育令」と「私立学校規則」（一九一一年八月）を同時に制定し同化政策に着手した。同令は「教育に関する勅語（天皇崇拝）」に基づく「忠良なる国民（日本人）の育成」を目的に掲げ、同規則は私立学校の校長や教員の変更を総督府の許可制とし、教科書は総督府編纂あるいは総督府検定書の使用を義務づけ、違反学校は閉鎖できるとした。朝鮮では民族の言葉や文字、歴史をはじめとする一般教育が行われていたが、これによって従来の教科書の使用が禁じられ、国語は「外国語」扱いで週五～六時間、日本語が一〇時間、

「修身時間」が置かれ「皇室と国家（日本国）」に対する忠誠を求める教育へと変更されていった。

さらに私立学校の運営を規制し事実上「官・公立化」するために「私立学校規則」を改正し（一九一五年）、「教員資格」の取得を義務づけ「資格試験による教員免許状を有する者」あるいは「朝鮮総督府の指定した学校を卒業した者」だけが教員になれるとした。その資格内容とは、私立学校の教員は「日本語を熟知」させ「忠良なる臣民」を育成できることであった（「私立学校教員資格試験規則」一九一四年）。こうして一九一〇年一九〇〇校あった私立学校は、一九一四年には一二〇七校に、一九一七年には八二二校に激減し、他方、総督府管下の普通学校（日本の小学校に当たる初等教育機関）は二〇〇四校を数えた。しかし、月謝を納めることができず多くの児童が卒業前に学校を去っている（表8参照）。また、労働者、農民、都市の貧民層は門前にも行けず朝鮮人学齢児童の就学率は一・七パーセントに過ぎなかった。多くの子どもがやむなく李朝以来の書堂に通い学んだが、そこでは次のような歌が教えられていた。

義兵を挙げて闘いて／遂に対馬に囚せられ／日本の粟を食まずして／従容として餓死したる／崔益鉉の節操は／我らが模範とすべきなり／老賊伊藤博文を／露領ハルピンに襲撃し／三発三中射殺し／大韓万歳を唱えたる／安重根のその義気は／我らが模範とすべきなり

書堂が民族心、愛国心を育む重要な拠点となっていたことから、総督府は一九一八年「書堂規則」を定めると「公安を害し教育上有害と認めたとき」は教師の変更から書堂の閉鎖まで必要な措置を講じることができるとした。すでに統監府の時代から民族教育に対する統制は行われていた。「私立学校令」（一九〇八年八月）、「書堂に関する訓令」（一九〇八年八月）を相次ぎ公布し、とくに民族

表8　公立普通学校児童入学者数・卒業者数

年度	入学者			卒業者		
	男	女	計	男	女	計
1912	20,738	2,091	22,829	4,104	225	4,359
1913	22,803	2,646	25,449	5,079	301	5,380
1914	22,593	2,939	25,532	6,660	378	7,038
1915	26,913	3,689	30,602	7,763	455	8,218
1916	30,016	3,933	33,949	8,671	578	9,249
1917	31,865	5,133	36,998	9,406	597	10,003
1918	31,046	5,330	36,376	10,683	780	11,463
1919	32,412	5,008	37,420	10,967	930	11,897
1920	53,757	7,779	61,476	8,055	737	8,792
1921	73,895	11,873	85,768	8,711	810	9,521
1922	107,007	17,879	124,886	12,361	934	13,295
1923	116,251	20,935	137,186	19,640	1,472	21,112

（『朝鮮総督府統計年報』）

＊表に明らかなように日本が設立した公立普通学校は入学数に比べて卒業者数が少なく、男児に比べて女児が極端に少ない。他方で高額の月謝を納めることができず書堂への就学は増え続けた。

精神を培い守る場となっていた私立学校に対しては「私立学校令」公布以前に設立された学校も六カ月以内に再認可を強制し「有害」と思われる学校は閉鎖された。また、「教科用図書検定規程」（一九〇八年八月）により朝日関係を非難したり、排日思想を抱かせるような教科書は検定を通じて使用禁止となった。その結果、一九〇八年五〇〇〇校を数えた私立学校は、法令適用後の一九一〇年には一九〇〇校に激減していた。

（2）土地調査事業、「会社令」「朝鮮鉱業令」

朝鮮総督府は土地調査事業（一九一〇〜一九一八年）を実施すると、土地の支配による経済的略奪に乗り出した。

一九一〇年当時、朝鮮の人口は一三一二万八七八〇人で全人口の八〇パーセントに当たる一〇四一万八八八〇人が農民であった。農村では封建的な土地所有関係が支配しており、土地は国有地であり私田には租税権が、農民には耕作権だけが認められていた。総督府は、「土地の所有権」（私有制）を認める「申告・承認」（登記簿）制度を導入し、土地の所在地、所有者、価格、地図、地形、坪数などを調査する名目で土地調査をはじめたが、手続きは非常に煩雑で字が読めなかったり申告方法がわからず、申告期限切れや記入漏れなどを理由に多くが無効とされた。慣習として土地を所有していた農民の土地が「無権利」として奪われ、国策会社である東洋拓殖株式会社をはじめ日本人不動産業者や移住日本人に無償あるいはただ同然で払い下げられた。他方では開港以降、不法に買い込んだ日本人の土地に法的所有権が与えられ日本人は大地主となり、朝鮮農民は高額小作料にあえぐ小作農に、土幕民（掘っ立て小屋に暮らす貧民）や火田民（焼畑耕作を行う農民）に転落していった。土地調査事業が終わった一九一八年、三・三パーセントの地主が耕作地の五〇・四パーセントを所有し、約七七パーセントの農民が小作あるいは小作兼自作農となり、その後も拡大の一途をたどった（表9参照）。また、総督府は国土の四〇パーセントにおよぶ田畑と林野を支配した。

土地を奪われた朝鮮人は故郷を追われ、生きる糧を求めて玄海灘を越えて日本に、あるいは凍て

表９　朝鮮人と日本人の土地所有者数

年度	100 町歩以上		150 町歩以上		200 町歩以上	
	朝鮮人	日本人	朝鮮人	日本人	朝鮮人	日本人
1921	266	213	94	108	66	169
1922	189	199	76	105	62	176
1923	217	220	72	113	67	178
1924	238	228	71	126	48	168
1925	270	230	74	130	45	170
1926	229	245	96	121	69	177
1927	210	239	80	122	45	192

（印貞植『朝鮮の農業機構』）

表10　中国・満州地方への朝鮮人移住者

年　　度	渡来者（A）	帰還者（B）	A－B
1910 ― 1913	68,369	―	68,369
1914	10,631	1,800	8,831
1915	13,281	3,956	9,325
1916	13,501	8,064	5,437
1917	18,911	6,169	12,742
1918	36,627	5,936	30,691
1919	44,344	4,141	40,203
1920	22,210	11,285	10,925
1921	13,153	8,108	5,045
1922	10,059	7,630	2,429
1923	7,545	6,824	721
1924	9,964	6,765	3,199
1925	9,744	7,277	2,467
合　　計	278,339	77,955	200,384

（朴在一『在日朝鮮人に関する綜合調査研究』P.9）

＊この統計は朝鮮総督府警補局等が把握し得た数で実際はこれを上回る。なお玄圭煥『韓国留移民史』では1925年在満州朝鮮人の数は28万9,381人、1935年43万2,880人、1940年106万5,523人、1945年216万3,115人。

ついた鴨緑江を渡って満州に向かったのである。一九一〇年八月の時点で、中国東北部の朝鮮人人口は一〇万九〇〇〇人であったが、土地調査事業を終えた一九二〇年末には二一万四〇〇〇人を数えた(「中国朝鮮族」はこうして生まれた)。また、一九〇九年七九〇人だった在日朝鮮人は一九一八年には二万二二六二人に増えていた。やがて日中戦争、太平洋戦争へと日本が侵略戦争を拡大していく過程で、在日朝鮮人の数は一挙に増えていくのである(表10及び一八〇頁表13参照)。

東洋拓殖株式会社＝一九〇八年日本が朝鮮経済を独占するために設立した国策会社。初期は農業拓殖事業を主に土地買収と移民事業、地主経営を行った。一九一八年同社の所属小作人は約一五万、日本敗戦時には二五万町歩を所有する朝鮮最大の地主であった。一九二〇年代には「産米増殖計画」にも深くかかわった。

朝鮮総督府は「会社令」を制定し(一九一〇〜一九二〇年)朝鮮民族資本の成長を抑圧した。「会社令」は、総督府の許可なく会社を設立することを禁じ、総督府の命令や許可条件に違反した場合は閉鎖できるとした。日本人に比べ資本が零細だった朝鮮人は不利な状況に置かれる一方、第一次世界大戦による好景気を背景に日本から朝鮮への資本移動が増大し民族資本の発展が大きく阻まれた。一九一一年から一九一七年にかけては有用鉱物に対する「鉱山調査」に基づき「朝鮮鉱業令」(一九一五年)を制定し、「鉱業権の登録制」を実施するなどの名目で朝鮮人から鉱業所有権を奪い日本資本の進出を保障した。日本は南浦精錬所、兼二製鉄所などを建設し、日本鉱業に連結した鉱物の一次加工を行わせ日本に運んだ。一九一一年には朝鮮での貨幣鋳造を禁止する「韓国貨幣条例」を制定し、日本の貨幣市場に取り込み金融面においても支配制度を確立していった。

この時期、総督府は植民地インフラ整備にも取り組むが、とくに鉄道の敷設に力を入れた。すでに軍の朝鮮駐屯権を手にしていた日本政府は「朝鮮に対して政治上、軍事上、保護の実権をおさめ、経済上、ますます権利の発展をはかる」（一九〇四年五月）との閣議決定を行い、一九〇四年に「京釜線」（ソウル—釜山）が開通し関釜連絡船と連結され、同年九月には「京義線」（ソウル—新義州）の敷設に取りかかっていた。また、「京仁線」（ソウル—仁川）、「京元線」（ソウル—元山）、「湖南線」（全羅南北道・大田—木浦）など、朝鮮植民地統治過程で日本が敷設権を得て管理下に置いていた鉄道が総督府に移管されていった。総督府は『施政二五年史』で、東西を横断する「京元線」は国防および経済上重要な位置を担当し、「湖南線」は米の産地であり水産物や工芸品が豊富であるなどと、大陸侵略と経済的収奪を目的に敷設したことを明らかにしている。一九〇九年に安東—奉天（瀋陽）間の敷設権を得て、一九一一年には鴨緑江鉄道を完成させることで、朝鮮半島南端の釜山から中国まで一本の鉄道で繋がるなど、朝鮮植民地支配と大陸侵略のための鉄道の敷設が着々と進められたのである。それらの土地は鉄道用地、軍用地として朝鮮人から取り上げ敷設には朝鮮人労働者が動員された。鉄道建設とくに「京釜線」「京義線」の敷設では義兵や独立運動家による妨害と襲撃が相次いだ。

4　「内地延長主義」と「文化統治」

（1）「参政権」と「朝鮮戸籍令」

一九一七年世界史を塗り替える一大事件が起きた。ロシア一〇月革命である。やがてヨーロッパでは革命運動が、アジアでは民族解放運動が大きなうねりを見せはじめた。朝鮮半島では一九一九年三月一日、植民地統治を根底から揺るがす大規模な人民蜂起が起きた。三・一人民蜂起である。天道教、仏教、キリスト教を代表する知識人などを中心に農民、労働者、商人などが主力となった民族解放運動は、ソウルのパゴダ公園で「独立宣言文」を読み上げると「朝鮮独立万歳！」を叫びながら決起し瞬く間に全土へと広がった。「宣言文」は「世界平和、人類の幸福を達成するには、東洋の平和がその重要な一部をなし、そのために朝鮮の独立が必要な段階である」と、民族自決権としての民族独立が世界平和にとっていかに重要であるかを説いていた。人民蜂起は一年あまりにおよび二〇〇万人を超える人々が参加した。朝鮮総督府と日本軍は各地で流血的な弾圧と虐殺を敢行し、死者七五〇〇人、負傷者一万六〇〇〇人（四万五〇〇〇人という数字もある）、検挙者四万七〇〇〇人というおびただしい数にのぼった。日本政府は大規模な独立運動を前に朝鮮植民地統治を武断統治から宥和政策としての「文化統治」へと切り替え、とくに親日派の育成による同化政策、「皇国臣民化」政策を実施した。その現地執行者として赴任したのが三代目朝鮮総督、陸軍大臣斎藤実である。斎藤は政務総監水野錬太郎とともに一九一九年九月にソウル入りするが、そのとき老義士姜宇奎に爆弾を見舞われた。水野錬太郎は関東大震災の時に朝鮮人虐殺の端緒を開いた戒厳令の要請者である。

堤岩里虐殺事件＝京畿道水原堤岩里での日本軍による集団虐殺事件。三・一人民蜂起のときに見せしめとして行われた残虐行為の象徴的事件。一九一九年四月一五日日本軍は独立運動に立ち上がった天道教、キリスト教など約三〇人を教会に閉じこめ集中射撃を浴びせ火を放ち焼き殺した。日本軍は虐殺を隠蔽したが蜂起鎮圧の朝鮮軍司令官宇都宮太郎の日記に日本軍の蛮行が記されていた。日記には「虐殺の事実を認めることは日本にとって不利益」であり、したがって「抵抗したがゆえに殺戮したものとし、虐殺や放火は認めないことに決めた」などと書かれている。他にも江西、砂川、密陽、孟山、陜川、定州、南原など各地で同様の虐殺事件が起きている。

柳寛順（一九〇四〜一九二〇）＝忠清南道出身。一九一八年梨花学堂に入学、翌年三・一人民蜂起が起きると同僚と共に街に繰り出し独立万歳を叫ぶ。学校が閉鎖されると故郷に向かいデモ行進を計画する。四月二日市場に集まった三〇〇〇人の群衆にデモを呼びかけ指揮し逮捕。兄の寛玉も逮捕され連行中に二人は会う。父母はデモのとき日本官憲に殺害された。寛順は日本人検事に椅子を投げつけるなど法廷闘争を繰り返し七年の懲役を宣告される。西大門監獄に捕らわれながらも屈することなく独立万歳を叫び拷問の末獄死。

三・一人民蜂起以後、総督府は高まる独立運動を鎮圧する一方、抗日運動そのものを分裂させることを目的に、朝鮮人に「参政権」を与える方法で「朝鮮議会」を置く、あるいは朝鮮代表を日本議会に送るといった「内地延長主義」としての宥和政策をとりはじめた。総督府は「内鮮融和」「共存共栄」を掲げながら、強大な日本からの「独立不能論」を強調し「併合」によってかろうじて「東洋禍乱の中心」を免れた、よって「一視同仁」(日本人と同じように朝鮮人にも天皇の仁愛を施すというもの)に基づき「民力の発展」に専念することが「幸福の道」であると説くよう指針を出し、新聞紙上や講演会などを通じた宣伝活動を一斉に開始した。

総督府が宥和政策としてとくに力を入れたのが長年にわたって養成してきた親日派の利用であった。親日派は積極的に「参政権請願運動」を繰り広げるが、「国民協会」を結成した閔元植(一九二〇年「国民協会」を結成、総督府の機関紙的役割を果たした『時事新聞』を発行)は「私がこのようにいられるのも、日本政府と日本人の庇護を受けているからである」とためらうことなく口にし、東京で民族主義者梁槿煥に殺害された(一九二一年二月)。朝鮮半島では北部国境地帯に根拠地を置く武装独立軍をはじめ、秘密結社によって反親日派運動が繰り広げられた。そこで総督府は、朝鮮人による行政への諮問機関を設ける地方制度の改変へと政策修正を行った(朝鮮人による「地方自治の準備」という名の宥和政策)。府・面・道には諮問機関を、教育機関には学校評議会を設けたが、実際には府だけが選挙で選出されたに過ぎず、他はほとんど郡守が任命しそれさえ親日派か日本人であった。しかも選挙は日本人と朝鮮人地主が支配する地域に限られ、五円以上の納税者(日本人は三円)だけが選挙権を与えられた。一九二〇年を例にあげるなら当選者は日本人は四五人に一人、朝鮮人は二八〇〇人に一人であった。

総督府の宥和政策に対して民族主義者のなかには妥協的姿勢、さらには親日路線へと変節する者もいた。その代表格が李光洙である。彼は『民族改造論』（一九二二年）を発表し、「（独立運動を）政治的色彩ゆえに失敗」し、そのような「空想と空論」を好む「朝鮮民族の性格」を「改造」しなくてはならないなどと主張した。総督府斎藤実と面談し総督府の斡旋で『東亜日報』論説委員として入社した李は、社説『民族の経綸』を連載し、「日本の統治権を承認する組織のもとで行うすべての政治的活動、すなわち参政権、自治権運動を……拒否すること」は誤りであり、「（日本の法と制度が）許す範囲において政治結社を組織」し「当面の民族的権利と利益を擁護する」（一九二四年）などと植民地統治を肯定し「文化統治」を先導した。歴史学者申采浩は、『朝鮮革命宣言』（一九二三年）を発表し「参政権を得たとしよう。自国の無産階級の血液まで搾取する資本主義強盗国の植民地民になったとしても、何人かの奴隷代議士の選出でどうして餓死から救うことが出来るのか？……」と親日派、民族改良主義者たちを痛烈に批判した。

他方で、総督府は「朝鮮史編纂委員会規定」（一九二二年）を公布し「朝鮮史編纂委員会」（委員長は総督府政務総監李完用）を創設すると、歴史教育を通じて日本の優越性を浸透させる朝鮮史の編集にとりかかった。この事業をさらに強化するために、総督府は「朝鮮史編修会官制」（一九二五年）を公布し親日史家と日本人史家で「朝鮮史編修会」を立ち上げると、朝鮮民族の主体的発展史をことごとく否定する植民史観（植民主義歴史学）の普及に着手した。朝鮮史編纂委員に名を連ねたのは、李完用、朴泳孝、権重顯を筆頭顧問に鄭萬朝、李能和、魚允迪、洪憙、今西龍、稲葉岩吉、黒板勝美、内藤虎次郎らが指導的役割を果たした。編纂の軸は朝鮮史発展の「他律性論」「停滞後進性論」の浸透にあった。「他律性論」とは朝鮮史の主体的発展と朝鮮半島の独自の歴史や文化を否定する理論である。すなわち朝鮮半島は自発的努力ではなく中国、日本などの周辺国家の刺激と支配によって発展してきたなどと植民地支配を合理化する史観で、朝鮮の「中国属国」論や『日本書紀』『古事記』に書かれた「任那日本府による朝鮮支配」「神功皇后新羅征伐」に根ざしている。他方、「停滞後進性論」とは日本をはじめとする国々は世界史的発展過程を経て来たが、朝鮮半島にはそれがなく「古代時代の水準」にあったが日本との「併合」によって近代的な発展を遂げたなど、朝鮮民族のいわゆる「劣等性」「後進性」を強調し植民地支配を正当化をするものであった。このような植民史観に基づき、当時、普通学校での歴史教育では「わが国は明治のはじめからひたすら朝鮮の幸福をはかり、まず修好条約を結んでこれを列国の間に出しました。しかし、韓国は独立の実を挙げることが出来ず、常に他国に圧迫されて動き、東洋の平和を破るおそれがあったので、わが国はポーツマス条約によって、新たに韓国と協和を結んでこれをわが保護国とし、その外交を取扱ひました。……（韓国併合後）この時から半島の民は悉く帝国の臣民として、皇室の御成徳を仰ぐやうになり、東洋平和の基はいよいよ固くなりました。この後、教育は普及し、交通、通信は開け、産業は発達して……」（一九三一年「普通学校国史」第五〇課　明治天皇　七　韓国併合）というように教えられた。

宥和政策としての「文化統治」は在日朝鮮人にも実施された。一九二一年最初の親日団体である「相愛会」（会長李起東、副会長朴春琴）が結成された。とくに一九二三年関東大震災時における朝鮮人虐殺事件を機に、深まる民族的対立と民族差別によって醸成されている社会不安を回避するために親日派の養成が本格的に進められた。翌年二四年には「大阪府協和会」が、二五年には「神奈川県内鮮協和会」「兵庫県内鮮協和会」が相次ぎ組織された。一九三六年からは「協和会」事業を全国規模で統一するために日本政府は予算を計上し、警察組織との密接な連携の下に都道府県に「地方協和会」を設立していった。一九三九年にはそれらを統括する「中央協和会」設立総会が東京神田の学士会館で開かれた。そうして「協和会」を通じて「内鮮一体」「皇民化」の名の下に「創氏改名」、神社参拝、日本語使用、軍事献金、勤労奉仕、朝鮮人女性の和服着用などを強制する一方、独立運動家を「危険鮮人」「不逞鮮人」として取り締まり、太平洋戦争が勃発すると「皇国臣民」として朝鮮人を戦争へと動員した。「君が代」や「皇国臣民の誓詞」が記された「協和会手帳」なるものも作られ、常時携帯を義務づけ手帳を持たない朝鮮人は迫害を受け、仕事にも就けないようにした。

また、学校では朝鮮人児童のための特別学級を編成しない、一学級に朝鮮人児童は四割を超えない、朝鮮人児童には国語（日本語）、国史（日本史）および「修身教育」（皇国臣民教育）に重きを置くよう指導するなど、日本における「文化統治」という名の同化教育が進められた（「大阪内鮮融和事業調査会」小学校教育方針への提言・一九三七年）。一九二五年普通選挙制度が日本で実施されると、在日朝鮮人も「帝国臣民」として参政権（選挙権と被選挙権）が認められたが、在日朝鮮人投票者は少なく積極的に出馬し当選したのは「相愛会」の副会長を務めた朴春琴など同化政策協力者に過ぎなかった。

申采浩（一八八〇～一九三六）＝忠清南道出身。歴史学者、独立運動家。朝鮮における民族主義歴史学を確立した。一九二三年『朝鮮革命宣言』を発表し「参政権」「自治論」などの妥協的民族主義を痛烈に批判、民族解放運動の主体勢力としての民衆を強調し武力による独立闘争を主張した。一九二六年には『朝鮮上古史』を記し、植民史観が展開する朝鮮の他律的・事大的歴史観を批判、民族史の独自的発展と民衆主体の闘争史観を提示した。一九二七年に捕らわれ一九三六年旅順刑務所で獄死。

【関東大震災と朝鮮人虐殺】一九二三年九月一日相模湾を震源地とする大地震によって関東一円に災害が起きた。死者・行方不明者一四万人、負傷者一〇万人、破壊焼失家屋六八万戸におよんだ。日本政府は翌日二日に戒厳令を宣布し、東京、神奈川の全域で軍などによる治安の維持にあたるが、三日内務省警保局長は各地方長官、朝鮮総督府警務局長、山口県知事宛に次のように打電した。「東京付近の震災を利用し、朝鮮人は各地に放火し、不逞の目的を遂行せんとし、現に東京市内において爆弾を所持し、石油を注ぎて放火する者あり。すでに東京府下には一部戒厳令を施行したるがゆえに、各地において十分周密なる視察を加え、鮮人の行動に対しては厳密なる取り締まりを加えられたし」。まったくの事実無根のこの指示に基づき自警団が組織され「朝鮮人が反乱を起こした」「井戸に毒を入れた」などの流言が飛び交い、一般の日本人にも不安を植え付け、朝鮮人に対する監視と取り締まり、白昼堂々の虐殺行為が繰り広げられることになる。死者の数六〇〇〇人と言われている。日本の朝鮮植民地によって渡日を余儀なくされ二重三重の差別のなかで起きた事件は、「天災」ではなく国家権力によって誘発された「人災」であり、その根底には朝鮮人に対する民族差別があった。二〇〇二年八月日弁連は内閣総理大臣に対して、国の責任を認め被害者と遺族に謝罪すること、事件の全貌と真相調査による原因の究明を勧告した。

(2)「産米増殖計画」と兵站基地化

一九一八年、日本では米の買い占めによる米価の暴騰により、生活難に苦しんでいた民衆が安く売ることを求めて米屋や富豪、警察などを襲撃する事件が全土に広がり軍隊が鎮圧に乗り出していた。米騒動である。日本政府は食糧不足を安定させる方策として、朝鮮植民地農業政策を確立する「産米増殖計画」(一九二〇年)を実施した。「産米増殖計画」は三〇年間にわたって四〇万町歩の土地に灌漑作業を施し、畑と田をそれぞれ二〇万町歩開墾するなど合わせて八〇万町歩の土地改良を行うことで九〇〇万石の米を増産し、その内の七〇〇万石を日本に移出するというものであった。実際には計画通り進まず一九三三年に中断するが、この間朝鮮農民の犠牲の上に多くの米が日本に運ばれた(表11参照)。一〇年間に米の生産高は一二〇〇万石から一五〇〇万石に増加しただけであったが、日本への移出は三〇〇万石から八〇〇万石へと急増し、他方では水利組合費、種子、肥料、農具購入などの費用負担は増え、農民は支払いのために手元に残ったわずかな米を売るしかなかった。それでも借金はかさみ土地を手放さざるを得なくなり、生きる糧を求めて多くの朝鮮人が中国東北地方や日本へと渡った。

表11　朝鮮米生産高に対する対日輸出量数（単位：1千石）

年間	平均生産高	対日輸出	その他の地域	合計
1917 − 1921	14,100	2,196（15.57 %）	247（1.76 %）	2,443（17.33 %）
1922 − 1926	14,500	4,343（29.95 %）	34（0.24 %）	4,377（30.19 %）
1927 − 1931	15,798	6,607（41.82 %）	9（0.06 %）	6,616（41.88 %）
1932 − 1933	16,108	7,770（48.24 %）	59（0.36 %）	7,829（48.60 %）

（『朝鮮米穀要覧』1934 年版）

一九一〇年代、朝鮮工業における植民地支配は「会社令」の施行などによる日本資本の朝鮮進出の基盤作り、すなわち鉄道、道路、港湾、通信などのインフラ整備に重点が置かれ、一九二〇年代に入ると日本資本の本格的な朝鮮進出が開始された。投資対象のほとんどが日本に持ち出すための朝鮮米の精米業などの食品加工業、朝鮮産繊維を原料にした紡績工業が中心で、一九二九年の時点で基幹工業である金属、機械器具工業は全体の七パーセントを占めるに過ぎなかった。やがてアジア侵略の拡大にともない人的・物的資源を供給する兵站基地化を目的に軍需中心の重化学工業化が進められ、並行して日本の独占資本による経済支配が強まった（表12参照）。主な独占資本は東拓、日産、三菱、三井、鐘紡、日鉄、住友などの系列である。しかし、そのような工業化も資源の開発から完成品生産までの一貫工程ではなく、あくまで日本工業の従属関係での一次品加工にとどまり、

表12　朝鮮における民族資本金の比率（%）

（1944 年末、資本金 100 万円以上）

業種	朝鮮	日本
金属	1.8	98.2
機械器具	15.1	84.9
化学	0.1	99.9
ガス電気水道	0	100
窯業	0	100
紡織	15.6	84.4
製材木材	15.3	84.7
食料品	2.2	97.8
印刷製本	68.2	31.8

（朝鮮商工会議所『朝鮮経済統計要覧』1949 年）

民族資本は抑圧され労働者は低賃金で酷使された。

二四歳だった李相和は、詩「奪われた野にも春は来るのか」（一九二四年）と血を吐く思いでペンを走らせ、同じく二四歳だった洪蘭坡が「鳳仙花《ポンソンファ》」（一九二〇年）を作曲したのもこの時期であった。この曲は本来、彼が小説『乙女の魂』を出版するときに本の扉に載せた「哀愁」という題のバイオリン曲が原曲で、その美しい旋律に魅せられた音楽家金亨俊が「垣根の陰に咲く鳳仙花よ、君の姿はあわれなれば……」と作詞したのである。「鳳仙花」は三節で「北風寒雪の冷たい風に／君の姿は失せたけれど／平和な夢見る君の魂ここにあらば／のどかな春風によみがえらん」と民族独立への強い願いを歌っている。多くの民衆に口ずさまれたが総督府はこのレコードを発禁処分にした。時期は異なるが二八歳で亡くなった詩人尹東柱は朝鮮語の使用禁止や「創氏改名」を目の当たりにしながら、それに抗いつづった「序詩」は「死ぬまで空を仰ぎ／一点の恥辱なきことを……」と母国語でうたった。

民衆の独立運動は激しさを増し、六・一〇万歳運動（一九二六年）、光州学生事件（一九二九年）、元山労働者のゼネスト（同年）など大規模な事件が相次ぎ起きた。やがて日本は満州事変（一九三一年）を経て中国との全面戦争、日中戦争（一九三七年）、太平洋戦争（一九四一年）へと「大東亜共栄圏」の名の下に侵略戦線を拡大していく過程で、名ばかりの「文化統治」もかなぐり捨てファッショ的な植民地政策を朝鮮全土に敷くのである。日本では「治安維持法」（一九二五年四月）が制定され、集会、結社の自由を奪い、反政府運動、社会主義運動への弾圧が強まり、多くの活動家が捕らえられ拷問を加えられ、転向を拒否する者には死刑にいたる極刑が科せられた。同法は

「治安維持法を朝鮮、台湾および樺太に施行する件」（同年五月）の公布によって朝鮮半島にも適用され、さらに独立運動、共産主義運動を封じ込めるための法律が次々に制定・公布された。「治安維持法」違反者たちの言動を釈放後も規制し監視する「朝鮮思想犯保護観察令」（一九三六年一二月）が制定され、日中戦争が勃発すると朝鮮人の思想動向を調査する「朝鮮中央情報委員会」（一九三七年七月）を組織し、総督府が中心となって「朝鮮防共協会」（一九三八年七月）を立ち上げると「共産主義思想およびその運動を撲滅し日本精神を高揚する」運動が繰り広げられた。太平洋戦争期に入ると日本に先駆け、非転向思想犯を隔離するための「朝鮮思想犯予防拘禁令」（一九四一年二月）が制定され「危険と思う者」を半永久的に獄中に閉じこめ、さらには「朝鮮総督府裁判所令戦時特例」「朝鮮戦時刑事特別令」（一九四四年二月）をもって裁判を二審制に簡素化し再抗告は禁止、「国家紊乱罪」の刑罰規定を強化し独立運動家たちに重刑を科した。

洪蘭坡（一八九七～一九四一）＝南北朝鮮で広く歌われている童謡「故郷の春」の作曲家でもある。一九四〇年には朝鮮で最初の管弦楽団を組織した。

尹東柱（一九一七～一九四五）＝中国・間島生まれ。延禧専門学校（現延世大学）を経て日本の同志社大学英文科に入学。在学中に思想犯として逮捕され懲役二年を宣告される。祖国解放を間近にひかえた一九四五年二月服役中の福岡刑務所で獄死。一九四八年に遺稿三〇編を集め詩集『空と風と詩』が刊行された。

六・一〇万歳運動＝一九二六年六月一〇日純宗の葬儀式を機に全国的規模で起きた民衆の抗日運動。事前に綿密な計画が練られ「日本帝国主義打倒」「土地は農民に」「八時間労働制を」「われわれの教育はわれわれの手で」などと書かれたビラ一〇万枚がまかれた。

光州学生事件＝一九二九年一〇月三〇日日本人学生が朝鮮人女子学生を愚弄し朝鮮人学生と日本人学生が衝突、これに端を発した全羅南道光州学生たちの抗日運動。「植民地教育の撤廃」「日帝打倒」「民族解放」を叫び、光州市内一九四校五万四〇〇〇余人がデモに参加した。五八〇余人が退学、二三三〇余人が有期停学処分、最高五年の刑に処せられた。

「大東亜戦争」と「大東亜共栄圏」＝一九四一年一二月日本政府は対米英戦を「大東亜戦争と呼称す」と閣議決定し太平洋戦争当時に唱えた戦争の公称。「大東亜戦争」を通じて欧米帝国主義の支配からアジアを解放し、日本を盟主とした「大東亜共栄圏」を作るというもので、「大東亜」とは日本、中国、満州を中心にタイ、マレーシア、ビルマ（現ミャンマー）、インドなどの東アジア一帯を指す。日本政府は占領地の傀儡政権や親日派の代表らによる「大東亜会議」を招集し、「自主独立」「相互尊重」「人種差別撤廃」「文化交流」などを宣言したが、それは建前に過ぎず日本の植民地既得権の擁護と勢力圏拡大のための侵略戦争合理化策であった。事実、朝鮮植民地統治は強化され抗日闘争が弾圧され、アジア占領地からは物資の収奪が行われた。

5 「皇民化政策」と戦時動員法

(1)「新朝鮮教育令」「創氏改名」

一九三六年朝鮮総督に就任した南次郎(東京裁判でA級戦犯・終身禁固刑)は早々「満鮮一如」を提唱し、朝鮮半島においては「内鮮一体」を掲げ「皇民化政策」を本格的に展開し同化政策は極限状態に達していった。就任翌年、日中戦争が勃発すると南は「朝鮮半島二千三百万民衆は、我が天皇陛下の赤子にして一視同仁の恵沢に浴しつつあります。私の施政上の根本方針は、此の聖旨を奉戴して半島民を忠良なる皇国臣民たらしめ、内鮮一体を具現化することにあります」(朝鮮総督府官房文書課編纂「諭告・訓示・演述総攬」一九三八年四月)と公言し「朝鮮統治五大政綱」(「国体明徴」「鮮満一如」「教学振作」「農耕並進」「庶政刷新」)を掲げ朝鮮半島を戦時体制へと再編していった。そして「内鮮一体」(「内」とは日本、「鮮」は朝鮮。この二つは一体という意味で、朝鮮人を「日本臣民」として侵略戦争へと動員するために掲げられた)「日鮮同祖」(日本と朝鮮は同じ先祖であるとの「同祖同根思想」で、「天照大神」を朝鮮の家庭でも祀るよう強制した)をとなえながら「皇民化」をあらゆる場所で推し進めるが、そのひとつの象徴が「朝鮮神社設立の告示」(一九二〇年)に基づく「一面(村)一神社」政策であった。総督府は日中戦争から太平洋戦争にいたる一九三六年から一九四三年の間に、朝鮮各地一九〇八カ所に神社を建て「神社参拝」を強制し、一九三九年にはソウル中心部の南山に築いた「朝鮮神宮」（朝鮮総督府が明治天皇を祭神にソウルに作った神社）に「皇国臣民誓詞之柱」を建てた。他方では、学校はいうまでもなく役所や会社、商店や農場、映画館や結婚式場など人の集まる場所ならどこででも「皇国臣民の誓詞」を斉唱させた。

「皇国臣民の誓詞」＝一、私どもは大日本帝国の臣民であります。二、私どもは互いに心を合わせて天皇陛下に忠義を尽くします。三、私どもは忍苦鍛錬して立派な強い国民となります。（小学校用）一九三七年一〇月二日制定。

一九三八年三月には「新朝鮮教育令」を公布すると、事実上朝鮮語の使用を全面的に禁止し、「朝鮮の歴史」に代わって「皇国の歴史」が登場した。また、「皇国臣民の育成」（同令第一条）にしたがって、学校行事として「愛国日」「愛国貯金日」「勤労報国隊奉仕日」「忍苦鍛錬日」「査閲分列式」「少年剣道会」「神社参拝」「国旗掲揚（日の丸）」などを毎月日にちを定め開くなど、軍隊式の「皇国臣民化」教育が徹底的に実施された。「国語札」まで作られ朝鮮語を使うたびに札を渡し、一〇枚になると一銭の罰金をとって日本軍に送らせ、あるいは体罰を加えられ停学処分となった。一九四三年からは日常生活での「国語（日本語）常用運動」を大々的に繰り広げ、「国語教本」「日語新聞」を配布し「国語講習所」や「国語ラジオ」を通じて学ばせ、子どもたちには「一日一語」学習を奨励した。他方では、総督府朝鮮人官吏は「模範」を見せるべきであるとして「国語常用」を強制し、道庁などの行政機関では日本語でなければ応答や書類の受け付けも拒否するよう命じられた。

朝鮮語学会事件＝機関誌『ハングル』を発刊し朝鮮語の普及と朝鮮語辞典の編纂に努めていた朝鮮語学会の活動を弾圧するために一九四二年一〇月「学術団体に仮装した独立運動団体」との罪で会員らを検挙投獄し拷問を加え懲役刑を科した事件。

なかでも一九三九年、朝鮮固有の姓名制度を廃止し日本式の氏を強要した「創氏改名」（「創氏」と「改名」の二つを意味する）は「皇国臣民化」の総仕上げであった。朝鮮総督府は一九三七年「私法改正調査委員会」を設置し「創氏改名、異姓養子、婿養子」に関する法改正の審議にとりかかった。そうして一九三九年一一月に「改正朝鮮民事令」、一二月に「朝鮮人の氏名変更に関する件」を公布すると、一九四〇年二月一一日から「創氏改名」の手続きが開始された。総督府は、同年八月一〇日まで日本式氏への変更を役所に届け出ることを義務づけた。しかし、五月中旬時点で届け出たのは全戸数の七・六パーセント、最終日でさえ六一・五パーセントに過ぎなかった。朝鮮総督南次郎は「創氏改名」を「内鮮一体具現の道」「大和大愛の発露」などと一三道の警察府、二五八カ所の地方警察署、二九四三カ所の駐在所・派出所の警察権力と親日派を動員して氏と名の変更を強要した。届け出期間も一九四一年末までに延長し、拒否する者は「非国民」「不逞鮮人」として職場から追放させ、子どもは学校で殴られ通えなくし、優先的に労務徴用対象者となり、行政機関は一切の手続きを受け付けず、郵便局や鉄道は朝鮮名の郵便物を取り扱わなかった。一九四〇年九月二〇日現在、総督府は三二〇万一一六戸一七〇六万人（七九・三パーセント）が届け出たと発表した。

そもそも朝鮮の氏は身分、家族、血縁関係を表すもので、封建的な性格はさておき朝鮮の家族制度と血縁観念を維持する根幹として民族意識を育む大切な土壌であった。「創氏改名」によって民族のシンボルを奪い民族抹殺政策を進めたのである。憤慨した文人の金文輯は「犬糞倉衛（いぬくそくらえい）」と届け出た。やむを得ず変える場合でも、金は本貫（始祖の出身地）が「光山」なら「金光」に、あるいは姓の「金」を残して「金田」に、李は朝鮮王家一族であるとして「国本」「宮本」に、申は本貫の「平山」に、尹は沼に由来する先祖の伝説から「平沼」に、洪は親族会議により「徳山」にしたものが多く、密陽「朴」氏は新羅王出生の伝説にちなみ「新井」に、「林」や「南」はそのまま「はやし」「みなみ」にというようになんらかの形で「出自の根」を残そうとした。

(2) 徴兵・徴用、朝鮮人強制連行

朝鮮人の日本への渡航は幾度となく制限されてきたが、土地調査事業や「産米増殖計画」をはじめとする植民地収奪の結果、在日朝鮮人の数は年々増え続けていた。一九二一年三万五八七六人であった在日朝鮮人は、一九三〇年には二九万八〇九一人と八倍近く急増していた。やがて日本の大陸侵略戦線が拡大の一途をたどるなか、一九三八年前戦に送られた日本人兵士の数は一〇〇万人を

超え、日本国内での労働力が著しく減少しはじめた。日本政府は労働力を確保するために一九三八年四月「国家総動員法」（人的・物的資源を自由に統制・動員できる戦時統制法）を公布し、五月には「国家総動員法を朝鮮・台湾および樺太に施行する件」（朝鮮人労働者の日本への移入計画）を通達し、翌年七月に朝鮮人労働者の動員計画が具体的に確定された。それらは初期の「動員方式」（一九三九年〜）から「官斡旋方式」（一九四二年〜）へ、そして徴用（一九四四年〜「国民徴用令」の朝鮮での全面適用）へと強化されていくが、いずれも官民一体となって植民地統治下の朝鮮半島から人々を強制的に連行したことに変わりはない（表13参照）。

日本政府は一九三九年七月「朝鮮人労働者内地移住に関する件」および「朝鮮人労務者募集要綱」（厚生省発職第六〇号厚生・内務両省次官の地方長官宛通牒）を発すると、「すべてを時局の産業」「国家の必要とする諸産業に従事」させるために朝鮮人を「集団的に動員」するとの方針を打ち出し、国策として動員計画の実施に乗り出した。これが第一段階の「自由募集による動員」である。企業の募集要員が朝鮮総督府によって割り当てられた地域に行き、警官や役人によって集められた朝鮮人を日本に移送する。逃亡を警戒し要所に警官を配置し、その監視の下に船に乗せ、就業地に着くと地元警察に名簿を渡し逃亡防止にとりかかった。そして「就業規則違反、社員への指揮・命令不服従は犯罪扱いされ、正座・長時間説教、民族的侮辱、食事減量・禁止、監視下就労禁止、食塩注射、手当不支給、貯金引出拒否、暴力、飯場送り、警察引渡等暴力もともなう他への見せしめ的制裁が行われた」（守屋敬彦「朝鮮人強制連行方法とその強制性」『季刊・戦争責任研究』第五一号）のである。太平洋戦争に突入すると「官斡旋による隊組織」方式がとられた（第二段階）。企業が国民

表13　在日朝鮮人人口動態

年度	在日朝鮮人	増加人口（前年比）
1909	790	
……		
1914	3,542	－
1915	3,989	447
1916	5,638	1,649
1917	14,501	8,863
1918	22,262	7,761
1919	28,272	6,010
1920	30,175	1,903
1921	35,876	5,693
1922	59,865	23,989
1923	80,617	20,752
1924	120,238	39,621
1925	133,710	13,472
1926	148,503	14,793
1927	175,911	27,408
1928	243,328	67,417
1929	276,031	32,703
1930	298,091	22,060
1931	318,212	20,121
1932	390,543	72,331
1933	466,217	75,674
1934	537,576	71,359
1935	625,678	88,102
1936	690,501	64,823
1937	735,689	45,188
1938	799,865	64,176
1939	961,591	161,726
1940	1,190,444	228,853
1941	1,469,230	278,786
1942	1,625,054	155,824
1943	1,882,456	257,402
1944	1,936,843	54,387
1945	2,100,000	

（1909年統計は『日本帝国年鑑』。1915－44年統計は内務省警保局統計など）

職業指導所を通じて厚生省に要請すると、総督府の責任の下に地域を決定して通牒し、道は事業紹介所や府、郡、島を通じて割り当て、集められた朝鮮人労働者は企業が派遣した労務補導員に引き継がれ就業地に連行された。一九四三年頃から日本の戦局悪化にともない軍要員の動員も増大し、人的資源を補うために朝鮮人労働者の動員方法は強制、脅迫による連行や白昼堂々の「人狩り」(拉致)となっていた。被害者による証言は数え切れないが、内務省一九四四年七月三一日付「復命書」(始末報告書)には、動員が「いかなる方式によるも出動はまったく拉致同様の状態」「事前に知らせればみな逃亡する」、よって「夜襲、誘出、そのほか各種の方策を講じて人質的略奪拉致の事例が多くなる」と記されている。

一九四四年九月厚生省は「朝鮮人労務者内地送出方法の強化に関する件」および「朝鮮人労働者送出機構の改善強化に関する実施細目」を発するが、これを機に朝鮮人に「国民徴用令」を適用して大々的な連行を開始した(第三段階)。企業は総督府に徴用申請書を提出し総督府は必要な人数を割り当て徴用を行う。徴用に応じなければ「国家総動員法」違反として一年以下の懲役または罰金に処せられた。こうして膨大な朝鮮人が日本に連行されたのである(表14参照)。他方、「女子挺身隊勤労令」(一九四四年八月)、「国民勤労動員令」(一九四五年三月)を公布すると「日本の工場に行けば女学校にも行ける、お金も稼げる」などの甘言を弄して日本各地の紡績工場、航空機製作所などに国民学校五、六年生の朝鮮少女を動員した。

徴兵に関しては、日本では兵役法によってすでに実施されていたが、朝鮮人に対しては武装させることへの不安から見送られていた。しかし、戦争拡大にともなう兵士不足を補うために「徴兵制」

表 14　労務動員計画による朝鮮人就労先数

年度	石炭鉱山	金属鉱山	土木建築	港湾荷役	工場その他	合計
1939	24,279	5,042	9,470	－	－	38,800
1940	35,441	8,069	9,898	－	1,546	54,954
1941	32,415	8,942	9,563	－	2,672	53,592
1942	78,660	9,240	18,130	－	15,290	121,320
1943	77,850	17,075	35,350	－	19,455	149,730
1944	108,350	30,900	64,827	23,820	151,850	379,747
1945	136,810	34,060	29,642	15,333	114,044	329,889
合計	493,005	113,258	176,889	39,153	304,857	1,129,812

（第 85、86 帝国議会説明資料）

表 15　朝鮮人強制動員数（推定）

労務動員	計	兵力動員（軍人・軍属）	計
朝鮮半島内の労働力動員	6,468,942	陸軍	207,703
		海軍	22,299
朝鮮半島外の労働力動員	867,643	軍属および軍要員	384,514
合計	7,336,585	合計	614,516
		総計	7,951,101

（『未来を開く歴史―東アジア 3 国の近現代史』p.143）

の実験的段階として一九三八年二月「陸軍特別志願兵令」を公布し、「戸籍法の適用を受けざる年齢一七年以上の帝国臣民たる男子にして、陸軍の兵役に服することを志願する者」を対象に志願兵制度の実施に着手した。そうして一九四三年二月朝鮮における「徴兵制」実施が閣議決定され（「兵役法の一部改正の件」）三月に公布八月に施行された。同年一〇月一日からは朝鮮全土において一斉に徴兵適齢届が開始された。すでに日本政府は戦線の拡大と犠牲者の続出による兵力充当を目的に、一九四二年五月の内閣会議で朝鮮青年を対象に「徴兵制度」の実施を決定し、「皇国軍」としての資質と「国家奉仕」の観念を培うために「朝鮮青年特別錬成令」（同年一〇月公布一一月施行）を公布すると、一七歳以上二一歳未満の朝鮮男子を対象に朝鮮半島各地に「特別錬成所」を設け軍事訓練を行っていた。「錬成所」は公立と私立からなり府邑面に一カ所以上設置することが義務づけられ、学校や工場、鉱山、事業所など対象年齢がいる場所ならどこにでも設けられた（公立は実施年の四二年七一五カ所、翌年一九二二カ所に新設計画）。錬成期間は毎年四月から一年間六〇〇時間以上（一日三時間、週四回）で、錬成内容は「献身奉国の精神涵養」「国語使用の日常化」「神社参拝作法」「勅語・詔書の会得」「国旗・君が代の意義」など「皇民化」の促進であった。しかも、錬成対象者は「正当な事由なくして錬成を受けざるときは拘留または科料に処す」との処罰規定を設け錬成を強制した。四四年四月からは兵役検査を行い「朝鮮軍」（朝鮮駐留日本軍隊）に入営させ戦場に送る準備を整えた。朝鮮総督府や大蔵省など日本政府関係統計によっても、一九三八年から四三年までに朝鮮人志願兵二万六六四人、徴兵された陸軍軍人一八万六九八〇人、海軍軍人二万二二九〇人、一九三九年から四五年までに軍属は日本国内に六万九九九七人、その他（朝鮮、満州、中国、南方）に七万五〇一三人、軍属の合計は一四万五〇一〇人。軍人・軍属合わせて三七万四九四四人、このうち復員者は二二万四六〇〇人、死亡・行方不明者約一五万人とされている。ここに朝鮮人「慰安婦」などは含まれていない（表15参照）。

朝鮮人は北は北海道から南は九州筑豊、西表島にいたる各地の炭坑や鉱山、軍事施設や軍需工場に連行され「タコ部屋」に閉じこめられ、最も危険で劣悪な条件の下で酷使され、ある者は事故死し、逃亡したり刃向う者にはリンチが加えられた。またサハリン、南洋諸島の前線に送られた者もいた。なかでも、日本軍関与の下に実施された朝鮮人「慰安婦」は中国、東南アジアなど日本軍が進駐している場所ならどこにでも連行された。彼女らの大半は一〇代の未成年者であり「儲け話がある」などと騙されたり、戦争末期になると誘拐、人身売買、拉致などが公然と行われた。朝鮮人を中心に各国の日本軍「慰安婦」と呼ばれる女性の数は八万人から一五万人と推定されている。

6 朝鮮解放と南北分断

一九四一年一二月、日本は真珠湾への奇襲攻撃によって太平洋戦争へと突入した。ヨーロッパではすでに一九三九年九月ナチス・ドイツのポーランド侵攻に対する英仏の対独宣戦布告で第二次世界大戦へと拡大しており、一九四〇年九月日独伊は三国同盟を形成し各地で戦火を交えるが、米英ソを軸にした連合国の攻勢に一九四三年九月にイタリアが無条件降伏するなど三国の敗戦は誰の目にも濃厚であった。同年一一月にはエジプトのカイロで米英中の三カ国が「朝鮮の自由独立」を確認し日本の無条件降伏を迫る方針を定めた「カイロ宣言」を発表した。一九四五年二月には米英ソが集まりソ連の対日参戦と軍事協力による戦争の完遂を定めた「ヤルタ協定」に合意し、ソ連は「朝鮮の自由独立」をうたった「カイロ宣言」を追認した。三カ月後の五月にドイツが無条件降伏し、同年七月には米英中の首脳が一堂に会し「カイロ宣言」に基づき三カ国名義で日本に無条件降伏を突きつけ、日本軍の武装解除、戦争犯罪人の処罰、賠償問題などを実行する「ポツダム宣言」を発表した。ソ連は八月対日宣戦を布告し「ポツダム宣言」に参加することを明らかにし、いまや日本の降伏は秒読み段階に入っていた。

しかし、日本政府は「ポツダム宣言」を黙殺し、八月六日に広島、九日には長崎に原爆が投下されると、一四日連合国に「ポツダム宣言」の受諾を伝え、翌一五日に敗戦を認める「終戦詔書」(「玉音放送」)を流した。こうして朝鮮は「乙巳条約」締結にはじまる四〇年にわたる日本植民地統治からの解放を迎えたのであった。ところが、第二次世界大戦の終結と同時に社会主義陣営と資本主義陣営の対立が徐々に表面化し、米ソを軸にした東西冷戦が幕を開け朝鮮半島はその角逐場と化していた。

振り返って、「カイロ宣言」は日本に無条件降伏を迫る一方、朝鮮問題については「朝鮮人民の奴隷状態に留意し、やがて朝鮮を自由独立のものにする決意を有する」との重要な決定を行い、「ポツダム宣言」では「カイロ宣言の条項は履行せらるべく、また日本の主権は本州、北海道、九州および四国ならびに吾等の決定する諸小島に極限せらるべし」と明記した。すなわち、連合主要国は「奴隷状態に留意」し「朝鮮の独立を確認」していた。太平洋戦争が終盤にいたると、朝鮮解放後当地における日本の武装解除にあたるために米ソは「作戦分担地域」として朝鮮半島を北緯三八度線を境に南北に分け、以北（関東軍指揮下の地域）をソ連軍が占領し、以南（大本営指揮下の地域）をアメリカ軍が占領することを取り決めたが、この三八度線がアジアにおける冷戦の最前線となり、後に民族分断線として固定化されていくのである。

ソ連は対日宣戦を布告すると一九四五年八月一三日朝鮮北部の雄基を皮切りに平壌、開城、海州、元山、咸興を占領した。アメリカ軍の最前進地域は沖縄であったが、ソ連軍の朝鮮半島への軍事進行状況と急速な南下に憂慮し、アメリカは北緯三八度線を境におのおの分割占領することを提案しソ連側が受け入れたとされている。一九四五年九月二日朝鮮進駐米軍司令部は「南朝鮮住民に告ぐ」との布告を発表し、朝鮮総督府の行政機能の維持、日本人および上陸米軍への反乱と財産・既設機関の破壊などを禁じ、翌三日にはアメリカ軍が引き継ぐまで三八度線以南における日本軍による治安の維持を発表した。他方、八月二〇日朝鮮進駐ソ連軍司令部は「朝鮮人民に与える布告」において、朝鮮は自由の国となった、朝鮮人民の幸福を創造するのは朝鮮人民自身でなければならないとした。早くも九月一四日には当面の政策として、親日派の追放や日本人所有工場の朝鮮人労働者による管理などが発表され実施されていった。

一九四五年一二月一三日から二七日にかけて、モスクワで米英ソ三カ国外相による会議が開かれ、二八日朝鮮問題に関するモスクワ三相会議の決定が発表された。主な内容は、朝鮮独立国家を樹立するために臨時朝鮮政府を構成する、それを補助するために米ソ共同委員会を設ける、朝鮮政府が樹立されるまで信託統治を実施する、その期間は五～一〇年とするなどであった。ただちに独立を願っていた朝鮮民族にとって信託統治は大きな衝撃であったが、当時の国際情勢から最終的に列強を排し統一国家を樹立するための現実路線として共産主義勢力は賛成し、他方、親米極右や反ソ反共勢力は反対にまわった。

冷戦が激化していくなか一九四七年七月一〇日米ソ共同委員会は無期休会に入り、アメリカは「対ソ封じ込め政策」を推進するトルーマン・ドクトリンを発表すると、九月一九日一方的に朝鮮問題を自国の圧倒的影響下にあった国連に持ち込んだ。国連第二回総会は朝鮮問題を議題に取り上げ、一一月一四日には朝鮮人代表の参加もないまま「朝鮮の独立問題」に関するアメリカ案が決議・採択された（国連総会決議一一二（Ⅱ））。アメリカ案とは国連監視下での南北総選挙の実施と、そのための国連朝鮮臨時委員会の設置であった。これは、第二次世界大戦の戦後処理に関して国連は権限を持たないとした国連憲章一〇七条や、国連はいかなる国の国内問題にも干渉する権限を持たないとした同憲章二条七項に明らかに違反する行為であった。

しかし、同決議に基づき国連朝鮮臨時委員会が組織され、一九四八年一月八日南北総選挙のための現地調査と称して同委員会はソウル入りするが北には立ち入りを拒否された。二月二六日アメリカは国連小委員会を招集し「可能な地域における総選挙」、すなわち南朝鮮地域だけの単独選挙案を可決させた。そうして五月一〇日、南で大々的な反対闘争が巻き起こるなかで単独選挙が実施され八月一五日大韓民国が樹立された。これらの動きに対して北でも政権樹立の準備が進められ、南地域では地下選挙による南朝鮮人民代表者大会（八月二一〜二六日）と、北朝鮮総選挙（八月二五日）で選出された代議員で構成された朝鮮最高人民会議で九月九日朝鮮民主主義人民共和国が樹立された。ソ連軍は一九四八年一二月二六日ソ連軍顧問を残し完全撤退し、米軍は一九四九年六月二九日韓国軍顧問を残し韓国から完全撤退した。

朝鮮半島の南北に二つの政権が樹立されると、アメリカは一九四八年一二月一二日国連第三回総会で「朝鮮の独立問題」に関する新たな決議を採択させた。決議の第二項は「臨時委員会（国連朝鮮臨時委員会）が観察し、および協議することが出来たところの、全朝鮮人民の大多数が居住している朝鮮の部分に対して有効な支配および管轄権をおよぼしている合法的な政府（大韓民国政府）が樹立されたこと、この政府が、朝鮮のその部分の選挙民の自由意思の有効な表明であり、かつ臨時委員会が観察した選挙に基づくものであること並びにこの政府が朝鮮における唯一のこの種の政府であることを宣言」（国連総会決議一九五（Ⅲ））するとした。つまり韓国が朝鮮半島における「唯一合法政府」であるとし、限定的選挙ではあるが南朝鮮の人々と北朝鮮の民意を反映して樹立された朝鮮民主主義人民共和国という主権国家を否認したのである。

国連を利用したアメリカの違法行為は一九五〇年六月二五日に勃発した朝鮮戦争に対する「軍事的措置」にも表れた。戦争勃発二日後の二七日国連安全保障理事会は「安保理決議八三」を採択し、武力攻撃を撃退して地域の平和と安全を回復するために韓国に必要な援助を行うよう加盟国に「勧告」し軍事行動が起された。しかし、問題はたんなる「勧告」によって「軍事的措置」（国連憲章

第四二条「武力による平和と安全の回復」）を発動する行為が認められるのかということである。「軍事的措置」をとる場合、安保理の要請に基づく「特別協定」（第四三条）を加盟国が国内法の手続きにしたがって批准し、兵力の使用や援助などを行うことになる。つまり、加盟国は当然のように「軍事的措置」に協力する義務を負うものではない。とくに兵力の使用に関しては常任理事国による「軍事参謀委員会」の設置と助言、責任を求めている（第四六、四七条）。「軍事的措置」をとるためのこのような手続きがまったく無視され、「勧告」によって「国連軍」（実質は反共軍事同盟）が組織され軍事行動が起こされたのである。また、当時ソ連は中国の代表権問題（四九年中華人民共和国の成立によって同政府と国民党政府のどちらに代表資格を認めるかで米ソが対立）で理事会を欠席しており、常任理事国欠席下の決議は国連憲章第二三条七項（安保理の決定は常任理事国の同意投票を必要とするとの規定）に違反している（笹本征男「朝鮮戦争と『国連軍』の地位協定」、『朝鮮戦争と日本』）。

さらに、このような重大な審議に当事国である朝鮮民主主義人民共和国は招請されず、戦争勃発に対する事実認定が一方的に行われ、国連が認める集団安全保障を名目に組織された「朝鮮国連軍」なるものも、司令官は米大統領が任命し軍事行動はアメリカを通じて安保理に報告されるだけで、安保理の統括はまったくなく、「朝鮮国連軍」の実体も米韓連合軍あるいは米国軍とその同盟軍であった（陸海空軍全体の七六パーセントが米軍、二〇パーセントが韓国軍、その他アメリカと何らかの軍事同盟関係にある一六カ国が四パーセントを占めるに過ぎなかった）。さらに朝鮮半島には異なる二つの政権が樹立されていたが、本来はひとつの国であることから朝鮮戦争は「内戦」としての性格を帯びており、国際紛争（他国への侵攻・侵略）とは言えない。したがって、国連憲章第七章「平和に対する脅威、平和の破壊および侵略行為に関する行動」への「軍事的措置」をとることは、明白な拡大解釈、恣意的解釈であったと言える。朝鮮戦争におけるアメリカと国連の行動は、すでに国際法学者からも国際社会の代表機関としての国連の行為と性格づけることはできないなどの批判と疑問が投げかけられており、実際、朝鮮戦争における安保理決議が国連の集団安全保障の先例とされたことはない。

このように解放とともに冷戦を背景に朝鮮半島に二つの政権が出現し、やがて朝鮮戦争を経て半世紀を超える民族分断史がはじまるのだが、それは同時に在日朝鮮人にとっては新たな苦難の歴史の幕開けでもあった。

国連憲章と武力行使禁止の原則＝国連憲章の原則を定めた第二条四は「すべての加盟国は、その国際関係において、武力による威嚇または武力の行使を、いかなる国の領土保全または政治的独立に対するものも、また、国際連合の目的と両立しない他のいかなる方法によるものも慎まなければならない」と規定している。この原則の例外は国連憲章第七章「平和に対する脅威、平和の破壊および侵略行為に関する行動」として、憲章第五一条が定めた「武力攻撃に対する個別的・集団的自衛権の行使」の場合と、第四二条の安全保障理事会の決定による「軍事的強制措置」（国連による集団的措置）だけである。これ以外、国際法はすべての武力行使を違法としており、したがって「人道的介入」や「テロ根絶」を名目とした武力行使も認めていない。近年、一方的武力行使を正当化する「先制的自衛」「予防的自衛」の名による武力行使が、アメリカによるアフガニスタン攻撃（二〇〇一年）やイラク侵攻（二〇〇三年）で主張されているが、国際法上それを正当化する法的根拠はない（松井芳郎『国際法から世界を見る』）。

第3章　在日朝鮮人の法的地位の確立過程

1　GHQと日本政府の在日朝鮮人法制

(1)「解放民族」と「敵国民」

一九四五年八月一五日、日本は「ポツダム宣言」を受諾し敗戦を認め、戦争犯罪人の処罰、被害諸国に対する補償・賠償を行うことが義務づけられ、在日朝鮮人に対しても当然、被害回復のための歴史的・法的・道義的責任を負っていた。朝鮮植民地統治の結果、当時日本には二四〇万を数える朝鮮人が居住していた。在日朝鮮人は祖国解放の喜びを胸に各地に自らの権益を守る朝鮮人組織を結成し帰国事業や生活権擁護に乗り出していた。早くも一九四五年一〇月一五日には、それらの運動をひとつに結集する朝聯（在日本朝鮮人聯盟）の結成大会が東京・日比谷公会堂で開かれた。朝聯は新生朝鮮の建設に寄与し、同胞の生活安定と帰国の便宜を図り、大同団結することを掲げた

表16　朝鮮人等帰国者数（時期別・年次別）

（単位：人）

国籍	1945年9月—46年12月31日	1946年3月18日—12月31日	1946年12月31日日本残留者
朝鮮人	929,772	113,921	532,850
中国人	31,581	750	14,174
台湾人	31,816	7,762	8,121

国籍	1945年	1946年	1947年	1948年	1949年	1950年[a]	合計
朝鮮人	620,219	309,553	8,049	2,568	3,449	2,010	945,848
中国人	30,406	1,175	131	55	0	0	31,767
台湾人	3,464	28,352	1,691	611	26	1	34,145

（竹前栄治・中村隆英監修『GHQ日本占領史16「外国人の取り扱い」』P.35、P.41）
＊日本政府によって把握された数字である。（a）は1月～4月分のみ

在日朝鮮人初の全国組織であった。

解放直後より日本各地の港には故郷に向かう朝鮮人が押し寄せていた。なかでも下関、仙崎、博多などの港に殺到し二、三トンの小型船に乗って玄界灘を越え故郷に向かっていた。ＧＨＱ（連合国軍総司令部）引き上げ援護局をはじめいくつかの統計から、解放直後から翌年三月までのわずか八カ月の間に一四九万人を数える在日朝鮮人が帰国している（表16参照）。朝聯は日本政府に対して帰国のための特別列車の運行や旅費の支給交渉にあたる一方、奪われた民族を取り戻し帰国に備え母国語を学ぶために一〇人ないしは二〇人規模の国語講習所を各地に開設した。一九四四年一二月末現在、内務省警保局統計によると日本学校の朝鮮人就学児童数は二〇万一一九〇人となっているが、解放後多くの朝鮮人子女が日本学校を退学し朝聯が運営する講習所で母国の言葉や歴史を学んでいる。一九四五年九月頃には東京新宿区の戸塚にバラック小屋による国語講習所が開設されたが、それがもっとも早い時期とされている。講習所は日本各地六〇

表17　解放後の朝鮮人児童就学状況（概数）

年月	学校数	児童生徒数
1946.10	525	43344
1947.10	528	49688
1948.4	534	57204
1949.7	293	36890

（金徳龍『朝鮮学校の戦後史 1945 － 1972』P.65）

〇から七〇〇カ所に開設されたが、やがて朝聯の指導の下に朝鮮学校の建設が進められた。在日朝鮮人は「お金のある者はお金で、力のある者は力で、知識のある者は知識で、われわれの朝鮮学校を建てよう！」というスローガンを掲げ自力で学校建設に立ち上がり、結婚指輪や一着しかないオーバーを差し出しあるいは学校建設現場で労働に従事した。

解放翌年の四六年九月には五二五の初級学校、四つの中級学校と一二の青年学校が開校し、生徒数四万四〇〇〇人、教員数一一〇〇人を数え、朝聯は朝鮮語による教材を編纂し、各地で切に求められていた朝鮮語講師を募り養成して派遣するなど、民族教育の充実と統一性を図るための施策を講じていた。注目すべきことは一九四七年六月、朝聯文教局は民族教育の拡大や充実、日本の民主的教育家との連携などの基本方針を打ち出したが、第一項目で「全国的な規模で半恒久的な教育政策を樹立する」とし、この時期からすでに長期的視野に立った民族教育の実施をある程度念頭に置いていたことをうかがわせる。また、「婦人夜学」「青年学院」などの名称で主婦や成人を対象にした民族教育も行われていた。そうして一〇月には初級学校五四一校、中学校七校、青年学校二二校、高等学校八校に発展し、生徒数六万二〇〇〇人、教員数一万五〇〇人を数えていた（資料によって学校数には差がある。表17参照）。

戦後日本は連合国占領軍の管理下に置かれることになったが、その管理方式は連合国最高司令官が日本政府に指令を出し、日本政府が立法的・行政的措置をとるという間接管理方式であった。具体的には一九四五年九月「『ポツダム』宣言の受諾に伴い発する命令に関する件」という緊急勅令が発せられ、連合国最高司令官の要求を実施するために日本政府は法律事項を命令で規定することができた。「ポツダム命令」「ポツダム勅令」、新憲法制定後の政令なら「ポツダム政令」というようにである。また、在日朝鮮人に関するGHQの主な部局は、日本国内の民事を担当する民政局、国務省を代表する外交局、教育を担当する民間情報教育局、情報収集を担う民間諜報局（CIS）、参謀第二部（G2）などであった。四・二四阪神教育闘争などの弾圧に乗り出した第八軍は占領軍の主力で、一九四六年現在約二〇万人のアメリカ兵を日本各地に配置していた。

浮島丸事件＝一九四五年八月二四日朝鮮人徴用労働者二八三八人、一般朝鮮人八九七人を乗せた日本海軍所属の浮島丸が舞鶴港近くで沈没するという大惨事が起きた。日本政府は真相調査も行わず死者五四九人と発表したが、行方不明者は一〇〇〇人を超えたとされる。機雷の接触が原因とされているが帰国運動に反対する何者かによって爆破されたという説も強い。

「外国人財産取得に関する政令」＝一九四九年三月一五日施行。草案では在日外国人の絶対多数を占めていた在日朝鮮人の不動産などの財産取得を制限する排他的規定を設けていたが、朝聯と朝鮮商工人をはじめとする広範な人々のたたかいによって在日朝鮮人への適用が除外された。

しかし、冷戦の幕開けとともにGHQと日本政府によって在日朝鮮人運動は取り締まりの対象とされていく。一九四六年三月イギリス首相チャーチルの「鉄のカーテン」演説（バルト海からアドリア海の背後はモスクワに服従している）、翌年四七年三月アメリカ大統領によるトルーマン・ドクトリン（トルコ、ギリシャへの軍事援助の開始）、同年六月アメリカ国務長官によるマーシャルプラン（欧州経済復興計画）の発表など、ソ連を中心にした「社会主義封じ込め政策」の推進によって冷戦の幕が上がっていった。朝鮮半島では、四八年五月一〇日、南で単独選挙が強行され八月一五日大韓民国が樹立、同年北でも選挙が実施され九月九日朝鮮民主主義人民共和国が建国され、米ソ対立の激化は国土分断と民族分裂を強い、二年後の一九五〇年六月二五日には朝鮮戦争が勃発し一九五三年七月二七日休戦協定調印までの三年にわたり朝鮮半島は戦禍に包まれた。

アメリカの対日占領政策も日本が東北アジアにおける「反共の防壁」としての役割を果たすよう再軍備と経済復興に重点が置かれていく。対日占領政策の転換を明確に示したのが、一九四八年一〇月九日アメリカ国家安全保障理事会の決定「日本に対するアメリカの政策についての勧告」（作成者はアメリカ国務省政策企画部長ジョージ・ケナン）で、占領終結後も安全保障の観点から日米同盟を構築するために日本を経済・社会的に安定、強化するという内容であった。そして、この占領政策に反する者を取り締まる「レッド・パージ（アカ狩り）」がはじまった。

「レッド・パージ（red purge）」＝一般的には共産党員およびその同調者を公職や民間企業から追放すること。日本では日本共産党を対象に行われたが、他方では朝鮮民主主義人民共和国を支持する朝聯の解散をはじめ民主主義的民族諸権利を求める在日朝鮮人運動全体に弾圧が加えられた。

すでに在日朝鮮人を治安管理の対象ととらえる考えは、ＧＨＱが日本占領の目的を明らかにした「基本指令」（「日本占領および管理のための連合国最高司令官に対する降伏後における初期の基本指令」一九四五年一一月一日）に表れていた。「基本指令」は、朝鮮人を「解放民族（liberated people）」であると同時に、「日本臣民」でもあったことから「必要な場合には敵国民（enemy people）」として扱ってよいとした。このような不安定な処遇の根底には第二次世界大戦における植民地解放の歴史的意義に対する軽視があり、また一方では在日朝鮮人を「解放民族＝外国人」とし、他方では「（かつての）日本臣民＝日本人」という「二重の地位」を与えることで、ＧＨＱと日本政府は自らの占領政策、在日朝鮮人政策の都合によってこの二つを使い分け実質的無権利状態に陥れ、その後の在日朝鮮人の法的地位を決定づける極めて重大な文書となった。

当時、在日外国人は「連合国国民」「敵国国民」「中立国人」「無国籍者」に分けられていたが、「連合国国民」には日本の法に服しないなどの治外法権的特権が与えられていた。

(2) 帰国事業凍結と外国人登録令

GHQは一九四六年二月一七日、帰国事業に関する「総司令部覚書」(「朝鮮人、中国人、琉球人および台湾人の登録に関する総司令部覚書」)を出した。その内容は、在日朝鮮人は四六年三月一八日までに登録を行い、その際に帰国意思の有無を記入すること、帰国を希望しない者や登録をしなかった者は日本政府負担による帰国特権を失うとした。同年三月二六日には、日本政府が指示する期間内(同年九月末まで)に出発しなければ、日本政府負担による帰国特権は失われると期限を設定し、さらに帰国にあたっては一〇〇〇円を超えない通貨の持ち帰り、預金、保険、小切手は二国間関係が正常化した時点で解決する、不動産などの財産はGHQの封鎖指令によって保護するといった制限を設けた(「朝鮮人に対する刑事裁判管轄権および朝鮮人の引き揚げに関する総司令部民間情報教育局発表」)。しかも帰国者の再入国を禁じ、帰国はあくまで南で、北への帰国希望者は協定が成立するまで日本にとどめるといった方針を打ち出した(「引き揚げに関する総司令部覚書」同年五月七日など)。衣類などの手荷物も二五〇ポンド(約一一三キログラム)、別送品は五〇〇ポンド(約二二七キログラム)と細かく規制し別送の財産も許可が下りるかどうかは不明で、加えて当時の南朝鮮は政情不安とインフレさらにはコレラが蔓延しており、生活基盤のない南の故郷にわずかな所持金を持って帰るなどは「死」を意味し、多くの朝鮮人が「在日」を余儀なくされたことは想像に難くない。他方で、南朝鮮の軍政庁当局は貧窮した多くの在日朝鮮人が帰国してくると経済的危機が増すとして非常に消極的であった。これらの諸状況により四六年四月以降、帰国者は急激に減少する一方、むしろ再び日本に戻ってくる者が激増しGHQと日本政府は彼らを「不法入国者」として逮捕し強制的に送り返していた。このような帰国事業の不当性もさることながら、その根底には「解放民族」として日本の警察権力に対抗する朝鮮人を本国に送還しようとの思惑と、日本残留朝鮮人には被害回復のための初歩的かつ当然の「特別な地位」どころか、むしろ「一般外国人」(あるいはそれ以下の処遇)として日本の法を適用し取り締まろうとの意図があった。

一九四六年三月一八日帰国事業に関する最初の登録者数と帰国者数＝GHQ／SCAP統計によると登録在日朝鮮人数六四万六七一一人、その内南への帰国希望者五〇万四一九九人、北への帰国希望者九七〇一人、「残留選択」が一三万三〇〇〇人。一九四六年一二月末現在までに日本政府の朝鮮人帰国計画によって帰国した者は九二万九七七二人で、この時点で日本に残留した朝鮮人は五五万人と推定された。なお、北への帰国希望者については一九四七年六月佐世保から出航した北朝鮮送還船を最後に帰国計画は終了し九〇〇〇人以上が日本に残留した。いうまでもなくここには自費による自発的帰国者は含まれていない。

GHQは一九四六年七月、同年末の一二月をもって日本からの「集団送還が終了」するとの声明を発表すると、引揚事業打ち切り後の在日朝鮮人の処遇について体制を整えはじめた。たとえば「自由意思で日本に残留した朝鮮人は正式に樹立された朝鮮政府が当該個人を朝鮮国民と承認するまでのあいだ、いちおう日本国籍を保持するものと見なされる」(「在日朝鮮人、台湾人の国籍に関するGHQの初期の暫定方針を示す文書」一九四六年五月二二日）などの政策がそうである。指定期間内に帰国しなかった朝鮮人は「自由意思による残留」であるから「日本国籍者として処遇する」という驚くべき論法であるが、さらに「引き上げを拒絶」して日本にとどまる朝鮮人は日本の法に服しなければならず、「法律および規則の遵守の義務を朝鮮人に免除するような在日朝鮮人に有利な差別待遇は……是認されない」（GHQ総司令部渉外局・一九四六年一一月二〇日）とした。にもかかわらず、これらの措置は朝鮮人を日本人と同等に処遇することなど意味していなかった。「集団送還の終了」を機に日本政府はこの方針にそって口実に在日朝鮮人を「義務の面では日本人」、「権利の面では朝鮮人（外国人）」として処遇したのである（「二重の地位」）。具体的には課税や刑事法の適用、食糧配給など義務の面では「日本人」と同じように処遇しながら、社会保障をはじめ権利の面では「朝鮮人（外国人）」であるとしてことごとく排除したのである。なかでも一九四七年五月に制定された外国人登録令の適用においては「朝鮮人は当分の間、これを外国人とみなす」（第一一条一項）とし、あたかも「自由渡日者」のように「一般外国人」の地位に組み入れた。一九四七年九月末現在、集計された登録人員数は五六万六六四二人、そのうち朝鮮五二万九九〇七人で全体の九三・五パーセント、中国二万九九三一人で五・三パーセント、アメリカ二〇一九人となっており、外登令が朝鮮人の取り締まりを目的にしていたことは明らかであった。当時の外登令は、現在の外国人登録法と出入国管理法をひとつにしたもので、外国人の出入国の実態を把握し、違反者には強制退去（国外追放）や懲役刑、罰金刑を科す刑罰規定が盛り込まれていた。

GHQと日本政府は、在日朝鮮人の帰国運動や生活権擁護運動が高まるなか、朝聯をはじめとする各民族団体に対して「公的機関」でもなく「治外法権的地位」を与えるものではない（「朝鮮人の引き揚げに関する総司令部民間情報教育局発表」一九四六年一一月五日）と取り締まりの体制を整えながら、他方では「闇市の中核」「第三国人の傍若無人な振るまい」「朝鮮人は無法かつ好戦的」などと朝鮮人排外キャンペーンを繰り広げ、官憲は厳重な取り締まりを名目に朝鮮人をターゲットに家々や商店に土足で押し入った。敗戦後の混乱のなかで配給制ではとうてい生活を維持することができず、いわゆる「闇市」が各地に発生し、朝鮮人に限らず日本人も「闇行為」を行っており日常生活を営む上で不可欠のものとして事実上黙認されていた。ましてや在日朝鮮人のほとんどが肉体労働者で、経営者はわずかであり、それさえ零細以下の手工業や飲食業がほとんどであった。物資や生産原料などはGHQと日本政府の管理統制下に置かれ容易に手に入れることができず、民族差別なども加わり在日朝鮮人の生活は一般の日本人に比べてはるかに深刻な状況にあった。なかでも徴用や強制連行によって日本各地の鉱山や炭坑、土木工事現場、軍関連施設で肉体労働に従事していた朝鮮人は解放と同時にいわば失業状態に陥っており、わずかな生活の糧を手にする手段さえままならなかったのである。

外国人登録令＝一九四七年五月二日現行日本国憲法施行前日に旧大日本帝国憲法に基づいて公布、即日施行された天皇最後の勅令。基本的人権を侵害する外登令は新憲法体制下では許されるものではなく、国会の審議を経ずに実施できる勅令として公布された。

「第三国人」＝この用語は本来、連合国の立場からみた在日朝鮮人の地位であった。連合国は占領政策を実施する上で、便宜上「日本国民ではないが日本の支配下にあった国民」を「第三国人」として朝鮮人をそこに含めた。「解放民族」「独立民族」という事実が曖昧にされることで、朝鮮人、中国人などを差別する用語として「第三国人」が使われるようになった。

解放前後の在日朝鮮人参政権＝植民地時代、「日本臣民」として在日朝鮮人にも参政権が付与され親日団体「相愛会」の朴春琴らが出馬した。日本敗戦後は「衆議院議員選挙法」（四五年一二月）、「参議院議員選挙法」（四七年四月）、「地方自治法」（同年四月）、「公職選挙法」（五〇年四月）のいずれも附則において「戸籍法の適用を受けない者の選挙権および被選挙権は、当分の間、これを停止する……」と規定し、日本の戸籍法の適用を受けない在日朝鮮人の参政権は停止された。

（3）「朝鮮学校閉鎖令」と四・二四阪神教育闘争

在日朝鮮人の「二重の地位」による基本的人権の侵害、権利の剥奪は民族教育の否定にも表れた。GHQ民間情報教育局は一九四七年一〇月、在日朝鮮人の民族教育に関する基本方針を定め日本政府に次のように指令した。「朝鮮人諸学校は、正規の教科の追加科目として朝鮮語を教えることを許されるとの例外を認められるほかは、日本のすべての指令にしたがわしめるよう、日本政府に指令する」。要するに朝鮮学校が正規の科目として朝鮮語を教えることは許さない、日本の教育法令に従うべきであるというものである。この指令に基づき四八年一月二四日、日本政府は「朝鮮人は日本の法令に服しなければならない、よって朝鮮人子弟も日本人同様日本の小中学校に就学させなくてはならない」「(朝鮮学校は)学校教育法の定めにしたがって都道府県監督庁(知事)の認可を受けなくてはならない」「各種学校の設置は認められない」「朝鮮語などの教育を課外に行うことは差し支えない」、違反学校は「閉鎖する」という通達を発した(文部省学校教育局長通達「朝鮮人設立学校の取り扱いについて」=第一次朝鮮学校閉鎖の開始)。

新学期を前にした二月から三月にかけて、各都道府県教育行政局長は朝鮮人子女に日本学校への就学通知を送る一方、朝鮮学校に学校教育法に基づく私立学校認可の申請を強要した。朝聯はただちに日本における民族教育の歴史的背景を訴え、民族教育の権利を守るために、朝鮮人教育対策委員会を組織し日本政府の不当な弾圧に抗議した。しかし、三月一八日山口県軍政部は三一日までに朝鮮学校を閉鎖する指令を下し、山口県は二九日に閉鎖命令を出した。これに対して、初めて朝鮮人による大規模な抗議行動が山口で起きた。さらに新学期がはじまると「法令違反」を理由に全国の朝鮮学校に次々と閉鎖命令が出され、それに抗する在日朝鮮人の集団抗議運動が日本各地で巻き起こった。なかでも四月二〇日前後から大阪、兵庫の阪神地区では数千人が府庁、県庁を取り巻き大々的な抗議行動を繰り返した。四月二三日大阪では閉鎖命令の撤回を求めて朝鮮人教育対策委員会主催の「不当弾圧反対大会」が開かれ七〇〇〇人(日本政府発表)もの在日朝鮮人が集結し、二六日には一万五〇〇〇人規模(日本政府発表)の大規模集会が府庁前で開かれた。GHQは「朝鮮人との面会を速やかに打ち切って府庁前の群衆を解散させ、応じない場合はポンプまたは火器の使用を許可する」と武力鎮圧を公言した。群衆めがけて放水と火器の使用がはじまり多くの重軽傷者が出るなか、一六歳の金太一少年が銃弾に倒れ翌日死亡するという痛ましい事件まで起きた(「四・二六大阪府庁舎前事件」)。

兵庫県では四月一〇日に閉鎖命令が出されるが、激しい抗議の前に四月二四日兵庫県知事は「閉鎖命令撤回」を約束した。ところが、GHQは神戸地域に「限定的非常事態宣言」(初の発動)を発令し、翌二五日MP(憲兵隊)指揮下に入った日本の武装警官隊により、現行犯でなくとも逮捕状によらない朝鮮人の無差別大量検挙が開始された。いたる場所に検問所が設けられ、一〇人以上の集会が禁止され(実際は数人でも捕らえられた)、四日間のうちに一九七三人(一日平均四九四人)が検挙され、兵庫に乗り込んだ第八軍司令官ロバート・L・アイケルバーガーは、「共産主義者に扇動された暴動」として学校閉鎖に反対する人々を「軍事法廷もしくは即決裁判所で裁く」との声明を発表した。当時のたたかいを目撃した青年は後に書いた。「あの/デュッペルはわめいた/泥まみれの軍靴で/教壇をヒステリックに踏みならしながら/旗をおろせ/写真を掲げるな/朝鮮語をしゃべるな!と……」(デュッペルとは東京軍政部教育担当大尉)。民族教育を守るたたかいで検挙された数は約二九〇〇人、起訴された数は二一三人。兵庫県の場合、A級裁判(軍事委員会)九人、B級裁判(軍事裁判所)一三〇人、C級裁判(神戸地域)九五人となっており、懲役刑などの重刑および国外追放者三三人となっている。

朝鮮学校に対する強制閉鎖を行う一方、四八年一〇月九日占領軍主力部隊である第八軍は朝鮮民主主義人民共和国の国旗の掲揚・展示を禁止し、日本政府は民族教育を守るたたかいや朝鮮民主主義人民共和国の国旗掲揚などを「全国各地にわたって、しばしば占領軍に対する反抗反対あるいは暴力主義的事犯を引き起こし」(法務総裁)などと言い、一九四九年九月八日「団体等規正令」を適用して在日朝鮮人の組織的母体である朝聯と民青(朝鮮民主青年同盟)を解散させた(初の適用)。朝聯解散を機に日本政府は、教科書は「国定教科書」または「文部省検定教科書」を使用すること、朝鮮の言葉や歴史を教える図書は認可を受けたものに限る、朝聯関係者は学校から排除する、教育内容や名称において朝聯を想起させる一切のものを払拭することを命じた(文部省管理局長・法務府特別審査局長共同通牒「朝鮮人学校に対する措置について」一九四九年一〇月一三日=第二次朝鮮学校閉鎖の開始)。また一九四九年一一月九日、日本政府は九二校に閉鎖接収を命令を出し、二四五校に改組通告を行い、一二八校が改組要求に対する一括審査手続きをとったが、白頭学院(大阪)だけが認可され他はすべて閉鎖された。

この過程でほとんどの朝鮮人子女は日本学校への転校を強いられることになった。さらに同年一一月一日、文部省は各都道府県知事および教育委員会宛に「公立学校における朝鮮語等の取り扱いについて」、一五日には「朝鮮人私立各種学校の設置認可について」、二四日には「朝鮮人児童生徒の公立学校受け入れについて」を通達し、小学校において朝鮮語、朝鮮史は時間外に行うこと、中学校では「外国語」として教えること、民族教育関連の一切の認可を取り消すことなど、民族教育の全面的禁止措置を講じた。日米一体となった戦後における新たな同化政策、植民地時代をほうふつとさせる民族教育への弾圧であった。GHQと日本政府による大規模な朝鮮学校強制閉鎖にもかかわらず、在日朝鮮人のねばり強いたたかいは繰り広げられた。日本学校への転校を拒否したり、あるいは複式授業による民族教育の保障を求め、また朝聯分会事務所を利用しての「夜学所」「民族学級」、神戸では須磨浦海岸で「青空学校」を開くなど民族教育は脈々と守られていった。一九五二年四月現在、民族教育は無認可校としての自主学校四四校（小三八、中四、高二、生徒数推計八〇〇〇人）、公立学校一四校（小一二、中一、高一）、公立分校一八校（小一七、中一）、日本学校に設けられた特設学級七七（小六八、中九）となっているが、多くの朝鮮人児童生徒が日本の教育制度に組み込まれた。

ところが、日本政府は一九五二年四月対日講和条約発効を機に、在日朝鮮人は「朝鮮籍」を「回復」し「外国人」となった、したがって朝鮮人子女に「日本学校就学義務」はない、ただし日本学校への就学要望があれば、日本の法令を守ることを条件に事情の許す限り許可してもよいとする政策を打ち出した（文部省初等教育局長名通達「朝鮮人の義務教育諸学校への就学について」一九五三年二月一一日）。たとえば東京都はこの通達に基づき、朝鮮人子女の受け入れ条件として、日本の法令にしたがって教育を受ける、朝鮮の言葉や歴史、地理は教えない、学校施設に余裕がある場合、学校の秩序が乱れない場合にのみ受け入れを許すとした（東京教育長通知「朝鮮人子弟の公立小、中学校及び高等学校への就学について」一九五二年九月二七日）。朝鮮学校自体も「公立」から「外国人学校」としてまったくの無権利状態となるが（都立朝鮮学校は一九五五年三月をもって廃校）、日本政府は弾圧と閉鎖を強行しながら謝罪はおろか法的保護どころか完全に放置した。このような歴史的経緯から、やむなく朝鮮学校は「各種学校」の認可を求める運動をはじめたのである。一九五五年五月二五日朝鮮総聯（在日本朝鮮人総聯合会）の結成によって民族教育は新たな出発と発展をとげることになる。差別と同化、弾圧で一貫した日本政府の在日朝鮮人政策、不当な法的地位の骨格はこのようにして確立し、いまなお根本的な変化はない。

朝鮮学校への閉鎖を強行しているとき、朝鮮では日本人子女のための「平壌日本人学校」が北朝鮮人民委員会予算によって保障されていた事実を知る人は少ないであろう。一九四八年四月、平壌で南の単独選挙に反対し朝鮮統一政府樹立のための南北諸政党・社会団体連席会議が開かれるが、そのとき南の代表として訪れた金九の随行記者金光斉が後に刊行した『北朝鮮紀行』でこの事実を次のように記している。「平壌日本人学校」の日本人教職員は一〇人、学生は中学生一九人、小学生四〇人であった。創立は一九四六年一二月で学校の財政は北朝鮮人民委員会財政局で負担しており、同年の予算は二二三万七〇〇〇円であると副校長は話した。生徒の父母はみな日本人技術者たちで、日本人技術者は朝鮮技術者の最高給である五〇〇〇円が支給されており、朝鮮人から嫌がらせを受けることなどないとのことであった。

「朝鮮学校閉鎖令」＝学校教育法一三条二項に規定された「学校閉鎖」を法的根拠に閉鎖する旨を通知する「命令書」を指す。

「団体等規正令」＝本来、戦後日本での軍国主義、暴力主義、反民主主義的団体の活動を規正、禁止することを目的としたが、冷戦の幕開けによってＧＨＱの占領政策に反する団体への弾圧法として解釈適用された。その治安機能は対日講和条約発効を前に制定された「破壊活動防止法」に受け継がれていく。朝鮮総聯は同法の適用容疑団体に指定されている。

朝聯解散＝朝聯解散命令は中央本部から末端の組織にいたるまで執行され、武装警官を動員して事務所を占拠し建物、土地などの動産、不動産を没収した。日本政府の集計によると建物七八棟（評価額四四九万三四〇〇円）、土地二万六八一五坪（評価額五三万六三〇〇円）、貯金二〇七万六二二五円五〇銭で、今日の評価額に換算すると数千億円と推定されている。朝聯は一九四九年九月二〇日「解散取消・財産接収取消訴訟」を起こすが、同年一二月二一日東京地裁は日本の裁判所に裁判権はないとして訴えを棄却、五〇年七月六日最高裁も同様の理由で訴えを棄却した。GHQ占領終了後、朝鮮総聯は朝聯東京都本部の財産返還を求めて日本政府を相手に提訴。一審一部勝訴、二審、最高裁（一九六五年九月八日判決）ともに敗訴。

（4）対日講和条約と在日朝鮮人の国籍

朝鮮半島で日ごと戦火が激しくなるなか、一九五一年九月四日サンフランシスコのオペラハウスで第二次世界大戦の最終処理と連合国と日本の国交回復を掲げた対日講和条約締結のための会議が開かれた。参加国は四八の連合国（本来五五カ国）と日本を合わせた四九カ国。この席上アメリカ大統領トルーマンは、東北アジアに強固な「反共の砦」を築くために日本の再武装を説き、太平洋地域における安全保障に日本を組み入れることを強調した。九月八日アメリカ主導の下に対日講和条約（一九五二年四月二八日効力発生）の締結が進められたが、ソ連、チェコスロバキア、ポーランドの参加国が調印を拒否し、対日講和条約は「全面講和」にいたらず資本主義諸国による「単独講和」となった。同じ日、他の場所では米軍の日本駐留と基地提供などを定めた日米安全保障条約が締結された。

対日講和条約（サンフランシスコ平和条約）＝第二次世界大戦終結のために連合国と日本との間に締結された講和条約。中国は代表権（台湾の存在）の問題で招請されず、インド、ビルマ（現ミャンマー）、ユーゴスラビアは招請されたが参加せず、ソ連、ポーランド、チェコスロバキアは参加したが調印を拒否。冷戦を背景に資本主義陣営による対社会主義包囲網の強化を目的に講和条約の締結が進められた。朝鮮、中国をはじめとする日本の支配と侵略に苦しめられたアジア諸国の意見や要求が無視されるなかで講和条約は締結され、日本帝国主義の植民地支配、戦争犯罪は無罪放免となり日本は主権を回復した。

ところで、対日講和条約第二条a項「領土放棄」には「日本国は、朝鮮の独立を承認して、済州島、巨文島および鬱陵島を含む朝鮮に対するすべての権利、権原および請求権を放棄する」と規定されている。日本政府はこの規定を根拠に「朝鮮の独立を承認する。したがって在日朝鮮人は朝鮮籍を回復する」（衆議院特別委員会、西村条約局長答弁・一九五一年一〇月二〇日）ことを明らかにした。しかし、この条約は朝鮮人の国籍問題に関してまったく触れておらず、そもそも講和条約で処理できる問題でもなく、ましてや加害国の日本が一方的に決定できる問題ではない。在日朝鮮人を含め朝鮮人の国籍問題は、朝鮮政府と日本政府の取り決めによって解決されるべきであった。

日本政府は講和条約発効直前の四月一九日「平和条約の発効にともない朝鮮人、台湾人等に関する国籍および戸籍事務の処理について」との法務府民事局長通達を出した。

その内容は「一、朝鮮および台湾は、条約発効の日から日本国の領土から分離することとなるので、これに伴い、朝鮮人および台湾人は、内地（日本）に在住している者を含めてすべて日本の国籍を喪失する。二、もと朝鮮人または台湾人であった者でも、条約の発効前に内地人との婚姻、縁組等の身分行為により内地の戸籍に入籍すべき事由の生じた者は、内地人であって、条約発効後も何らの手続きを要することなく、引き続き日本の国籍を保有する。三、もと内地人であった者でも、条約の発効前に朝鮮人または台湾人との婚姻、養子縁組等の身分行為により内地の戸籍から除籍せられるべき事由の生じた者は、朝鮮人または台湾人であって、条約発効とともに日本の国籍を喪失する。四、……。五、条約発効後に、朝鮮人および台湾人が日本の国籍を取得するには、一般の外国人と同様、もっぱら国籍法の規定による手続き（帰化）をとることを要する」というものである。要するに「朝鮮領土放棄→（その領土に暮らす）朝鮮人放棄→日本国籍消滅→朝鮮国籍回復」という理屈である。この通達の不当性は、日本政府によって朝鮮人の「日本国籍が剝奪された」ことにあるのではない。好き勝手に自国の都合で、しかも一片の通達で被害者である朝鮮人を無視して国籍問題を処理していることが問題であり、そこには日本の朝鮮植民地支配の歴史的・法的・道義的責任に対する認識がまったくない。まさに侵略者の論理による戦後処理である。

当時の国際慣例では、領土の帰属変更にともなう住民の国籍はどのように処理されていたのであろうか。たとえば、第二次世界大戦後の西ドイツでは「国籍問題規正法」（一九五六年）が制定され、オーストリアがドイツ領から独立したとき、在独オーストリア人に国籍選択権が付与された（国籍移行法によって一九四五年四月二七日ドイツ国籍からオーストリア国籍を回復、同時にドイツ国籍選択権を付与）。しかも西ドイツはオーストリアの独立時期に合わせて国籍問題を処理した。西ドイツによるこのような国籍問題の解決は、侵略の犠牲になった被害国であるオーストリアの自決権を尊重し、また個人の人権と主体的な自己決定権を尊重する典型的な事例である。日本政府は朝鮮半島における国家樹立ではなく、加害国である自国の主権回復時点（一九五二年）を基準に、被害国である朝鮮を無視して国籍問題を処理した。国籍選択制度は、世界人権宣言などで明記された「国籍の自由」すなわち「国籍非強制の原則」の具体化でもあり、それは旧植民地民の国籍選択権は割譲地住民の意思と無関係に生じた領土変更にともなう人々の生活を可能な限り保護しようとするものである。すなわち、領土の帰属変更にともなう国籍変更とは本質において民族自決と人権にかかわる事柄である。

このような重大な問題を関係当事国（朝鮮と日本）の合意による取り決めではなく、侵略した側の日本の局長通達で解決したという方法、さらには当事者の意思をまったく無視して決定されたことは戦後処理における国際慣例に明らかに反する。日本政府が国籍選択権を付与しなかった背景には、在日朝鮮人問題を治安問題としていたこと、日本に居住することになった歴史的経緯を抹消し「外国人」として処遇できること、朝鮮人が「少数民族」として日本に存在することを好まない民族排他思想があったことなどが、いくつかの資料から明らかになっている。なかでも当時の首相吉田茂がマッカーサー宛に送った手紙は、在日朝鮮人の「半数は不法入国」であり「朝鮮人がその母国たる半島に帰還するよう期待」するとしながら、その理由として「日本の食糧事情から負担であり」「犯罪分子が大きな割合を占め」「経済法令の常習違反者であり」「政治犯罪を犯す傾向が強く」などと悪意と偏見に満ちている(一九四九年八月に書かれたと推定)。他方、GHQ外交局リチャード・B・フィンは、同じ時期に日米同盟の観点から在日朝鮮人の国籍問題について「日本国籍を選択した場合、共産党などに投票する危険がある」「日本社会に容易に同化せず日本人との間に危険な軋轢を生んでいる」などの報告書をまとめているが、これらがGHQと日本政府の在日朝鮮人政策に強い影響を及ぼしたことは想像に難くない。後日フィンは「在日朝鮮人は独自の民族学校を持ちたいと考えていた。だが、彼らは北朝鮮とつながっていた。北朝鮮人は不愉快で厄介な人種で、暴動を起こすなどした。朝鮮人は朝鮮に帰すのが最上の策だと考えていた」(ロバート・リケット「朝鮮戦争前後における在日朝鮮人政策」、大沼久夫編『朝鮮戦争と日本』)と当時を振り返った。

半世紀にわたる植民地統治を経験した在日朝鮮人が、当時「国籍選択権」があったとしても「日本国籍」を選択する者は皆無に等しかったであろう。しかし、それと選択権を持つことは別の問題である。解放民族としての在日朝鮮人はGHQと日本政府によって「外国人」でありながら「日本人」という「二重の地位」のもと、驚くような差別と弾圧を受けてきたが、一片の通達によって今度は「法的」に名実共に「外国人」としての地位に置かれ、日本在留の歴史的原因（日本の歴史的責任）にかかわりなく「一般外国人（「日本国籍非保有者」）」としてあらゆる社会保障から排除され、治安管理の対象としての在日朝鮮人の法的地位が確立するのである。

ところで、当時、在日朝鮮人の身分で在職していた日本の国家公務員は八三人（一九五一年一二月一日現在）、一般地方公務員は一二二人（一九五二年一月三一日現在、一部未報告）いたが、講和条約発効当日の帰化手続きにより日本国籍を取得した者は五二人いた。また同時期、日本政府は「外国の国籍を有する者を地方公務員に任用することについて、地方公務員法その他の国内法になんら制限規定がないので、原則として差し支えないものとする」（公務員課長回答・一九五二年七月）と回答している。しかしその後、講和条約締結後に公務員になる場合の「制約基準」として内閣法制局は「公務員に関する当然の法理として、公権力の行使または国家意思の形成への参画に携わる公務員となるためには日本国籍を必要とするものと解すべき」（法制局・一九五三年三月二五日）という「当然の法理」を初めて打ち出した。

（5）出入国管理令と外国人登録法

対日講和条約の締結にともない出入国管理令が制定（一九五一年一〇月四日公布、一一月一日施行、現在の出入国管理および難民認定法の原型）された。入管令は、外国人登録令から外国人の出入国を管理する規定を抜き取ったもので、従来の外国人登録令は日本国に入国した外国人の動態を管理することを目的に外国人登録法として新たに公布・施行された（一九五二年四月二八日）。入管令と外登法は、ともに在日外国人の圧倒的多数を占めていた朝鮮人を対象にした二大治安立法であり、実際そのように解釈適用されてきた。

ところで当時、入管令をそのまま在日朝鮮人に適用するには大きな問題があった。そもそも入管令は、自国のパスポートを持って日本に入国しようとする外国人を留学、商業活動、興業、観光などの目的別に在留資格を与え入国を許可する制度であるが、在日朝鮮人はパスポートもなければ観光や留学で来日したわけではなく、日本の植民地統治の結果「在日を余儀なくされた人たち」である。一九五一年一一月に施行された入管令は、翌年四月に講和条約が発効するまでの約六カ月のあいだ在日朝鮮人には適用されなかったが、講和条約発効後も「朝鮮国籍回復」を理由に「朝鮮人は今日からは外国人だ、在留資格を一年、二年と定める」などということは道義上許されるものではなく、さすがに日本政府もためらったのであろう。そこで苦肉の策として考案されたのが「一般外国人」の在留資格と「在日朝鮮人」の在留資格を区別する「法律一二六号」であった。

「法律一二六号」は第二条六項において在日朝鮮人の在留資格に関して次のような特別規定を設けた。「日本政府との平和条約の規定に基づき同条約の最初の効力発生の日において日本の国籍を離脱する者で、昭和二〇年九月二日（日本が降伏文書に調印した日）以前からこの法律施行の日まで引き続き本邦に在留する者（昭和二〇年九月三日からこの法律施行の日まで本邦に出生したその子を含む）は、出入国管理令第二二条の二項の一の規定（在留期間と在留資格を定めた規定）にかかわらず、別に法律で定めるところによりその者の在留資格および在留期間が決定されるまでの間、引き続き在留資格を有することなく本邦に在留することができる」。つまり、この時点において日本に居住しあるいは生まれた在日朝鮮人は安定した在留資格（永住権など）は与えないが、「当分の間、在留資格および在留期間を定めることなく在留できる」とした。この措置がなんら「優遇」でないことは、入管令に規定する国外追放や外登法違反者への刑事罰を一般外国人と同じように在日朝鮮人にも適用し、むしろ日本政府が積極的に保障すべき在日朝鮮人の母国往来の自由（再入国許可）や帰国は制限し続けた（北に関しては全面禁止）ことからも明らかである。他方、対日講和条約発効翌日より生まれた「法律一二六号の子」、いわゆる「二世」については法務省政令によって「三年間の在留資格」が定められ、三年ごとに法務大臣に在留期間の更新を申請し、法務大臣は「適当と認められる場合は許可する」という不安定な在留資格を与えた。

「法律一二六号」＝一九五二年に制定された一二六番目の法律という意味で、正式名称は「ポツダム宣言の受諾に伴い発する命令に関する件に基づく外務省関係諸命令の措置に関する法律」。在留資格は同法第二条六項の規定によるので、いわゆる「一世」は外国人登録証に「一二六─二─六」という「在留資格」で表示された。「法律一二六号」の子の在留資格は、入管令第四条一項一六号と法務省政令二項に該当する者という意味で「四─一─一六─二」と外国人登録証に表示された。孫は「四─一─一六─三」。

入管令と一対で対日講和条約発効日より新たに施行された外国人登録法は「外国人の居住関係お

よび身分関係を明確ならしめ、もって在留外国人の公正な管理に資することにある」（第一条）と定めたが、現実には圧倒的多数を占めていた在日朝鮮人を管理統制し取り締まることに目的があった。事実、外登法は様々な義務を課し違反を口実に不当な取り調べや現行犯逮捕を行い刑罰を科す治安法として機能してきた。

外登法は日本に六〇日以上（現在九〇日以上）滞在する外国人入国者に、三〇日以内（現在六〇日以内）に市区町村窓口での登録申請を義務づけ、解放前より日本に在住する朝鮮人も例外ではなく一般外国人とまったく同じ扱いであった。外登法違反は不携帯罪、不申請罪、不署名罪の三つに分類され、最高刑懲役から罰金刑にいたる刑罰を科すことができる。たとえば当時、在日朝鮮人は一四歳になると区役所の外国人登録係に行き顔写真添付、署名、指紋押捺そして住所、氏名、年齢、世帯主氏名、職業、勤務先、事務所名称など二〇項目を記載した登録証（当時は定期券より一回り大きい手帳）を作成し、その時点から常に携帯することを義務づけられ、警察官などの要求があれば提示しなければならず、携帯しなければ罰金を、提示しなければ懲役または禁固、罰金を科すことができた。また、記載事項（住所や職業など）に変更があれば一四日以内に変更登録申請を行わなければならず、それに違反すると罰金刑に処すことができた。刑事罰であるがゆえに現行犯逮捕も可能となり、これをフルに活用した違法かつ不当な職務質問、逮捕、家宅捜索が行われた。

実際、外登法違反を口実にした朝鮮人への人権侵害は後を絶たなかった。表18、19からも明らかなように、朝鮮戦争を境にして検挙数は一挙に増えている（一九五〇年は前年の五倍強）。しかも「違反類型」の九〇パーセント以上が「登録証を家に置き忘れた」「切り替えが遅れた」などの「過

表 18　外登法違反朝鮮人被疑者受理数

年度	受理人数	年度	受理人数
1947	882	1961	16,574
1948	1,074	1962	18,562
1949	2,499	1963	22,466
1950	12,906	1964	16,754
1951	11,836	1965	19,032
1952	11,651	1966	20,112
1953	23,294	1967	14,278
1954	19,263	1968	16,458
1955	24,993	1969	19,186
1956	13,897	1970	14,757
1957	23,169	1971	17,106
1958	9,725	1972	20,753
1959	10,333	1973	18,577
1960	18,407	合計	418,544

（検察統計年表）

表 19　外登法違反朝鮮人検挙数（1955 年～ 1961 年）

法条別	検挙人数	%	備考
登録交付不申請	10,528	9.2	出生等の申請が若干おくれたもの
再交付不申請	4,232	3.8	盗難、紛失等で 14 日を過ぎて申請したもの
登録切換不申請	44,075	39.5	若干法定期間を過ぎて申請したもの
居住地変更不申請	9,948	8.9	14 日を過ぎて申請したもの
不携帯	26,329	23.6	忘れて携帯しなかったもの
その他	3.371	3.0	居住地以外の記載事項の変更がおくれたり虚偽申請したもの

（1962 年 12 月 20 日、参議院法務委員会会議録）

失」によるもので加罰的違法性を欠いた軽微な違反である。にもかかわらず不当な逮捕、取り調べや家宅捜索が行われた。たとえば、不携帯を理由に淀橋警察署に逮捕され登録証確認まで一週間留置された（一九六一年一〇月、禹容九）、自宅より二キロメートル地点で宇都宮警察署警察官に不携帯を理由に派出所に連行され始末書を書いた上に翌日本署に呼び出され写真撮影と指紋を採取された（一九六二年九月、徐伊得）、茨城朝鮮学校で授業中に制服姿の竜ヶ崎署警察官が教室に入り込み教師に登録証提示を要求、自宅に置き忘れたと言うと生徒の面前で警察署に連行された（一九六三年五月、李静江）、休憩時間に会社近くをチマ・チョゴリ姿で散歩中職務質問を受け不携帯を理由に牛込署に連行された（一九六三年一〇月、金富美子）、未成年である朝鮮高級部一年生に不携帯を理由に警察署への出頭を求め学校の内部事情を聞く（一九六四年九月、大阪）、近所の銭湯に出かけたところ入り口で張り込んでいた滝川警察署警察官に不携帯を理由に連行され深夜まで取り調べを受けた（一九六七年一一月、北海道）、チマ・チョゴリ姿で東京での集会の帰り川崎駅前派出所付近で警察官が登録証提示を要求、自宅が近くであるにもかかわらず不当な取り調べを受け不携帯で起訴された（一九七二年四月、丁文蓮）、携帯義務年齢に達していない朝鮮中級部二年生が下校途中千葉駅前派出所で不携帯を理由に二時間以上取り調べを受けた（一九七四年一〇月、一三歳）などあげればきりがない。このような状況は八〇年代に入っても続く。一九八三年度外登法違反事件は四六三九件、内朝鮮人三八五四件（全体の約八〇パーセント）、類型別では不携帯罪が二六〇五件、内朝鮮人二三九七件（全体の約九二パーセント）ともっとも多かった。外登法違反事件は職務質問などによる「偶然の発覚」だけではなく、朝鮮大学校校門付近で登録証の提示を求めるなど計画的に行われたケースも少なくなかった。
　内外の批判に押されて外登法は幾度となく改正されてきた。現在、指紋押捺制度が撤廃され特別永住者に限り登録証不携帯罪が刑事罰から過料になったが、いまだ刑事罰は存在し一六歳から常時携帯義務を課すなどいくつかの問題点が残っている。二〇〇八年一月総務省および法務省は外国人登録法に基づく在留外国人管理を廃止し、日本人を対象にした住民基本台帳法と同様の管理制度に再編する法案を〇八年通常国会に提出するとした。新法の制定によって、市町村は在留カードを基に住民基本台帳のような「外国人専用台帳」を設け、日本人住民と同じような行政サービスの提供が可能になるなどとしているが、外国人管理のための新たな制度にならないか注視されている。事実、市町村が発行している登録証明書を廃止し、かわって入国管理局が中長期滞在者に名前、住所、顔写真などの記載・貼附により身元を保証・確認する「在留カード」を発行することで、適法に滞在する外国人とオーバーステイを確実に見分けるなど国による管理と規制の一元化を図っていることは日本政府が認めているところである。また、在日朝鮮人などの特別永住者も「外国人専用台帳」で管理され中長期滞在者とは異なる「在留カード」とその「携帯義務」が検討されており、また違反者に対してどのような「罰則規定」が設けられるかいまのところ明らかではない。仮に「刑事罰」が存続するなら「行政サービスの提供」などではなく、より合理的管理のための新たな制度の発足となる（植民地時代の「日本戸籍」と「朝鮮戸籍」の区分けによる差別の徹底的制度化のように）。

過料＝「過ち料」と言われる金銭罰。駐車違反などの行政罰で刑罰ではないので前科にもならない。

外国人登録法に似たものとして日本人には住民基本台帳法があり、住居移転の届け出違反も「五万円以下」の過料ですむ。それさえ適用されたことはほとんどないという。同様のことが外登法違反の場合は「二〇万円以下」の「罰金刑」となり刑事罰として前科がつく。

出入国管理法改正により二〇〇七年一一月二〇日から在日朝鮮人ら「特別永住者」および外交・公用来日者を除く一六歳以上の外国人の両手人差指の指紋採取と顔写真撮影制度実施。

【外国人登録法の変遷】

・一九四七年＝外国人登録令公布・施行
・一九五〇年＝登録の一斉切替実施、有効期限三年とし罰則強化、登録番号全国一連番号制等導入
・一九五二年＝外国人登録法公布・施行、指紋押捺と切替制度導入（指紋押捺は在日朝鮮人の抗議により延期）
・一九五五年＝指紋押捺制度実施（通常は一指、再交付は一定の要件下一〇指）
・一九五六年＝二年毎の切替制度を三年に変更
・一九五八年＝在留期間一年未満の者、指紋押捺免除
・一九七一年＝一〇指指紋押捺制度廃止
・一九八二年＝三年毎切替制度を五年毎に、指紋押捺・常時携帯義務年齢を一四歳から一六歳に変更
・一九八五年＝指紋押捺方式を黒インクから無色に、回転式から平面式に変更
・一九八六年＝指紋押捺初回一回制、指紋押捺拒否者の登録証更新期間の短縮（一年以上五年以内）、

登録証のラミネートカード化
・一九九二年＝指紋押捺、特別永住者・永住者に関して廃止
・一九九九年＝指紋押捺全廃、特別永住者の外登証不携帯罪が刑事罰から過料に、特別永住者・永住者の切替制度七年に変更

2 「韓日条約」の締結と在日朝鮮人法制

（1）「韓日基本条約」と四つの「協定」

すでに見てきたように、在日朝鮮人の法的地位は一九四五年日本敗戦から対日講和条約が発効する一九五二年にかけて骨格が確立されるが、一九六五年「韓日基本条約」とともに締結された「在日韓国人法的地位協定」によって、在日朝鮮人社会に新たな差別と分断の壁が設けられた。韓日国交正常化のための韓日会談は朝鮮戦争さなかの一九五一年一〇月、GHQ外交局長シーボルトの斡旋によって予備会談がはじまった。シーボルト自らが「日本の韓国に対する進出はアメリカの極東戦略の基本であり、朝鮮戦争に日本を公然と参加させるためである」と公言したように、まさに日米韓の反共軍事同盟の形成が国交正常化交渉開始の動機であった。日本政府閣僚の妄言により幾多

の中断を経るが、一九六〇年軍事クーデターによって権力を握った朴正煕政権は脆弱な権力基盤を固めるために一気に妥結を図り、一九六五年六月二二日「韓日条約」が締結された。

「韓日条約」は「韓日基本条約」を柱に「漁業協定」「請求権および経済協力協定」「在日韓国人法的地位協定」「文化財協定」の四つからなる。

南北朝鮮の激しい反対運動にもかかわらず締結された「韓日条約」だが、その問題点は何よりもまず、植民地支配に対する一言の謝罪もないことである。「基本条約」第二条は「一九一〇年八月二二日以前（「日韓併合条約」調印日）に大日本帝国と大韓帝国との間で締結されたすべての条約および協約は、もはや無効であることが確認される」とした。つまり、日本軍の王宮包囲のなかで交わされた「乙巳条約」をはじめ「丁未七条約」「日韓併合条約」などの条約はすべて「合法的に締結された」とし、「もはや無効」とは、一連の条約が「正当な手続き」を経て「当時、有効に成立し実施」されたということであり、朝鮮が解放された「一九四五年八月一五日まで有効」であったという解釈である。「韓日条約」が「過去清算」に基づくものではなく、日本の植民地統治を正当化する売国条約であると批判されるゆえんである。韓国政府は「もはや無効」の「もはや（already）」とは、条約調印時にすでに「無効（Null and Void）」という意味であると国内向けに「源泉的無効」の解釈を示したが、日本政府はあくまで「日韓併合条約」を含めたそれ以前の諸条約は「大韓民国が独立したときに効力を失った（それ以前は効力を有する合法的なものであった）」との立場である。

「韓日条約」の第二の問題点は、朝鮮半島および朝鮮人民に対する甚大なる損害への補償・賠償責任が「独立祝賀金」と銘打った総額五億ドルの「請求権および経済協力協定」に姿を変えたことにある。「併合」が「合法」であるがゆえに韓日間に補償・賠償問題は存在せず、したがって「経済協力」なのである。「請求権および経済協力協定」は、付属文書として第一議定書、第二議定書および合意議事録と四つの交換文書、借款契約からなる。主な内容は、無償三億ドル（一〇八〇億円）を一〇年間にわたって生産物と役務で供与する、それさえ毎年事業計画書を作成し日本政府と協議し実行する、対日本「韓国焦げ付き債権」（四五七三万ドル）を天引きする。有償二億ドル（七二〇億円）は海外経済協力基金で長期低利借款（政府借款）を一〇年間にわたって供与、金利は年三・五パーセントで七年据え置きを含む二〇年償還、付随的に三億ドル以上の民間信用供与を行うというものであった。これによって「請求権問題」は「完全かつ最終的に解決され」、ここに「個人的請求権も含まれる」（「請求権協定」第二条一項）というものであった。

「韓日条約」の第三の問題点は、「基本条約」第三条で「大韓民国政府は、国際連合総会決議第一九五号（Ⅲ）に明らかに示されているとおりの朝鮮にある唯一の合法的な政府であることが確認される」とすることで、韓日両国による朝鮮民主主義人民共和国への敵視政策を強く打ち出したことにある。

一方、韓国政府は自国民への補償措置として一九七一年一月「対日民間請求権申告法」を制定した。同年四月には補償範囲や対象、内容、申告期間などを細かく定めた施行令を制定し、五月から七三年四月まで申告の受け付けを開始した。補償対象は、日本政府発行の国債、郵便年金、郵便貯金、日本国内金融機関の預金や一九四五年八月一五日以前に旧日本軍人・軍属あるいは労務者として死亡した者に限定した（負傷者や強制連行被害者は除外）。また、一九四七年八月一五日から一九六五年六月二二日まで日本に居住したことのある者を除くと明記し在日韓国人を切り捨てた（四七年とした理由は解放後から四七年時点で韓国への帰国がほぼ完了しているとの判断だとされている）。被爆者やサハリン残留者、「慰安婦」にされた女性たちは当初より議論すらされていない。一九七四年一二月「対日民間請求権補償法」が制定され、翌年七五年から七七年にかけて補償が開始された。死者は一人三〇万ウォン、その他の財産補償などは日本通貨一円に対し三〇ウォンが支払われた。死者九五四九人、財産関係九万三〇〇〇件など民間補償総額は九一億ウォン（約五八億円）、無償三億ドルの五・三パーセントに過ぎなかった。「文化財協定」においても植民地下において朝鮮総督府が組織的かつ大規模に持ち出した品々（たとえば平壌近郊の楽浪古墳群などの膨大な副葬品）や日本人骨董商らによる古墳の盗掘や寺院からの窃盗などの略奪した品々をよそに、返還されたのはほとんどが価値のない書籍や写本、質の落ちた陶磁器や郵便局の標札で国宝や重要文化財などは一点もなかった。それさえ「寄贈」「独立へのお祝い品」という名目で引き渡された。

そもそも朝鮮半島と日本との関係正常化は、一般的に国と国とが友好関係を結ぶのとは異なり、加害と被害の「過去清算」に基づく新たな隣人関係を築くことにある。ところが、国交正常化のテーブルで日本側首席代表久保田寛一郎は、補償や賠償を要求するなら「日本としても朝鮮の鉄道を造ったり、農地を造成したり、大蔵省は、当時、多い年で千万円を持ち出していた。それを返せと主張して韓国側の請求権と相殺しようではないか」（第三回韓日会談・一九五三年一〇月）、条約署名者高杉晋一は「日本が謝れというのは勝手な言い分だ。日本は朝鮮に工業や家屋、山林などみな置いてきた。創氏改名もよかった。これは朝鮮人を同化し、日本人と同じく扱うためにとられた措置であって、搾取とか圧迫とかいうものではない」（外務省記者クラブ・一九六五年一月）と妄言を繰り返した。個人補償についても被害証拠があるなら示せなどと、どちらが被害者でどちらが加害者なのかわからない国交正常化交渉であった。

二〇〇五年一月盧武鉉政権は韓日国交正常化交渉過程の外交文書を一部公開したが、そこには謝罪と賠償をあくまで拒否する日本政府の発言と、わずかなお金で対日請求権問題を政治決着させる密約で妥結を図った「金・大平メモ」（六一年一一月一二日、中央情報部長金鍾泌・外相大平正芳会談）の背景も明らかになった。当時、「朴にやるなら僕にくれ」と揶揄され、韓日交渉は屈辱外交、売国外交として南北朝鮮で大々的な反対運動が繰り広げられ日本国民からも批判された。

（2）「法的地位協定」と二つの文部次官通達

「韓日基本条約」とともに締結された「在日韓国人法的地位協定」（全文六条）は、一言で韓国籍を取得した在日朝鮮人に限って優遇するというものであった。

たとえば、「法律一二六号」該当者とその直系卑属は韓国籍取得を前提に「協定永住」を与える、強制退去（国外追放）は七年以上の刑を受けた場合に該当する（朝鮮籍は一年以上）、戦後入国者を好意的に扱う（永住権を与える）、再入国許可（故郷訪問）に便宜をはらう、日本学校入学希望者は好意的に扱う、「協定永住者」に限って国民健康保険に加入できる、生活保護の適用に関しては権利としては認めないが考慮する、といった内容である。他に帰国する場合には資金の持ち帰りや送金においても妥当な考慮をはらうとした。しかし、果たして韓国籍が優遇されたかどうかは疑問である。日本植民地統治の結果として存在することになった在日朝鮮人に対して韓国籍優遇の内容は当然のものばかりで、むしろ日本国民同様に納税義務を果たしながら、朝鮮籍者は言うまでもなく「協定永住者」も依然として社会保障、社会福祉の基本である国民年金や児童手当、公営住宅への入居などから閉め出されていた。国交正常化を待つまでもなく、道義的にも人道的にも母国との自由往来権としての再入国許可など当然保障されるべき権利であり、日本学校への入学云々も民族教育への特別措置を講じるならまだしも本末転倒である。

協定永住申請は一九六六年一月一七日から一九七一年一月一六日までの五年を期限として実施された。期限内に申請した者を便宜上「協定一世」とすると、期限後に生まれた「協定一世」の子は申請すれば「協定永住」を取得できるとした（「協定二世」）。しかし、日本政府は「協定二世」の子については、二五年後の一九九一年に再び協議し決めるとした（いわゆる「九一年問題」）。他方、一九八二年より難民条約（「難民の地位に関する条約」）の国内発効に伴い、日本政府は出入国管理令を出入国管理および難民認定法に改め同年一月一日より施行した。改正入管法には「特例永住」制度が導入され、申請期限は一九八二年一月一日から一九八六年一二月三一日までの五年間で、朝鮮籍者、協定永住権未取得韓国籍者、「法律一二六号」とその子などが申請対象となった。期限後に生まれた「特例永住一世」の子は申請すれば「特例永住」を取得できるとした（「特例永住二世」）。「特例永住二世」の子らに関しては「協定永住二世」の子と同様、一定の要件（素行善良・独立生計・日本国益合致）をクリアすることで「永住」（「簡易永住」）を法務大臣が「許可」するという措置がとられた。「特例永住」制度の導入は、難民条約加入により受け入れることになった難民（ニューカマー）への永住権付与にともない在日朝鮮人にも開かれた制度であり、日本政府は在日朝鮮人に安定した永住権を付与したかったわけではない。よって「特例永住」はあくまで「法務大臣の自由裁量」であることを明記した。

ところで、「三世」の永住権問題について日本政府が「二五年後に再協議する」としたのは何故であろうか。その理由の一端を内閣調査室『調査月報』（一九六五年七月号）に掲載された文章にかいま見ることができる。「わが国に永住する異民族が、何時までも異民族としてとどまることは、一種の少数民族として将来困難深刻な社会問題となることは明らかである。彼我双方の将来における生活の安定と幸福のために、これらの人たち（在日朝鮮人）に対する同化政策が強調されるゆえんである。すなわち、大いに帰化して貰うことである。帰化人そのものは、たとえば半日本人として日朝双方の人から白い目で見られることもあり、大いに悩むであろう。しかし、二世、三世と先に行くに従って全く問題ではなくなる。……国家百年の大計のため、また、治安問題としても、帰化を大々的に認めるとか、彼らの民生安定のための思い切った措置を取るとか、大乗的見地に立脚した政策が必要である」と記している。要するに一九九一年までに同化政策、帰化政策を推し進めることが重要であり、安定した永住権を与えるべきではないということである。当時、在日朝鮮人政策を論じた他の官報資料でも治安と同化の見地から、帰化政策を積極的に奨励する論議が数多くなされていた。

一九九一年に「三世」の永住権問題が議論されたとき、韓国籍者だけへの「優遇」が再び持ち上がったが、一九九一年五月の通常国会で出入国管理特例法（日本との平和条約に基づき日本の国籍を離脱した者などの出入国管理に関する特例法・一九九一年一一月一日施行）が成立し、在日朝鮮人の在留資格は朝鮮籍、韓国籍を問わず「特別永住」に一本化され、子々孫々にわたって「羈束的」に永住権を得ることになった。

出入国管理特例法により「平和条約関連国籍離脱者およびその子孫」は「特別永住者」と定められたが、具体的には「協定永住許可者」「法律一二六―二―六該当者」そして「平和条約関連国籍離脱者の子」の全部および「永住者」の一部が対象となった。

出入国管理法改悪案＝「協定永住未取得者」（主に朝鮮籍者など）の日本の政策に反対するような集会やデモなどの政治活動の制限や禁止、「退去強制」の強化や朝鮮籍を「無国籍外国人」として「身分証明書」を発給し、外登証とともに常時携帯を義務づけ違反者を取り締まるなどを内容にしていた。一九六九年、七一年、七二年、七三年に国会に提出されたが廃案となった。

【在日朝鮮人の在留資格の変遷】

・一九五二年＝「法律一二六号」「四―一―一六―二」……

・一九六五年＝上記在留資格＋韓国籍取得者の「協定永住」

・一九八二年＝朝鮮籍者などに「特例永住」＋「協定永住」
・一九九一年＝旧植民地出身者とその子孫は「特別永住」に一本化

【朝鮮自由往来と帰国、第三国への渡航】 朝鮮解放後まもなくGHQは朝鮮半島北部への帰国は凍結し南は認めた。日本政府は一九六五年「韓日条約」の締結により、韓国籍取得に基づく「協定永住者」の韓国行きの再入国許可には便宜をはかり、朝鮮籍者の朝鮮（朝鮮民主主義人民共和国）行きの再入国許可は「国交がない」との口実で認めなかった。在日朝鮮人と広範な日本人の支援を受けながら一九六五年一二月、在日朝鮮人二人が再入国許可を勝ち取り初めて朝鮮を訪問した。しかし日本政府はあくまで「例外」として、その後も自由往来を阻んだ。一九六八年朝鮮総聯（在日本朝鮮人総聯合会）代表は、「朝鮮民主主義人民共和国創建二〇周年記念在日朝鮮人祝賀団」の再入国申請を行ったところ不許可とされ日本政府を相手に提訴。東京地裁、高裁ともに原告勝訴の判決を下し、同年一二月法務省は二カ月の期限付きで六人に再入国許可を認めた。裁判所は母国への自由往来は基本的人権であり、日本在留権を持つ永住者の在日朝鮮人は日本の法に服していることから、海外渡航をはじめとする権利は日本人と同様に保障されるべきであるとした。また、原告は日本の植民地統治により「在日」を余儀なくされた朝鮮人の母国往来は道義的に見て当然の権利であり、再入国の不許可は日本における在日朝鮮人の生存権、財産権、家族生活を営む権利の侵害であると訴えた。日本の各界からも外国人の出入国は国家裁量であるとしながらも、在日朝鮮人に対して再入国を認めないのは「法の恣意的解釈」であり「裁量権の濫用」であると批判の声が上がった。以来、朝鮮への自由往来が徐々に拡大する。朝鮮への帰国事業は一九五九年八月、インドのカルカッタで朝鮮赤十字社と日本赤十字社との間で在日朝鮮人帰国協定(「カルカッタ協定」)が結ばれ、同年一二月一四日第一次帰国船(ソ連チャーター船「クリリオン号」と「トボリスク号」)が九七五人の在日朝鮮人を乗せて新潟港から清津港に向けて出航した。一九六七年一〇月第一五四次船をもって日本政府は帰国事業を一方的に打ち切るが、七一年二月朝日両赤十字間で共同コミュニケが調印され同年五月より帰国事業が再開された。第三国への渡航は一九七二年世界教職員同盟総会に参加する在日朝鮮人代表が再入国許可を初めて勝ち取り突破口が開かれた。

日本政府は「韓日条約」の締結によって、同じ歴史的責任を負っている在日朝鮮人の法的地位に序列を設け朝鮮籍に対する差別的処遇を強める一方、新たな同化政策として同年一二月二八日各都道府県に二つの文部次官通達を発した。

ひとつは「日韓法的地位協定における教育関係事項の実施について」であり、今ひとつは「朝鮮人のみを収容する教育施設の取り扱いについて」である。前者は、希望があれば「協定永住者」の日本の公立小中学校への就学を認める、しかし彼らを「日本人子弟と同様に取り扱うものとし、教育課程の編成・実施について特別の取り扱いをすべきではない」などと朝鮮の言葉や文字、歴史などの民族教育は認めないとした。後者は、朝鮮人学校を「学校教育法第一条の学校として認可すべきではない」「朝鮮人としての民族性または国民性を涵養することを目的とする朝鮮学校は、わが国の社会にとって、各種学校の地位を与える積極的意義を有するとは認められない……準学校法人の設立についても、これを認可すべきではない」と、民族教育を全面的に否定し公然と同化政策を実施するものであった。この通達が発せられる前、当時の首相佐藤栄作は在日朝鮮人の民族教育について「植民地を解放して独立したのだ、独立した教育をしたいのだ、こういうことであればそれはその国においてなされることはいい。ここは日本の国でございますから、日本にまでそれを要求されることはいかがかと、かように思うのであります。はっきり申し上げておきます」（参議院日韓特別委員会・一九六五年一二月四日）と在日朝鮮人の民族教育に対する否定的態度を明確にしていた。

文部省の方針に反して、在日朝鮮人と日本人の訴えにより認可権を持つ都道府県知事は各地の朝鮮学校を各種学校として認可した。通達が発せられた翌年一九六六年には早くも三二校が、六七年には二八校が認可を受けた。文部省はこのような事態を「遺憾」とし、日本の「利益と安全を害する外国人学校」の教育内容を統制し、学校の立ち入り検査や変更、閉鎖などの権限を文部省に集中する「外国人学校法案」の制定を執拗に試みた。朝鮮学校では「反日教育」が行われているなどの国会答弁が行われたのもこの時期からである。たとえば当時の文部大臣は「まあ、反日教育というのは、いろいろ人によって考え方はあると思いますが、たとえば日本の政治制度を非難するとか、あるいは日本社会の、いわゆる法律用語でいえば公序良俗に反するようなことがあれば、これは反日教育だと思います」（参議院予算委員会・一九六六年三月二五日）と答弁するなど、日本政府は朝鮮学校に対する偏見を助長し規制を正当化しようとした。しかし、一九六八年には東京都が朝鮮大学校を各種学校として認可し、以降、一九七五年までにすべての朝鮮学校が各種学校の認可を受けた。

各種学校＝「学校教育に類する教育を行うもの」（学校教育法第八三条）で、技能的な教育を行う自動車教習所や生け花教室などが該当する。他方、学校とは「小学校、中学校、高等学校、大学、高等専門学校、盲学校、ろう学校、養護学校および幼稚園とする」（第一条）とし、学校の設置基準である監督庁の定めた設備や編成、指導要綱や教育内容に従ったものだけを言う（第三条）。朝鮮学校は教育内容や課程、施設において「一条校」（学校教育法第一条が規定する学校）と何ら変わるところがないが、各種学校を口実に八〇年代まで数々の差別的処遇を受けてきた。九〇年代に入り一連の差別が是正されるがいまなお問題点は多い。

「外国人学校法案」＝一九六五年文部次官通達「朝鮮人のみを収容する教育施設の取り扱いについて」の「二―三」に規定された外国人学校（絶対多数は朝鮮学校）に対する「新しい制度を検討」し「統一的取り扱い」を図るとの文言に基づき作成された規制、取り締まり法案。「外国人学校法案」が初めて公表されたのは六六年で、同年五月の閣議で「学校教育法の一部を改正する法律案」（外国人学校制度に関する規定の新設）として承認を得て通常国会に提出しようとしたが世論の激しい反対により断念。その後も「一部改正案」から独立した「外国人学校法案」などの名称で、七五年頃まで幾度となく国会に提出されたがいずれも廃案となった。法案の主たる内容は、「わが国の利益」を判断基準に文部大臣に教育内容の是正、立ち入り検査、閉鎖命令などの権限を与えたもので、朝鮮学校の取り締まりを狙ったものである。

【朝鮮学校への主な差別撤廃】

・一九八九年＝日本放送協会主催「ＮＨＫ合唱コンクール」に朝鮮学校生徒の正式参加認定
・一九九〇年＝大阪府、京都府高体連、全国大会予選を兼ねない府内総体への朝鮮高校の参加認定
・一九九一年＝全国高等学校野球連盟、外国人学校の高校野球大会への参加認定
・一九九三年＝全国高体連、各種学校・専修学校に未加盟のままインターハイ参加認定
・一九九四年＝ＪＲ各社、各種学校・専修学校の通学定期運賃割引率格差、学校教育法第一条に規定する学校と同等に是正
・一九九五年＝日本サッカー協会、九六年度より全国高校サッカー大会への各種学校・専修学校の参加認定
・一九九六年＝日本中学校体育連盟、九七年度より全国中学校体育大会への外国人学校生徒の参加認定
・一九九六年＝川崎市立看護短期大学、朝鮮高校卒業生の受験資格認定
・一九九八年＝京都大学理学研究科、朝鮮大学校卒業生の受験認定
・一九九九年＝外国人大学卒業生の日本大学院入学資格が弾力化（大学院の自主判断）、大学入学資格検定（現・高等学校卒業程度認定試験）受験資格要件が緩和され、朝高生が日本高校に通わざるを得ない「ダブルスクール」問題が基本的に解消

・二〇〇三年＝日本政府、外国人学校卒業生の大学入学資格を認定する一方、朝鮮学校卒業生については各大学の個別審査に委ねるとする。

・二〇〇四年＝朝鮮大学校卒業生、資格審査による司法試験一次試験免除、また同大学校在学中、保育士試験認定

・二〇〇五年＝朝鮮大学校卒業生、社会保険労務士受験資格認定、また同大学校在学中、税理士受験資格認定

(3)「韓国は国籍」「朝鮮は用語」

「韓日条約」の締結にともない一九六五年一〇月二六日、日本政府は在日朝鮮人の国籍問題について次のような「政府統一見解」を発表した。

「一、外国人登録の国籍欄には本来その外国人の国籍を記載するものであって、その国籍を確認する方法は所持する旅券又はこれに代わる国籍証明書によって行われる。二、在日朝鮮人は、もと朝鮮戸籍に属し、日本国内に居住したまま日本国籍を失い外国人となった特殊事情から、旅券又はこれに代わる国籍証明書を所持していないので、便宜の措置として朝鮮という名称を国籍欄に記載したものである。この意味において、朝鮮という記載は、かつて日本の領土であった朝鮮半島から来日した朝鮮人を示す用語であって、何ら国籍を示すものではない。三、ところがこれらの者の中

から韓国（または大韓民国）への書き換えを強く要望してきた者があるので、本人の自由意思に基づく申し立てと、その大部分は韓国代表部発行の国民登録証を提示させたうえ韓国への書き換えを認めた。このような経過によって韓国と書き換えたものであり、しかも、それが長年にわたり維持され、かつ実質的に国籍と同じ作用を果たしてきた経緯などにかんがみると、現時点から見ればその記載は大韓民国の国籍を示すものと考えざるを得ない。四、最近、韓国に書き換えた者の一部から朝鮮に再書き換えを希望する者が出てきたが、右に申したとおり、外国人登録上の韓国という記載が大韓民国の国籍を示すものと考えられる以上、もともと国籍変更が単に本人の希望によってのみ自由に行われるのではないという国籍の本質にかんがみ、本人の希望だけで再書き換えすることはできない」

振り返って、一九四七年外国人登録令が施行され登録が実施されたとき、登録証の国籍欄にはすべて「朝鮮」と記載された。一九四八年八月南に大韓民国が、九月北に朝鮮民主主義人民共和国が建国され、朝鮮半島の北と南に分断国家が樹立されたときにも「朝鮮」表記に変更はなかった。韓国政府は一九五〇年一月の登録証切替の時から外登証の国籍欄記載を大韓民国で統一することを日本政府に求め、GHQは個人の要望により「韓国」と「朝鮮」のいずれかを記載するように指示し、それを受け日本政府は切替業務を行った。しかし、その場合でも「実質的な国籍の問題や国家の承認の問題とは全然関係なく朝鮮、韓国のいずれを用いるかによってその人の法律上の扱いを異にすることはない」（法務総裁談話・一九五〇年二月二三日）としていた。ところが一九五一年一〇月第一回韓日予備会談をひかえ、日本政府は「韓国駐日代表部の発行した大韓民国国民登録証を添付して国号の変更を申請したとき」は「朝鮮から韓国への変更」を認めるとし、他方では「韓国から朝鮮への国号の変更は認められない」（出入国管理庁長官通達二七号・一九五一年一月一二日および同一〇九号通牒・同年二月二日）との行政指導を行った。「韓国表記」への固執は「大韓民国政府は、朝鮮においていて国際連合によって承認された唯一の政府であり、その軍隊は現に国連軍の一員として、朝鮮動乱において侵略軍と戦っている。……また現在の未決定の事態も遠からず解決し、国籍が統一されるものと予定している」（入国管理長官通達五九四号・一九五二年六月二一日）との見解に表れているようにアメリカの極東戦略としての対朝鮮敵視に基づく韓日同盟の構築を意識してのことであった。

国際法上、ある個人がある国家の国籍を有するか否かは、その国家の利害に関する問題で、その国の国内法によって決められるべき事柄である。日本政府の措置について言うなら、対日講和条約では国籍問題の当事者である朝鮮代表は参加しておらず、すでに朝鮮半島には分断してはいるが客観的に国家が存在しているなかで「政府統一見解」はその主権を無視するものである。ましてや朝鮮分断の責任の一端を負っている日本政府は、朝鮮半島統一のために支援を行うべき立場にあり、一方の政府だけを承認し外登証国籍欄の記載について処理するなど許されるものではない。

日本政府は南北ベトナム、東西ドイツ、中国・台湾などについては外登証の国籍欄にいずれか一方の「国名」を記入することなくすべてベトナム、ドイツ、中国と記載した。一九五二年「中国」については「中華民国」という表示をどうするかが問題になったが、法務省は「中国国籍記載に関する件、中国人の外国人登録については、その本質が中国本土であると台湾本土であるとを問わず、いずれの原票の国籍欄の記載は中国とする」（法務省入管局長通達二〇八号・一九五二年一〇月一四日）とし、分断国家の国籍欄記載において問題が生じないように配慮した。それは、国家の承認と個人の問題を切り離すものとして極めて妥当な対応であり、そもそも国籍問題は本籍国とその個人との合意によって解決されるべきであって、他国の政府が介入すべきことではない。「韓国は国籍」「朝鮮は用語」とすることによって、現実に朝鮮籍者は日々生活の場で、事業運営や融資の面で直接間接の差別を被ることになり、その後も相続問題をはじめとする法的諸問題において難題が山積されることになった。

第4章　戦争責任、植民地支配責任

――日本とドイツ――

1　日本の戦後処理

（1）東京裁判と戦争犯罪の免責

一九四五年八月一四日、日本は「ポツダム宣言」の受諾を連合国に通告し、翌日一五日天皇裕仁の「終戦の詔書（玉音放送）」を通じて日本が戦争に敗れたことを公にした。「ポツダム宣言」は、米英中の三カ国が日本に降伏の最終的機会を与える条件を示した文書で、主要な内容は日本の無条件降伏、日本の占領、日本の領土範囲の確定（植民地支配した国や領土の放棄）、戦争犯罪人の処罰、賠償責任である。九月二日東京湾に浮かぶ米戦艦ミズーリ号（後に朝鮮戦争に出動）の甲板で、日本はその誠実な履行を約束する降伏文書に署名した。

ポツダム宣言＝第二次世界大戦末期の一九四五年七月二七日、日本に対する主要交戦国アメリカ、イギリス、中国の三カ国首脳が日本に降伏の機会を与える条件に合意し日本に発した宣言。正式名称「日本の降伏の条件を定める宣言」（全文一三カ条）。

連合国による対日占領政策（事実上、アメリカの単独占領）はただちに実施され、「一切の戦争犯罪人」を逮捕し厳重に処罰することを掲げて一九四六年五月三日極東国際軍事裁判（東京裁判）が開廷した。

第二次世界大戦で勝利した連合国は、ナチス・ドイツ指導者と日本の戦争指導者を裁くためにニュルンベルグと東京に国際軍事裁判所を開いた。米英仏ソ四カ国は一九四五年八月にロンドン協定（「ヨーロッパ枢軸国の主要戦争犯罪人の訴追と処罰のための協定」）とその付属文書である国際軍事裁判所条例に署名（後に一九の連合国が加盟）し、これに基づきニュルンベルグ国際軍事裁判所が設置され、極東国際軍事裁判所はこれにならう形となった（極東国際軍事裁判所条例、四六年一月。第一条「裁判所の設置」は「極東における重大戦争犯罪人の公正かつ迅速なる審理および処罰のため極東軍事裁判所を設置す」と規定）。同条例六条に基づき国際軍事裁判所は、戦時国際法に反する「通例の戦争犯罪」（b項）に加え、侵略戦争の計画や開始、遂行を犯罪とする「平和に対する罪」（a項）、戦前・戦中に一般市民に対する虐殺など非人道的行為を問う「人道に対する罪」（c項）を裁くことになったが、とくにA級戦犯として戦争指導者の責任を追及することに重点が置かれた。しかし、東京裁判では裁判長や首席検察官の任命権が連合国軍最高司令官マッカーサーの権限に属するなど、アメリカの国益に強く左右される裁判システムが作られた。裁判自体も大戦中の人的被害総数の一割にも満たない国々が判事席の七割を占め、主要起訴理由は太平洋戦争での連合国軍または連合国市民に対する殺人や暴行などで、それより遙かに多いはずの植民地民の被害は軽視された。

東京裁判は二年半の審理を経て一九四八年一一月に閉廷した。アジアで二〇〇〇万人、日本で三一〇万人の死者を出した日本の戦争犯罪、植民地支配の責任は被告二八人中、東条英機らA級戦犯七人の絞首刑、元陸軍大臣ら一六人の終身禁固刑の宣告をもって幕を閉じた。他に約六〇人がA級戦犯容疑者に指名されていたが起訴にいたらなかった。彼らはスガモプリズン（巣鴨刑務所）に拘留されていたが、七人の絞首刑が執行された翌日一九四八年一二月二四日に釈放された。A級戦犯容疑者であった岸信介も不起訴となり釈放され後に首相になったことは周知の事実である。他に、特定地域で捕虜の虐待や住民の虐殺など「通例の戦争犯罪」として連合国は被害国各地、日本では横浜に軍事裁判所を設け処罰した。東京裁判で裁かれたA級戦犯に対してBC級戦犯という。日本法務省の「戦争犯罪裁判概史要」によると四五年一〇月フィリピンでの米軍マニラ法廷を皮切りに、五一年四月パプアニューギニアのマヌス島での裁判で終結する。アメリカ（五法廷）、イギリス（一一法廷）、オランダ（一二法廷）、フランス（一法廷）、オーストラリア（九法廷）、中国国民政府（一〇法廷）、フィリピン（一法廷）が主導する法廷で裁かれた件数は二二四四件で、五七〇〇人が被告となり、死刑九八四人（執行九二〇人）、無期四七五人、有期二九四四人、無罪一〇一八人とされているが正確な数は不明である。有罪として裁かれた者のなかには朝鮮人一四八人、台湾人一七三人が含まれており朝鮮人二三人、台湾人二六人が処刑されている。

ところで、東京裁判の裁判官はアメリカ、イギリス、フランス、中国、ソ連、オーストラリア、カナダ、オランダ、ニュージーランド、インド、フィリピンの一一カ国で構成され、もっとも多大な被害を被ったアジアはわずか三カ国に過ぎず、裁判長にはオーストラリアのウェッブ、首席検事にはアメリカのキーナンが任命された。裁判過程では日本軍の虐殺や謀略が徐々に明らかにされていったが、裁判の進行と同時に東西冷戦が幕を開けアメリカの対日占領政策が転換されることで戦争犯罪の追及は免責へと向かった。一〇〇人を超えるA級戦犯容疑者が次々に不起訴処分となり釈放され、またナチス・ドイツの人体実験と同質の七三一部隊（関東軍防疫給水部本部の別名。生物・細菌・化学兵器などの開発を行い人体実験などで中国人、戦争捕虜ロシア人など三〇〇〇人以上を殺害したとされている）による人体実験に関しては、把握していたにもかかわらずアメリカはその事実を隠蔽し、首席検事キーナンは日本人弁護団との懇談で「（自分の目的は）日本の再軍備をすすめることだ。アメリカは戦いに勝った。しかし勝ちに乗じて日本の軍備を全廃すれば、アジアの赤化（共産化）は火を見るより明らかである」と話した。

起訴状作成の第一段階では、「通例の戦争犯罪」「人道に対する罪」の適用地域として朝鮮半島をはじめ中国、フィリピン、インドネシア、タイなどがあげられていたが、その後大幅に修正され「朝鮮」が削除された。「人道に対する罪」は「戦前または戦時中になされたる殺人、殲滅、奴隷的虐使、追放、その他の非人道的行為もしくは犯行地の国内法違反たると否とを問わず……政治的または人種的理由に基づく犯罪行為」（極東国際軍事裁判所条例第五条）と規定した。「人道に対する罪」は、従来の戦争犯罪類型の想定範囲を遙かに超えたナチスによるユダヤ人迫害や虐殺（ジェノサイド）を裁くために新たに設けられたもので、アジア地域における日本の犯罪行為も当然厳しく追及されるべきであった。しかし、東京裁判には日本の侵略戦争の過程で非人道的行為を受けた朝鮮代表の参加もなく、また裁判構成一一カ国のなかには植民地保有国があるなど日本の植民地支配下における犯罪行為を不問に付す考えが強く働いた。

このことは同時に、日本国家が繰り広げてきた犯罪行為が「欧米との戦争に負けたのだ」（「太平洋戦争史観」）と矮小化され、さらにはその責任を一部の指導者にのみ負わせ、日本人自身が戦争に協力し加害行為に加担した責任を認め担う機会を奪い取り（「一般国民の免責」）、逆に「ヒロシマ・ナガサキ」（「唯一の被爆国民」）によって被害者意識を植え付け、加害者としての自覚と責任を忘却させる不幸な結果をもたらした。朝鮮植民地統治をはじめとするアジア諸国の膨大なる人的・物的被害、数え切れない人々の怒りと苦痛と悲しみが意識されることも、もちろん断罪されることもなかった。すなわち、戦前と戦後を明確に区切る国家体質の解体、過去との断絶と克服のプロセスが東京裁判を通じて葬られたのである。今日、「靖国問題」「教科書問題」「慰安婦問題」など繰り返される「妄言」（植民地主義の表出）の歴史的土壌と脈絡はこうして根強く温存され再生産されてきたのである。『朝日新聞』が実施した世論調査（〇六年四月実施、有権者三〇〇〇人中有効回答五八パーセント）では、戦争責任について「軍部と政治家の責任」「国民は被害者」との認識が一般的で、とくに回答者全体の七割、二〇代の九割が東京裁判の内容を知らず、知らない人ほど今の「靖国神社の在り方を是認」する傾向にあるとの結果が出ていた。

東京裁判が不十分な内容をもって閉廷した今ひとつの原因として、日本政府主導の下に敗戦直後いちはやく犯罪行為を裏付ける機密文書の隠滅を行ったことがあげられる。日本は連合国の日本本土侵攻前に降伏することで、八月一五日から占領軍が日本に入る二八日までの間に、軍関係を中心にした機密文書を徹底的に焼却できる「空白の期間」ができたのである。事実、八月一五日市ヶ谷で陸軍会議が開かれ、陸軍省から機密資料を焼却するよう口頭指示が出されたとの証言もあり、市ヶ谷陸軍中央所在地では書類を焼却する黒煙が一四日午後から一六日まで立ち上ったという。軍の焼却命令は警察を通じて市町村の兵事文書にまでおよび、憲兵司令部は八月一四日と一五日にかけて各憲兵隊に機密書類の焼却を指示している。また各新聞社に対しては「戦争に関する記録写真すべてを焼却すべし」との圧力がかけられ、多くの新聞社でフィルムなどが処分されたと関係者は証言している。重要書類の焼却は犯罪の隠ぺい行為として東京裁判でも追及されたが、証拠資料の不在は裁判を長引かせる結果となり冷戦の進行と重なることで戦争犯罪の免責に影響を及ぼしたのである。なお、東京裁判終結後、裁判を受けないまま拘禁されていたA級戦犯容疑者らに対する新たな裁判計画が浮上したが、結局は二人のGHQ裁判（一人は無罪、一人は重労働刑八年）にとどまり、後に言及するニュルンベルグでの継続裁判とは内実を大きく異にする。

【朝日・韓日間の「請求権」と「経済協力」問題】日本政府自らおこなった証拠隠滅行為は、韓日国交正常化交渉において日本政府が「被害事実の実態の把握は不可能」として請求権を回避する素地を作った。韓日会談が開かれていた一九六三年一月二九日衆議院予算委員会で外務大臣大平正芳は「請求権について正確に事実を踏まえた上で法律関係を明確にして、しかも意見が一致するということは、非常に望ましいことではございますけれども、事実上は非常に困難、あるいは場合によっては不可能という事態に逢着したわけでございます」としながら、立証困難の例として強制連行労働者の未払賃金処理などをあげて「一体、徴用の事実の有無、それから、それに対する賃金の支払いの有無、これらを的確に補足事実を補足するということは出来ない。一部できても全部はできないというような例はたくさんあるわけで……」と答弁しており、また韓日条約締結後の一九六五年一二月三日参議院日韓条約特別委員会で外務大臣椎名悦三郎は強制連行関係資料の存在に関する質問に対して、日本本土爆撃や朝鮮戦争によって「これを裏付けるよすがもない」と答弁している。こうして日本政府は請求権に関する立証不十分を理由に、あるいは挙証責任を韓国側に負わせ請求額をできる限り少なくしようとした。そして結果的には、対日請求権を放棄させ「経済協力」方式で処理したのである。

一九九〇年九月朝鮮労働党と日本の自由民主党、日本社会党との間で交わされた「三党共同宣言」に基づき開かれた朝日国交正常化交渉においても、日本側代表は「請求権に基づく補償要求は、被害事実を裏付ける客観的資料が必要」と強弁し、それを示した上で「審議、検討」し「応じる用意がある」と挙証責任を朝鮮側に負わせ、しかもその場合ですら当時「適法」に行われた徴兵・徴用などにともなう人的被害は、補償の対象にならないなどと韓日会談と同じ論理を繰り返した。一九九一年九月第四回朝日会談を終えた朝鮮側団長田仁徹は、記者団を前に「日本が全朝鮮をひとつの監獄に変え、数百万の朝鮮人に計り知れない犠牲と苦痛を与えたことに対して補償はできず、財産請求権で解決すべきだと述べていたのが、いまとなってはそれさえも全面的に否定しているのを見ると、日本の良心の価値基準がよくわかる……。日本が過去の清算を正しく行うのは他人のためではなく、日本自身のために必要なことである」と日本政府の姿勢を批判をした。

二〇〇二年九月、日本の歴代首相としては初めて小泉純一郎首相が朝鮮を訪問し金正日総書記と会談、両首脳は「朝日の非正常な過去を清算し、懸案事項を解決」して国交を正常化することを確認する「朝日平壌宣言」に署名した。同宣言は「日本側は、過去の植民地支配により朝鮮人民に多大な損害と苦痛を与えた歴史的事実を謙虚に受け止め、痛切な反省と心からの謝罪の意を表明」し「無償資金協力」「低利子長期借款」「国際機構を通じた人道的支援」などの「経済協力」を行い、他方では「一九四五年八月一五日以前に発生した理由に基づく両国および両国人民の財産および請求権を互いに放棄する基本原則に基づき、国交正常化会談においてこれについて具体的に協議する」とした。国交正常化交渉が始まると日本側は「懸念事項（「拉致問題」）の解決」を「最優先」させる一方、官・メディア一体となった激しい「北朝鮮バッシング」を繰り返し朝日会談は膠着状態に陥った。状況打開のために「包括並行協議」（「過去清算」「拉致問題」「安全保障」の三課題）が採用され国交正常化交渉が北京で再開された（〇六年二月）。日本側は「過去清算」の主要内容の一つとして「経済協力方式による一括解決方式」を主張したが、朝鮮側はそれだけでは「不十分」であり植民地時代における強制連行や朝鮮人「慰安婦」ら被害者個々人に対する償いとしての補償を求めた。朝鮮の「ミサイル発射訓練」（七月）、「核地下実験」（一〇月）により日本政府は独自の「制裁措置」を発動し交渉は再び暗礁に乗り上げたが、朝鮮半島の非核化を巡る六カ国協議の進展（〇七年一月米国の対朝鮮政策の転換を象徴する「朝米ベルリン会談」以降、「核施設の停止と封印」、米国「金融制裁解除（ＢＤＡ朝鮮口座凍結解除）」、日本を除く五カ国の「重油支援」開始、「核施設の無能力化」の開始など）を受け、六カ国協議下に設けられた朝日国交正常化作業部会がハノイ（〇七年三月）とウランバートル（九月）で開かれた。日本側は「経済協力方式による一括解決方式」を繰り返し提案するが、朝鮮側は「経済協力方式」による「一括解決方式」では強制連行や「慰安婦」などの「精神的損害」を償うことはできず「経済協力方式とは別途に計算されるべき補償」であるとし、「そもそも経済協力とは平壌宣言の精神に基づき、かつて日本が犯した被害に対する補償の性格をともなうものである」ことを強調した事実、「多大な損害と苦痛に対する心からの謝罪」を前提に「経済協力」を行うことを「平壌宣言」は明記しており、この前段の謝罪は「韓日基本条約」にはなく、また、「一九四五年八月一五日以前に朝鮮と日本の間で締結された条約は正当な手続きを踏んだ合法なもの」として補償・賠償の回避を可能にするような文言も「平壌宣言」にはない。

(2) 対日講和条約と日本の再軍備

一九四七年三月アメリカは「共産化」を防ぐためにトルコとギリシャへの軍事援助を行うトルーマン・ドクトリンを発表し、同年八月には東欧社会主義諸国を排除した欧州経済復興マーシャルプランを発表するなど米ソの対立は明確な形をとった。冷戦は戦争犯罪人の処罰、軍部・財閥の解体、統治機構の民主化、教育改革を行うとした対日占領政策の転換を方向づけ、占領終結後も日本がアメリカの東北アジアにおける対ソ戦略の重要拠点として存在するよう安全保障（再軍備）と経済復興の二点に重点が移った。一九四九年一〇月中国に共産党政権が樹立し、一九五〇年六月には朝鮮戦争が勃発することによって、極東アジアにおける「反共基地」としての日本の役割は決定的となった。そうして一九五一年九月八日、アメリカ主導のもとに連合国との戦争状態の終結、日本の主権回復、日本に対する連合国の賠償放棄、その他の国々との賠償問題は二国間で解決することなどを取り決めた対日講和条約（一九五二年四月二八日発効）が調印された。同日午後五時には、日本国内に米軍基地の設置を認める日米安全保障条約が同じくサンフランシスコで調印され、これによって日本は軍事・外交面でのアジアにおける対米従属的戦略に組み込まれ今日にいたっている。

対日講和条約と東京裁判＝日本政府は講和条約を締結することで東京裁判の判決を受け入れた。同条約第一一条は「日本国は、極東国際軍事裁判所ならびに日本国内および国外の他の連合国戦争犯罪法廷の裁判を受諾し、かつ日本国で拘禁されている日本国民にこれらの国が課した刑を執行するものとする」と規定している。戦後半世紀が過ぎた今、東京裁判は「勝者の裁判」であり「事後法の適用」として問題があるなどの見解が日本社会の一角に根強く存在する。しかし、むしろ東京裁判の問題点は日本の戦争犯罪の追及と処罰が不十分に終結し、ましてや朝鮮をはじめとするアジア各国に対する植民地支配の責任はまったくと言っていいほど問われなかったことにある。この意味で、東京裁判は列強の覇権と植民地争奪戦をめぐる戦争の結果「勝者が敗者を裁いた」と言えよう。

対日講和条約は日米安保条約との抱き合わせで成立し、軍事基地の提供や駐留費用を日本に分担させるなどアメリカに有利な条件を日本に受け入れさせる代わりに、連合国は日本に対する損害賠償を放棄するというもので、第二次世界大戦後におけるアメリカの世界戦略の一翼を担っていた。日米安保と抱き合わせた対日講和条約の締結にソ連、チェコスロバキア、ポーランドは調印を拒否し、講和会議に参加した連合国四八カ国との「全面講和」とはならず、資本主義諸国による「単独講和」となった。これに先立ち開かれた対日講和会議総会（一九五一年九月五日）には、日本が国際社会への復帰を果たす上で同意を得なければならないアジアの被害国、南北朝鮮、中華人民共和国、中華民国のいずれの代表も招請されず、これらの国との賠償問題が未処理のまま会議は進められた。

時期を同じくして、日本国内では「全面講和」「再軍備反対」「軍事基地反対」などを訴える運動を取り締まり、他方、在日本朝鮮人聯盟の解散、朝鮮学校閉鎖など在日朝鮮人運動への容赦のない弾圧が加えられた。いわゆる「レッド・パージ」である。同時に再軍備計画は一気に加速した。朝鮮戦争勃発後の一九五〇年一〇月、一五〇〇〇余人におよぶ旧軍人の追放を解除し、一九五一年四月には警察予備隊への入隊がはじまり、対日講和条約締結を前後する一九五一年八月には第二次解除が実施され陸軍に五五〇〇余人の旧軍人が復帰した。ＧＨＱの命令によって募集がはじまり一九五〇年七月に創設された警察予備隊は、その後保安隊と名称を変更し一九五四年には自衛隊となり今日にいたっている。旧海軍との合作である海上自衛隊は、朝鮮戦争さなかに相当な後方支援をアメリカ軍に行っていた。ＧＨＱ外交局長を務め韓日会談の開始を主導したシーボルト自身、朝鮮戦争への日本の具体的関与を回顧し評価している。

朝鮮戦争における日本の協力は「強制的な協力と自主的な協力、軍事的協力と非軍事的協力に区別されよう。旧国鉄による国連軍兵士輸送や米海軍貸与のLST（戦車揚陸艦）による人員、物資の補給・輸送もいわゆる後方支援活動であり、実質的には一体化したものであった。占領による強制的、軍事的協力としては、旧日本海軍の掃海艇が日本特別掃海隊として機雷の掃海活動に参加し、殉教者、負傷者を出したことが知られている」（大沼久夫「朝鮮戦争における日本人の参戦問題」、『季刊・戦争責任研究』第三一号）。一九五〇年一〇月四日極東海軍司令官ジョイ中将は、運輸大臣に「日本掃海艇徴用方命令の件」を指令し、これにより一二〇〇人の旧海軍軍人と二〇隻の掃海船、巡視船などで日本特別掃海隊が組織され、国連軍の仁川上陸作戦をはじめ鎮南浦、海州、群山などの海域で掃海活動に携わった。日本政府内には「特別調達庁」（現防衛施設庁）が設置され、野戦食料、兵器、有刺鉄線、トラック、航空機用燃料タンク、車両修理、石炭、木材、セメント、組立家屋などが発注された。最大の需要は兵器類でとくに砲弾、空軍用羽付弾、落下傘付照明弾、軍用機械器具、兵器修理であった。また、自治体の協力を得ながら兵站基地となった米軍出撃湾港での危険物の積み卸し作業などが、佐世保港、博多港、門司港、神戸港、横浜港、横須賀港、塩釜港、室蘭港、小樽港などで行われた。旧国鉄は関釜連絡船を使用し前線に向けた兵士や貨物の輸送、鉄道を通じた出撃地への兵士の大量輸送を行い、朝鮮鉄道に関する資料などを米軍に提出し、朝鮮戦争勃発より六日間で列車二四五本、客車七三二四両、貨車五二〇八両というすさまじい動員を行っている（山崎静雄「自治体と民間の朝鮮戦争協力動員」、同上）。なかでも日本海運の利用は、彼らが朝鮮沿岸の隅々の地理に精通していたからに他ならなかった。しかし、日本の朝鮮戦争への参戦・動員は徹底的な機密事項とされておりいまだ実態は明らかではない。これが戦後再び朝鮮半島の犠牲の上にもたらされた「朝鮮戦争特需」であり、日本は被害国への厳しい補償・賠償を逃れながら奇跡的な経済復興を遂げていくのである。他方、一九五二年三月戦傷病者戦没者等援護法が制定され、旧軍人・軍属とその遺族への国家的な援護が開始され、以降次々と恩給、特別給付、弔慰金などを支給する一連の援護法が制定・公布された。

(3) 被害国への日本の戦後処理

日本の復興に重点に置いたアメリカは、朝鮮戦争勃発後に「対日講和七原則」(一九五〇年一一月公表)を定め、すべての交戦国に日本に対する賠償請求権の放棄を求めた。これに基づき対日講和条約の草案がアメリカ主導で練り上げられるのだが、賠償の軽減の代償が日米安保条約の締結による軍事基地の提供にあったことは先に触れた通りである。結果、対日講和条約によって連合国は、日本経済を維持するためには完全賠償や債務履行を行う十分な経済力を持っていないとし、日本人の役務によって損害を修復することで補償を行い(対日講和条約一四条a項)、さらには日本に対する「賠償請求権」を放棄することを明記した(同条約一四条b項)。

いうまでもなくアジア被害国は強い不満を表明しインドやビルマ(現ミャンマー)は講和会議への参加を拒否した。フィリピンは、当時の日本の国民所得は被害を受けたアジアのどの国よりも高いとして賠償を役務に代替する方式に反対し、むしろ役務は日本の経済的従属を生み出すと批判した。フィリピンは条約に署名したが、同国国会は批准を拒否し一九五六年になってようやく批准された。連合国以外の被害各国とは二国間条約で解決されることになったが、日本は被害国に対してどのような補償、賠償を行ったのであろうか。

日本が賠償協定を結んだのはビルマ、南ベトナム、フィリピン、インドネシアの四カ国である。対日講和条約調印から三年後の一九五四年、ビルマとは一〇年間に年平均七二億円の生産物と役務を供与（「役務賠償」＝原料を提供し日本の工場で加工させるなど）する賠償・経済協力協定を締結した。生産物とは発電所の建設やトラック、バス、乗用車、家電製品などの供与であった。金銭賠償にこだわったフィリピンとは五六年、ビルマの二七・五倍に当たる一九八〇億円（要求額の一〇分の一）を二〇年にわたって供与する賠償協定を締結した。内容は電気通信施設の拡張、鉄道路線の延長、ダム建設などが賠償金を担保にした借款で行われた。インドネシアとは五八年に総額約八〇四億円を一二年払いする賠償協定が結ばれた。内容は船舶の供与、ホテル建設、河架橋工事、パルプ工場、デパート建設などが借款で行われた。南ベトナムとは五九年、約一四〇億円の賠償協定を締結した。水力発電建設、製紙工場、灌漑工事などである。その他のアジア各国とは経済技術協力の形で処理された。ラオスとは五八年に経済技術協力協定を調印し二年間に一〇億円の生産物と役務を供与。カンボジアとは五九年に経済技術協力協定を締結し三年間に一五億円、マレーシア、シンガポールとは六七年にそれぞれ二九・四億円を生産物と役務で供与する補償協定（血債協定）を結んだ。韓国とは六五年に一〇八〇億円を一〇年間にわたって生産物と役務で供与することで合意した。中華民国（台湾）は中間賠償として二〇〇〇万ドル相当の日本軍需施設を受領し、賠償請求権

表20　その他、被害各国への経済協力協定など

相手国・内容	調印年	金額（億円）
タイ特別円解決協定	1955、1962	192
オランダ私的請求権議定書	1956	36
マレーシア67年協定	1968	29.4
ミクロネシアに関する日米協定	1969	18
モンゴル経済協力協定	1977	50
台湾戦没者弔慰金	1988	560

に関しては五二年日華平和条約で放棄、中華人民共和国は七二年の日中共同声明で、ソ連は五六年の日ソ共同宣言で日本に対する賠償請求権を放棄し国交を回復した（その他の被害国への戦後処理は表20参照）。

当時、最大の被害国であるアジア諸国は独立と国家建設の途上にあり、開発型の軍事政権は政権安定のために日本からの経済援助を最優先課題にしていたという状況もあったが、いずれにしても「賠償」や「経済協力」は貿易にとってかわり、受注するのは日本企業で、日本人技術者が役務を供与し、日本は相手が要求するものを日本で生産したり、日本の工場で加工された機械を相手国に送った。日本政府は可能な限り少額かつ役務賠償による「損害の修復」を絶対条件にしていたが、やがて資本財による生産物賠償へとシフトしながら経済進出の土台を整えていった。また、賠償支払の方法も日本の金融機関に限られており、しかも円で払われ賠償金が日本国外に流れることはなかった。賠償支払が集中する時期は六〇年代から七〇年代であるが、実際に資本財やインフラプロジェクトが圧倒的な賠償シェアーを占めており、その後消費財へと拡大され日本の滞貨のはけ口にも利用された。日本の戦後処理は経済復興と表裏をなしながらアジア各国に新たな市場を作り出し、同時に賠償を通じて政財界の癒着構造が生まれ日米同盟と連動した東アジアにおける

「反共同盟」を形成していった。このように日本の戦争犯罪、植民地統治に対する歴史的・法的・道義的責任は、処罰においても、補償、賠償においても不十分な形で処理された。さらに唯一、朝鮮民主主義人民共和国に対して日本は何の責任も果たしていない。

賠償、補償＝敗戦国は講和条約を締結した国に戦費の賠償や相手国の市民が受けた損害に対して賠償を行う。国際法規の違反による損害補填の給付も含む。これは国家間の条約で処理される。補償は国家間の賠償ではなく、肉体的、精神的被害を受けた個人に対して敗戦国の政府あるいは自国の政府が償うこと。現在、広く日本に対して使われている「戦後補償（戦前・戦中被害者への補償）」は、日本の侵略戦争、植民地支配によって生じたアジアの人々に対する個人補償を意味し、日本の法的・道義的・人道的責任や謝罪の意味を含めた広い意味での補償である。

2　ドイツの戦後処理

(1) ドイツ敗戦とニュルンベルク裁判

アメリカ軍の本土侵攻前に降伏した日本とは異なり、ドイツはナチスの徹底抗戦により三方面から連合国の侵攻を受け全土が戦場と化し一九四五年五月に無条件降伏を受け入れ敗戦を迎えた。ドイツ降伏前の二月、米英ソはヤルタ会談を開きドイツの分割占領に合意していた。後にフランスが加わり四カ国はそれぞれの占領地区で独自の政策をとることになった。分割占領の大枠は一九四五年八月に米英ソ三カ国によるポツダム協定（ヨーロッパの戦後処理に関する協定）で合意されており、ナチ党とドイツ軍の解体、戦争犯罪人の処罰、ナチと軍国主義者の公職追放、ナチズムと軍国主義教育の廃止、地方自治の復活、労働組合と民主主義政党の認可などの再建措置であった。分割占領は平和条約が締結されるまでの暫定措置と考えられていたが、朝鮮半島と同じように東西冷戦を背景に一九四九年九月米英仏占領地域にドイツ連邦共和国（西ドイツ）が、一〇月にはソ連占領地域にドイツ民主共和国（東ドイツ）が樹立され恒久的な分断へと向かうことになる。一九五二年に調印され五五年に発効した米英仏西側三カ国と西ドイツとのドイツ条約と、五四年ソ連の占領終結宣言により東西両ドイツの主権は回復するが、同時に東ドイツはワルシャワ条約機構に、西ドイツは北大西洋条約機構に組み込まれるなど東西ドイツの分断が事実上固定化された。

　ドイツの戦争犯罪人処罰は、一九四五年八月米英仏ソが署名したロンドン協定とその付属文書である国際軍事裁判所条例（ニュルンベルク条例）に基づきニュルンベルク国際軍事裁判所で行われた。裁判は米英仏ソ各一名の計四名で裁判官が構成され、裁判所条例六条が規定した「平和に対する罪」（a項）、「通例の戦争犯罪」（b項）、「人道に対する罪」（c項）が裁かれた。一九四五年一一月二〇日に開廷し四〇〇回を超す公判を経て翌年四六年八月に結審、同年九月三〇日から一〇月一日の二日間にわたって絞首刑一二名、終身禁固三名、有期禁固（一〇年～二〇年）四名、無罪三名の判決が言い渡され幕を閉じた。ニュルンベルク裁判終了後、アメリカ占領地区では引き続き重要戦犯容疑者に対する一二の裁判が開始された。一般に「ニュルンベルク継続裁判」(一九四六年一〇月二五日～四九年四月一四日)と言われ、連合国管理理事会法第一〇号(戦争犯罪、平和に対する罪および人道に対する罪を犯した者の処罰に関する法・一九四五年一二月二〇日公布)に基づく裁判である。アメリカ単独による裁判となり、官庁、司法、軍、親衛隊、企業による経済的略奪や大虐殺、人体実験などの実行犯および管理、協力などナチの犯罪行為を支えた政府官僚、エリート集団、企業関係者らが裁かれた。結果、一四二人に絞首刑、終身刑、有期刑が下されそのうち一一九人は「人道に対する罪」によって処罰された。また他の占領地区でも裁判が行われた。西側地区では五〇〇〇人が有罪となり八〇六人が死刑判決を受け、ソ連地区では一万人に有罪判決が下された。ポーランド、チェコスロバキア、ユーゴスラビア、オランダなどドイツ勢力下にあった被害各国でも被疑者が送られるなどして裁判が開かれ、推定五万人のドイツ人が外国の軍事法廷で有罪判決を受けている。

日本を極東アジアにおける「反共の防壁」とするため速やかな復興を目指したように、アメリカはドイツに対しても厳しい賠償や経済制裁を排除し経済援助を与えることで西側陣営に引き入れていった。アメリカの非懲罰的態度は、当然、ニュルンベルク裁判にも反映された。しかし、ニュルンベルク裁判に対する様々な批判は可能であろうが、同裁判の結果として人類が共有すべき重要な諸原則が確立されたことは特筆すべきである。植民地や勢力圏獲得のために戦争という手段を制限しなかった伝統的国際法が否定され、「戦争は本質的に悪事」であり、また「侵略戦争に訴えることは、たんに違法であるだけではなく犯罪でもある」とニュルンベルク裁判は判決を下した。ドイツと日本はともに「事後法の適用は罪刑法定主義に反する」と主張したが、しかし「国際法は変化する」ものとして伝統的国際法の立場からではなく、国際法発展の観点から歴史的意味を持つものとして評価されている。ニュルンベルク判決直後の一九四六年一二月、第一回国連総会は「ニュルンベルク裁判所の条例および判決によって承認された国際法の諸原則を確認する」決議を全会一致で採択し、一九五〇年国際法委員会はそれをニュルンベルク諸原則として採択した。ニュルンベルク諸原則は、「平和に対する罪」「通例の戦争犯罪」「人道に対する罪」を国際法上の犯罪として確立し、これらの犯罪を犯した者は処罰されること、国内法が刑罰を科していなくても国際法上の責任は免れないこと、また、上官の命令に従った行動であっても道義的選択が事実において可能であった場合（他の選択が現実的に可能であったとき）は責任を免れないことを確認した。さらに「人道に対する罪」は、一九四八年国連第三回総会でジェノサイド条約（集団殺害罪の防止および処罰に関する条約）となって採択され、第一条で「集団殺害が、平時に行われるか戦時に行われるかを問わず、国際法上の犯罪であることを確認し、これを防止しおよび処罰することを約束」した（二〇〇五年六月現在当事国数一三七カ国。日本は非当事国）。

ニュルンベルグ裁判は、強国による侵略戦争を正当化してきた従来の国際法を脱し、裁判史上初めて侵略戦争を犯罪と認定する新たな法的枠組を作りあげた。すなわち「戦時・平時を問わず」ある人間集団を政治的、人種的、民族的、宗教的その他のいかなる理由からも虐殺し肉体的・身体的危害を与え生活条件を破壊する行為は「犯罪者の身分を問わず」「自国民であろうと他国民であろうと」「国際法廷あるいは国内法廷において処罰される」ことを判例化した。国際人権法の新たな基準の構築が持つ歴史的意義は計り知れない（一九六八年国連総会では戦争犯罪、人道に対する罪、集団殺害などに時効は適用されないとした戦争犯罪時効不適用条約を採択）。

ニュルンベルク裁判と東京裁判を比較するとき、このような「人道に対する罪」が東京裁判では軽視または黙殺されたことは明らかである。日本軍あるいは日本政府（朝鮮総督府を含め）による、朝鮮半島をはじめとするアジア諸国に対する非人道的行為（朝鮮人強制連行、強制労働、朝鮮人「従軍慰安婦」、七三一部隊の行為などは「人道に対する罪」に該当するが結果として免責された）が軽視または黙殺されたのである。「東京裁判でもBC級裁判でも日本軍の『慰安所』設置が組織的なものであり、アジア・太平洋全域から女性を拉致・徴募し、かかる慰安所で性的奴隷として強制労働させていたことが調査を通じて十分証拠づけられながら、性奴隷化の罪で起訴された日本軍指導者はひとりもいなかった」（芝健介「国際軍事裁判論」、岩波講座『アジア・太平洋戦争8』）ことによって東京裁判は重大な問題を残して終結した。

（2）国家賠償とナチズム被害補償

第二次世界大戦後、西ドイツでは自らの手でナチス戦犯に対する追及を行い、それにもましてナチスによって被害を受けた人々への補償にもいち早く取り組んできた。それは戦争と侵略をどう自覚し、その責任をどう果たすのかということであり、これがドイツの「過去の克服」での一貫した姿勢であった。「過去の克服」は、ナチス・ドイツによって被害を被った国々と人々への謝罪と補償、ナチス戦犯に対する永遠の追及、ナチス時代への教育という三つの方向で行われてきた。

西ドイツの戦後補償は大きく国家賠償、ナチズムの被害者に対する補償、国民に対する補償、「忘れられた犠牲者」の補償に分けることができる。

東西ドイツ分裂により連合国との平和条約の締結はドイツ統一まで保留され、したがって国家賠償に関しても西ドイツは基本的に繰り延べを主張した。たとえば、一九五三年二月ドイツに対する債権国とドイツとの間で締結されたロンドン債務協定は、ドイツの交戦国、被占領国と地域およびその国民の戦争被害に対する対ドイツ請求権は全ドイツの平和条約締結まで延期されるとして責任の先送りを行ってきた。

ソ連は一九五八年八月、東ドイツとの間で賠償免除の取り決めを行い、続いてポーランドも賠償請求を放棄する声明を発表した。ドイツの旧同盟国であるルーマニア、ブルガリア、ハンガリーはすでに四七年二月米英仏ソ四カ国との平和協定で、対ドイツ請求権を放棄しておりロンドン債務協定であらためて確認していた。オーストリアは一九三八年にドイツに合併されており、一九五五年七月米英仏ソ四カ国との平和条約で、対ドイツ請求権の放棄に同意していた。西ドイツはこれを根拠に、オーストリア国民はドイツに対する補償請求権を有しないと主張したが、オーストリアはナチスの迫害を受けたときはドイツ国民であったのだから、ドイツ国民に適用している戦争被害補償を行うべきであるとした（国籍移行法によって一九四五年四月二七日ドイツ国籍からオーストリア国籍を回復、同時にドイツ国籍選択権も付与）。交渉のすえ一九六一年一一月クロイツナッハ協定が結ばれ、ドイツはオーストリアに九五〇〇万マルクの補償を行うことを決め、両国間には「併合時代に帰せられる問題はもはや存在しない」との「解決条項」を協定に挿入し最終的決着をみた。

ナチズム被害補償の起点となったのは、一九五二年西ドイツとイスラエルの間で締結されたルクセンブルグ協定（イスラエル条約）である。建国当初のイスラエル政府に三〇億マルク、また対ドイツ賠償ユダヤ人会議（ユダヤ人被害者を代表する国際組織）に四億五〇〇〇万マルクを支払うというものであった（六六年支払い終了）。ナチズム被害補償の柱をなすのは、一九五六年六月に制定された連邦補償法（ナチスの迫害の犠牲者のための補償についての連邦法）である。同法第一条一項は「ナチズム迫害の犠牲者とは、ナチズムに政治的に敵対するという理由から、もしくは人種、信仰または世界観上の理由から、ナチズムの権力措置によって迫害され、それによって生命、身体、健康、自由、所有権、財産について、もしくはその職業上、または経済上の成功に関して被害を受けた者である」と規定した。補償対象は本人だけではなく近親者として迫害された者、殺害された遺族、間違って迫害された者が含まれた。ユダヤ人については「集団的迫害」として被害者が迫害の事実を立証する必要はなかった。補償は金銭給付が基本で一回あるいは終身給付が実施され、他に医療や介護給付、低利の生活再建資金の提供が行われた。申請手続きはすでに終了しているが二一世紀に入っても支払いは続いている。

ところで、従来の考え方によれば主権国家が自国民（ドイツ国籍ユダヤ人を含め）に対して迫害を加えることは国際法上の不法行為を意味しなかったが、西ドイツが「人道に対する罪」への責任を果たすために連邦補償法による被害者救済に乗り出したことは注目に値する。これとは対照的に、日本の裁判所は、被害国国民の戦後補償訴訟なかでも朝鮮人関連では「かつて日本臣民（「自国民」）であったから、日本国家による不法行為は「適法」（国家無答責）であるとして被害者の訴えを退けている。

もっとも連邦補償法に問題がなかったわけではない。同法は受給資格を制限するために適用範囲を基本的に西ドイツに住所を有する者などに制限していた（属地主義）。たとえば東ドイツ在住被迫害者や外国籍保有者でドイツ領外で迫害を受け戦後ドイツ領に滞在したことのない者、またドイツと外交関係のない国の者やさらには迫害時から今日まで共産主義を信奉する者などを補償対象外とした。また、申請事務手続きも煩雑で受給されずに亡くなった人もいる。一九六五年に補償の最終申請期限を六九年一二月三一日までとする同法の改正が行われ連邦補償法終結法として最終的決着がはかられた。補償申請は各州に設けられた補償官庁で行われ、不服があれば補償問題を専門的に扱う裁判所で争うことができるが、認定基準が厳しく裁判では容易に認められないとして批判された。

他方、属地主義の採用によって補償対象から除外された西側諸国のナチス被害者に対して、西ドイツ政府は一九五八年一二月西側諸国の請求権についてはロンドン債務協定によって認められず任意給付だけが問題となる、その場合でも西ドイツの給付能力を考慮し典型的なナチスの不法行為に対する補償に限定されるべきである、人種的迫害に対してはすでにユダヤ人会議に四億五〇〇〇マルクが支払われていることを考慮すべきである、との覚書を発表した。これを前提に西ドイツと西側一二カ国のナチス被害者との補償交渉が開始され、二国間協定（包括補償協定）を締結することで補償問題の解決がはかられた。補償対象者を約二〇万人とし一括概算によって各国への補償が行われた。他にも連邦返済法（一九五七年施行）によってナチス・ドイツや、その関連機関によって没収・略奪された財産の返還・賠償が行われ州による補償なども進められた。

東欧社会主義諸国のポーランド、チェコスロバキア、ハンガリー、ルーマニア、ユーゴスラビア、アルバニアについては七〇年代以降、西ドイツとの外交関係が樹立するなかで補償要求が浮上しはじめた。東欧諸国はすでに西ドイツに対する国家賠償を放棄していたが、国家賠償と個々人の補償は区別されとくにナチス犠牲者への補償は行われるべきであると主張した。西ドイツは誠意ある態度を示すために一九六一年から七二年にかけてナチス犠牲者への補償を行った。ユーゴに八〇〇万マルク、ハンガリーに六二五万マルク、チェコに七五〇万マルク、ポーランドに一億マルクを支払った。他方、第二次世界大戦中、ドイツに連行され強制労働に従事させられた八〇〇万人といわれる労働者への補償問題も提起された。その多くはポーランド人であった。西ドイツは、強制労働は「戦争と占領支配の一般的な随伴現象」で「国家賠償」に属す問題であり、ロンドン債務協定によって賠償問題が最終的に整うまで留保されているとした。このような態度は西ドイツ内でも紛糾したが、ドイツ統一後の九二年にドイツ政府とポーランド政府はナチス犠牲者と強制労働者への補償を実施する「和解基金」を設立しドイツは五億マルクを拠出した。九三年には対ソ戦の戦場となったロシア、ベラルーシ、ウクライナの三カ国との間で「和解基金」が設立され、ナチス被害補償の最終的決着として合計一〇億マルクを支払うことで合意した。

八〇年代には「忘れられた犠牲者」の補償問題が表舞台に登場した。ナチス犠牲者だけではなく、社会的に「価値の低い人間」としてナチスによって非人間的な蛮行を加えられた人たちである。安楽死の犠牲者、ホモセクシュアル、兵役拒否者など「非社会的人間」として特別刑法によって処罰された人、強制断種させられた人たちである。八八年三月西ドイツは「新要綱」（一般的戦争結果法の枠内におけるナチス的不法の措置の犠牲者に対する苛酷給付に関する要綱）を作成し補償に乗り出した。さらに戦時中、ヨーロッパ各地からドイツとその占領地に連行され苛酷な労働を強いられた強制労働被害者たちの一連の訴訟や訴えを背景に、二〇〇〇年八月にはナチス・ドイツ時代の強制労働被害者に対する補償財団「記憶・責任・未来」基金が設立され（ドイツ政府とドイツ企業一二社の協同出資で、政府五〇億マルク、企業五〇億マルクの計一〇〇億マルク。当時のレートで約三〇〇〇億円）、被害者救済のための補償が翌年からはじまった（一人当たり約三〇万円から最大八〇万円）。基金はドイツ企業の強制労働に対する法的責任は認めなかったが、過去の不正に対する道義的・歴史的・政治的責任を明確に承認し被害者の損害賠償請求の終結を確認した。〇六年六月の基金報告書によると、ポーランド、チェコスロバキア、ウクライナ、ロシア、ベラルーシ、ラトヴィア、リトアニア、エストニア、アメリカをはじめとする世界各国で生存する強制労働被害者に事実上の個人補償が実施され、強制収容所での人体実験被害者、財産没収などの経済的被害者、生命保険未払者の遺族なども対象に補償が行われている。〇七年六月同基金の任務を完了する式典がドイツ大統領府で行われ、この間一六六万人に総額七〇四〇億円が支払われたと報告された。

〇三年にドイツ連邦政府がまとめた資料によると、一九五二年のルクセンブルグ協定から五〇年間にドイツが支払った補償・賠償総額は六〇四億四六〇〇ユーロ（約九兆六六九億円）に達してい

表 21　ドイツの戦後補償・賠償（1991 年 1 月現在）

	法的枠組	補償対象等	金額(マルク)
第三国との合意に基づく補償	イスラエルとのルクセンブルグ協定 1952	ナチスにより迫害を受けたユダヤ人（右ユダヤ人のイスラエルにおける居住実現等が目的）	約 35 億
	包括協定等（*注 1）	ナチス行為により被害を受けた各対象国国民	約 28 億
連邦法による補償	連邦補償法 1956 制定、1966 改定	ナチスによる被害者で独第三帝国領域に居住していた者。国籍を問わない（人的損害に対する補償）	約 796 億
	連邦返還法 1967	ナチスにより強制的に没収された動産及び不動産等物的損害についての補償	約 40 億
	補償年金法 1992	旧東独におけるファシズムへの抵抗者及びその犠牲者に対する年金を継続し、さらに旧東独におけるナチス迫害の犠牲者に対する補償を実施	約 10 億
	その他の法律に基づく給付（*注 2）	上記に含まれないその他の給付	約 86 億
その他	各州が独自に行う補償措置	連邦法の枠外で、各州はそれぞれの州法に基づき、ナチスの被害者に対し独自の補償を行っている	約 25 億
	各種苛酷緩和規定（*注 3）	その他、特に苛酷なケースと見られる事例に対する緩和規定等	約 23 億
			以上、合計 1043 億（*注 4）

（注 1）西欧 12 か国（ルクセンブルク、ノルウェー、デンマーク、ギリシャ、蘭、仏、白、墺、伊、スイス、英、スウェーデン）との包括協定（1959 － 64 年、9.8 億マルク）、東欧 4 か国（ユーゴ＝当時＝、ハンガリー、チェコスロバキア＝当時＝、ポーランド）との補償協定（61 － 72 年、但しナチスの人体実験による被害者のみ対を対象、1.3 億マルク）、独米包括協定（1995 年、0.4 億マルク）、ポーランド、ベラルーシ、ロシア、ウクライナとの「理解／和解基金」（91 － 93 年、15 億マルク）、独・チェッコ未来基金（97 年、1.4 億マルク）を含む。

（注 2）公職従事者に対する補償（78 億マルク）及び国籍を理由とした迫害によって身体に障害を受けたものに対する給付。

（注 3）ユダヤ・クレーム会議との合意に基づく拠出（92 年、12.9 億マルク）、ナチス犠牲により戦後難民となった者に対する UNHCR との合意に基づく拠出（0.69 億マルク）及びその他閣議決定等に基づき支払われた各種苛酷緩和措置等を含む。

（注 4）今後さらに約 230 億マルクの追加支出が見込まれている。

（ドイツの戦後補償ＨＰ）

る。同年、ドイツ連邦財務省は「ナチスの犯罪に関する賠償金の支払いは、被害者が生きている限り続く」としており、少なくとも二〇三〇年まで支払が継続するとされている（表21参照）。

（3）「ナチス犯罪追及センター」「歴史教育」

多角的な国家賠償と被害者補償、そして連合国という「外から」の国際軍事裁判だけではなく、主権回復後も西ドイツは自らの手による「内から」の徹底した非ナチ化を推進した。そのひとつが一九五八年に設立された「ナチス犯罪追及センター」である。同センターは西ドイツ全州から資金提供を受け、ナチス犯罪の資料収集、容疑者リストの作成、起訴準備を目的に西ドイツ一一州検察当局の合同体制によって活動する。また、刑法に「人道に対する罪」の規定を盛り込み、ドイツ人自身（司法）の手によってナチス戦争犯罪人を追及し、捕らえ、裁判を行ってきた。同センターは、一九九八年までの四〇年間に一〇万七〇〇〇件の容疑者に対する捜査を行い、そのうち七一八九人に有罪判決が下されている。現在、捜査継続中の対象者もかなりの数にのぼる（センターは二〇〇〇年に捜査機関としての役割を終え、連邦公文書館の一部としてナチスの犯罪に関する膨大な資料が公開されている）。ナチス犯罪の時効停止も幾多の曲折を経ながら段階的に進められ、九七年には「ナチス犯罪（殺人）の時効を廃止し永久に追及する」（西ドイツ刑法「謀殺罪」は二〇年で時効が成立）国会決議を行った。以来、半世紀以上が過ぎた今でもナチスへの追及の手は緩められていない。事実、二〇〇二年七月ハンブルグ地裁は、イタリア人捕虜五九人を殺害した元ナチス親衛隊将校フリードリッヒ・エンゲル被告（九三歳）に禁固七年の有罪判決を言い渡した（日本は他者の手による東京裁判、BC級裁判以外に自らの手で戦争犯罪人を処罰した例は皆無に等しい）。行政的にはナチス関係者や賛同者の公職追放を行った。また、法律によってナチスを肯定する極右政党やグループの活動を禁止し、「アウシュビッツの嘘」（「ホロコーストは作り話」「処刑用ガス室は存在しない」などナチス犯罪を否定する総称）のような出版物は発禁処分となっている。

「国民扇動罪」＝一九六〇年、刑法一三〇条として新設。同規定は他の市民に対する憎しみを煽ったり、人間の尊厳を傷つける発言を禁じている。最高五年の禁固刑に処せられる。「アウシュビッツの嘘」などを広く流布する言動はこの規定に抵触するとされる。

他方、ナチス犯罪の風化を防ぐために「加害への反省施設」や「加害記念碑」がドイツ各地に設けられ、ナチズム再来を防ぐための歴史教育、時代を超えて過去と向き合う取り組みが具体的に行われてきた。ドイツハンブルグ郊外にある「ベルゲン・ベルゼン」強制収容所（「アンネの日記」を記したアンネ・フランクが殺害された収容所）には、当時の生々しい写真や遺品、連行された地域や人数が一目でわかるようになっており、ワイマール市の「ブーヘンヴァルト」強制収容所はあまりの広さに一日でまわることさえできないそうである。強制収容所に向かう一キロメートルを超える道路には一八の塔門があり、塔門にはフランス、ソ連、ポーランド、チェコスロバキアなど犠牲になった一八カ国の国名が刻まれている。他にもミュンヘン郊外の「ダッハウ」をはじめ強制収容所跡地が保存され、ナチス時代の歴史博物館が建てられ、そこには校外学習の一環として多くの学生たちが訪れる。また一九九九年ドイツ連邦議会は、ナチス政権崩壊五〇年を記念して五〇〇〇万マルクの予算を計上し、新たな追悼記念碑建設財団の設立を決議した。六〇〇万人におよぶユダヤ人犠牲者の大半は墓石もなく、碑は彼ら被害者を追悼するもので、場所は大使館や高級ホテルが建ち並ぶ首都の中心ブランデンブルグに決定された。正式名称「虐殺された欧州ユダヤ人の追悼記念碑」、敷地は一万九〇〇〇平方メートルである。ユダヤ人建築家の設計で、墓標を想像させる二七〇〇個の大きな長方形コンクリートの石柱が格子状に配置されている。地下にはユダヤ人の苛酷な生活風景が展示され、犠牲者のデータが検索でき、追悼の部屋も設けられている。六年の歳月を費やして完成し〇六年五月に記念式典が開かれた。こうした施設はドイツ語で「マーンマル（Mahnmal）」と呼ばれ、その意味は「過去の犯罪や問題について現代そして未来の人々に警告するための碑」である。

なかでも特筆すべきはドイツにおける歴史教育である。ポーランド南部にはアウシュビッツの代名詞として世界遺産に登録されている「アウシュビッツ・ビルケナウ」強制収容所が保存されているが、ホロコーストが行われたポーランドと、西ドイツ合同の教科書会議は、教育における「過去の克服」と次代を担う世代への「平和」と「和解」への道を模索する出発点となった。一九七二年に第一回会議がはじまり七六年に「歴史・地理教科書に関する勧告」が作成され、ドイツ帝国のポーランド政策、第二次世界大戦中におけるナチス占領政策と抵抗運動などドイツによる加害の歴史の記述についての指針が示された。重要なことは、この指針がナチスによるポーランドへの加害行為を伝えることにとどまらず、それを招いたドイツ人の歴史認識を正し、他民族への偏見を解消することに力を入れていることである。

これらの過程と成果を踏まえ、ドイツにおける現代史教育においてナチス時代は非常に重視されている。ドイツ大手教科書出版社のひとつコーネルゼン社の歴史教科書（日本でいう小学校高学年から中学生が対象）は、「第二章ナチ暴力支配」と題して全一五一ページ中約五〇ページを占めている。項目は「ナチ党の台頭」「ナチ独裁の成立」「国民の統制」「ユダヤ人迫害」「抵抗」「第二次世界大戦への道」「大戦勃発」「大戦中の人種主義」「ヨーロッパにおける大戦終結」「今日の右翼」となっており、それぞれ説明と生々しい当時の写真や証言、殺害人数などの史料を掲載し、「ナチ体制下で何があったのか」だけではなく「なぜ起きたのか」という生徒への問いかけで編纂されている。シェーニング・シェーデル社の通史教科書（日本でいう高校生から大学生が対象）は「ナチ独裁は過去のものであるが、われわれの歴史の一部であることに変わりはない。……イデオロギー的幻惑、無知、卑怯から全国民が足を踏み誤らされたのである。そのような幻惑の原因を知り、その過去を克服することは常に新しい課題であり続けている」と、ごく普通の人間がナチズムに冒される危うさに警笛を鳴らしている。「現在のドイツでは、歴史教育の対象はナチの暴力支配を経験した世代から直接には経験していない第二世代、さらに第三世代、第四世代へと移っている。今日、ナチの過去に関する教育を行うときに重視されているのは、狭義の歴史教育としての側面に加えて、『ナチの過去を持つ国に生まれた者としての責任を自覚させる』ことである。つまり、ナチの過去に関する教育を通じて、青少年にみられる排外主義や極右思想への傾倒に対抗することが意識されているのである」（川喜田敦子『ドイツの歴史教育』）。

ドイツでは教育方針の決定権を州がもっており、州ごとに様々な内容の教科書が出版されている。しかし、州政府がどのような政党で構成されていようと、ナチス時代について正確かつ詳細に教える点では違いはなく、この条件を満たさない教科書がドイツで認可されることはないという。

3 「歴史家論争」と「自由主義史観」

西ドイツにおいて「過去の克服」はなんの抵抗もなく行われてきたわけではない。東西冷戦により、連合国の非ナチ化は不十分に進められ、実刑を下された戦争犯罪人の恩赦や容疑者の無罪判決が進み、ナチ関係者の公職追放が解除され再雇用の法制化による旧職業軍人、公務員（ゲシュタポと武装親衛隊の正規メンバーを除くナチ派たち）が復権を果たした。ホロコーストを支えた反ユダヤ主義の根絶はおろか、むしろ反ユダヤ主義が公然と口にされ、東部ドイツ領からの暴力的追放や連合国による「懲罰」、東西ドイツ分断などによる被害者意識が助長され、それが反ソ反共政策と結びつきながら徐々にナチス時代の勢力が頭をもたげてきた。一九四九年には元ナチス党員によって社会主義帝国党が結成され（翌年憲法違反として活動禁止）、五三年にはニュルンベルク人種法のコンメンタールを作成したグロプケがアデナウアー内閣の官房長官を務め、五九年末から翌年初めにかけては西ドイツ全土のユダヤ人墓地が荒らされる事件が起きた（八三三件）。八〇年代には西ドイツが経済大国から政治大国へと向かうなかで、「大国にふさわしいドイツ像」が社会の一角でとなえられはじめるなどナチス時代の残影が色濃く漂ってきた。

ニュルンベルク人種法＝ユダヤ人とそれ以外のドイツ人との婚姻の禁止、ユダヤ人の参政権など社会的権利の剥奪というユダヤ人差別を合法化した「ドイツ人の血と名誉を守るための法」および「帝国公民法」。一九三五年制定。

しかし、それらに常に異をとなえ冷静に過去と向き合いながら、様々な施策を講じナチス再発の防止に取り組んできたことも事実である。その大きな節目のひとつが一九八六年の「歴史家論争」であったと言えよう。

「歴史家論争」は戦後三〇年が過ぎ去る時点においてもなおナチズムの根を断つことがいかに容易でないかを物語る出来事であった。保守派知識人を代表する歴史家エルンスト・ノルテは「過ぎ去ろうとしない過去」(『フランクフルター・アルゲマイネ』紙一九八六年六月)と題する論文を発表し、ナチズムの過去はますます生き生きとしているが「それは模範としてではなく、悪しき事例としてであり、まさしく現在として立ちはだかる過去、裁きの剣のように現代の頭上に吊り下がっている過去としてなのだ」と臆面もなく記した。そして「迫害された人々とその子孫が永く特別に取り扱われ、特権化されている」とし、さらにナチズムのユダヤ人大量虐殺、強制収容所はひどいかもしれないが、ソビエトの「収容所群島」、ボルシェビキの粛清、最近のカンボジア(ポル・ポト政権)

やアフガニスタンでの虐殺行為も同じではないかと、ナチス犯罪行為をそれらと「同等に取り扱う」(「ナチズムの過去の罪と責任の相対化」)ことで「もう終わりにしよう」と唱道するのであった。哲学者ユルゲン・ハーバマスは「一種の損害補償」(『ツァイト』紙一九八六年七月)を発表するとノルテをはじめナチス時代を弁護し、その犯罪を軽減しようとする歴史家らに真っ向から反論を加えた。ハーバマスは、他国も同じようなことをしているという理由で自分たちの犯罪を免罪させることはできないし、ナチスの「ユダヤ人根絶の唯一無比な独自性」を鋭く指摘した。そして「公共圏において、また政治教育の場において、博物館や歴史教育において、自己弁護的な歴史像の形成は、直接的に政治的問題となる。はたして我々は、歴史的比較の助けを借りて、薄気味の悪い貸借相殺計算を行って、ドイツ人の危険負担共同体の責任を逃れようとしていいものなのだろうか」と「現代史の記述に生じた修正主義を政治の場で実現」しようとする言動やドイツ国民の被害(ドレスデンの爆撃)や他国の加害を取り上げて犯罪行為を弁護する「相殺の勘定書」に警笛を鳴らし続けた(「歴史の公的使用について——ドイツ連邦共和国の公式の自己理解が壊れつつある」『ツァイト』紙同年一一月)。

同じ時代、日本では国家関与としての文部省の歴史教科書検定によって、アジア諸国への「侵略」が「進出」に書き換えられていた(八二年)。内外の激しい批判の前に、教科用図書検定調査審議会は「アジア諸国との国際理解・国際協調の見地から必要な配慮を」という「近隣諸国条項」を発表し、一時期、歴史教科書に加害行為の記述が増えるが、他方では首相となった中曽根康弘は東京裁判で押しつけられた歴史観を捨て去り、経済大国となった日本は国際的役割を果たすべきであるとの「戦後政治の総決算」を表明、現職首相として初めて靖国神社を公式と明言して参拝した（八五年）。また、文部大臣藤尾正行が「日韓併合は合法」「韓国にも責任はある」として罷免（八六年）、国土庁長官奥野誠亮の「戦前は白色人種がアジアを侵略した」「日本だけが悪いとされた」（八八年）などの妄言が繰り返されるなど八〇年代から「歴史の修正」「国民的記憶の書き替え」が公然とはじまった。

九〇年代に入り冷戦構造が崩れアジア諸国で民主化が実現していくなかで、歴史の外に葬られていた被害者らによる戦後補償裁判がはじまるが（九一年、日本軍の犠牲となった朝鮮人元「従軍慰安婦」として初めて金学順さんが名乗り出たのが皮切りとなった）、同時に日本におけるネオナショナリズムと言える「自由主義史観研究会」（九五年、従来の日本史は「自虐史観」であるとし「大東亜戦争」を肯定）が登場し、「南京大虐殺」の歪曲や「従軍慰安婦」問題の教科書への記述に猛反対する「新しい歴史教科書をつくる会」（九七年）が発足する。やがて「従軍慰安婦」をはじめとする日本の加害行為の記述が歴史教科書から大きく後退していくなか、「日の丸」「君が代」の法制化（九九年）へと進み、「有事法制関連三法案」（〇三年）が成立し、「戦後レジームの脱却」（安倍政権）を掲げての教育基本法の改正（「愛国心教育」〇六年）と「改憲（九条改廃）」を前提にした国民投票法案の制定（〇七年）という段階にいたっていく。その意図するところは結局、日本の侵略行為を否定し戦争犯罪の免責を求めるものであるが、それはかつての日本の侵略と植民地支配のイデオロギー的原型を根底に置いた日本特有のナショナリズムの台頭といえよう。他方において「……二〇〇二年九月一七日に日朝国交正常化のために小泉首相が訪朝して以後、いわゆる拉致問題が焦点化すると、北朝鮮に対する敵対感情がメディアによって広範に醸成された。女性国際戦犯法廷の報道に対する禁忌とは対照的に、家族会や救う会については、それを批判したり相対化したりする視点を抑圧して、圧倒的頻度で『国民的悲劇』として報道されることが続いた。『敵』としての北朝鮮に対する排外的な情動は、『歴史修正主義』がさらに浸透する土壌となり、アジア・太平洋戦争像のみならず、戦後史における帰還運動や在日朝鮮人の姿についても、その理解の水準を大きく後退させる事態を招いた」（岩崎稔・シュテフィ・リヒター「歴史修正主義──一九九〇年代以降の位相」、岩波講座『アジア・太平洋戦争1』）のである。

ドイツでは「歴史家論争」を締めくくるように、一九八七年ジャーナリストのラルフ・ジョルダーノが『第二の罪──ドイツ人であることの重荷』を発刊した。ジョルダーノは、「第一の罪」とはヒトラー政権下でドイツ人が犯した侵略、虐待、虐殺の罪であり、「第二の罪」は「殺されたのは六〇〇〇万人ではない」「ヒトラーがしたことは悪いことだけではない」「他の連中も罪を犯した」「もういい加減にしてくれ」などの「情動」に象徴されるが、その根は戦後になって「第一の罪」を隠ぺいし、歪曲し、黙殺することであると指摘し、歴史の前にドイツ人が負っている戦争責任・戦後責任の「重荷」を記した。日本とは対照的に戦後ドイツは米英仏ソ四カ国の分割統治下に置かれ、ナチスの被害を被った国々に囲まれることで、ナチスの歴史を謝罪し誠実に補償を行う道を外的に迫られたことは事実である。しかし、それ以上にドイツは自ら「過去の克服」に積極的に取り組んできたことも事実である。ドイツも日本もともに非戦と平和を訴えてきたが、しかし日本はそれを「ヒロシマ・ナガサキ」（「被害者意識」）で語り、ドイツは「アウシュビッツ」（「加害の罪」）で語る。一九八五年五月戦後四〇年に際し「ドイツの敗戦」ではなく「ナチ政権の成立」を振り返ることを訴え「始まりを思い返すことなく終わりを語ってはならない、加害と切り離して被害の過去のみを想起することがあってはならない」と、西ドイツ大統領ヴァイツゼッカーは演説を行ったが、同じ頃、ソウル大教授白忠鉉は一九〇五年の「乙巳条約」を合法とし、証拠の隠滅という方法で処罰から逃れ、謝罪と補償を明確に行わない日本政府をして「かつての日本政府と共犯者である」と批判した。

日本政府は一九〇五年「乙巳条約」締結以来、植民地支配を実施し言語を絶する苦痛と被害を朝鮮半島の人々に与えてきた。戦後処理においては、その犯罪行為を隠蔽し正当化してきたが、過去の被害に苦しみながら今も生きる朝鮮人被害者とその肉親は数え切れない。二一世紀にも続いている、日本政府を相手にした戦後補償訴訟はこうして起きているのである。

第5章　朝鮮人戦後補償訴訟

1　歴史的・法的・道義的責任

九〇年代にはいり冷戦構造が崩れアジア諸国では民主化が実現するなかで、朝鮮人被害者による訴訟が相次いだ。

「韓国太平洋戦争遺族会国家賠償請求訴訟」（九〇年＝以下提訴年）、「日本鋼管損害賠償請求訴訟」（九一年）、「アジア太平洋戦争韓国人犠牲者補償請求訴訟」（九一年）、「朝鮮人BC級戦犯者補償請求訴訟」（九一年）、「浮島丸被害者国家補償請求訴訟」（九二年）、「対不二越強制連行労働者未払賃金等請求訴訟」（九二年）、「釜山従軍慰安婦・女子挺身隊公式謝罪・損害賠償請求訴訟」（九二年）、「光州千人訴訟」（九三年）、「日本製鉄徴用工遺骨・未払金返還損害賠償等請求訴訟」（「釜石製鉄所訴訟」九五年）、「三菱広島元徴用工被爆者未払賃金等請求訴訟」（九五年）、「日鉄大阪製鉄所元徴用工損害賠償請求訴訟」（九七年）、「三菱重工名古屋朝鮮人女子勤労挺身隊賠償請求訴訟」（九九年）、「韓国人徴用工供託金返還請求訴訟」（二〇〇〇年）、「韓国人元軍人・軍属遺族靖国合祀・遺骨返

還・損害賠償等請求訴訟」（〇一年）などである。戦後補償訴訟は、強制労働、未払賃金、朝鮮人元「慰安婦」、朝鮮人被爆者、旧日本軍朝鮮人軍人・軍属などを含め朝鮮人関連で約四〇件を数える。中国、台湾などを含めるとおよそ一〇〇件にのぼる。一部に和解が成立したがほとんどが原告敗訴に終わっている。日本政府と企業を被告とした一連の訴訟の背景には、アメリカの極東戦略の下で日本の戦争責任・植民地支配の責任が曖昧にされ、日本自らもそれを巧みに利用し逃れてきた歴史的経緯があり、また韓日国交正常化交渉では妄言を繰り返す日本政府と「経済協力」という名の一括妥結で謝罪と補償を不問に付した戦後処理がある。

被害者の訴えに対する日本政府および裁判所の基本的立場は大きく三つである。一つは、「韓日条約」によって「完全かつ最終的に解決済み」というものである。

一九五一年、連合国と日本との間で締結された対日講和条約は、旧植民地に対する日本の補償、賠償問題に対して「日本国およびその国民」と「現にこれらの地域の施政を行っている当局およびそこの住民」との間の「財産」ならびに「請求権」の処理については「日本国とこれらの当局との間の特別取極の主題とする」（第四条a項）との規定を設けた。要するに二国間で処理しなさいということである。そこで日本は韓国と一九六五年「韓日請求権協定」（「財産及び請求権に関する問題の解決並びに経済協力に関する大韓民国と日本国との間の協定」）を結び無償三億ドル、有償二億ドルで解決を図るが、「請求権協定」第二条一項は講和条約第四条a項を含めて双方「国と国民」の「財産、権利、利益、財産請求権に関する問題」が「完全かつ最終的に解決されたことになる」とし、同条三項でそれらに関して今後は「いかなる主張もすることができない」とした。また、日本政府は日本の管理下にある財産・請求権に対して、どのような措置をとるかは日本政府の決定に委ねられる（韓国内にある日本人の請求権に関しては韓国政府の決定に委ねられる）との同条三項の規定に基づき「法律一四四号」（「財産権および請求権に関する問題の解決ならびに経済協力に関する日本国と大韓民国との間の協定第二条の実施に伴う大韓民国などの財産権に対する措置に関する法律」一九六五年一二月一七日）を制定し、日本国内にある韓国国民の債権を消滅させることでいかなる補償要求もできなくした。

「韓日請求権協定」第二条二項（a）は、一九四七年八月一五日から同協定署名日まで締約国に居住したことがある者の財産、権利、利益には「請求権協定」第二条一項が規定する財産、権利、利益の解決方式は影響をおよぼさないとした。主に在日韓国人を指している。「一九四七年」としたのは、解放二年後には在日朝鮮人の帰国がほぼ完了し、朝鮮と日本との民間貿易がはじまり民間の取引と往来が可能になった時期だからとされている。この規定に基づき韓国政府は、韓国国民の「対日民間請求権補償法」における申告適格者を「一九四七年八月一五日から一九六五年六月二二日（同協定署名日）までの間に日本に居住したことのある者を除く韓国国民」に限定し在日韓国人を除外した。在日韓国人を除いた理由は、彼らの財産などが朝鮮の独立という事実から処理される性格のものではなく、また日本との関係では引き続き日本での社会生活上のつながりを維持しており、経済秩序の維持という点からも除外することが適当とされたようであるが、当時の韓国政府は個人補償に関しては重視しておらず、また在日韓国人に対する棄民政策の反映でもあった。

しかし国際法上、国家は自国民の相手国への権利や請求権に関して、外交保護の権利（国家として相手国に請求する権利）を放棄することができるだけで、国民個人が持つ権利や請求権それ自体を放棄する権利はない。事実、日ソ共同宣言で互いに「国、団体、国民」の「一切の請求権を放棄する」としながら、日本政府は「（放棄した請求権は）日本国民がソ連政府に対して直接個々に請求権を提起されるということまで禁じたものではない」（衆議院予算委、外務省欧亜局長答弁・一九九一年三月）と言っており、「韓日条約」に関しても「これは日韓両国が国家として持っております外交保護権を相互に放棄したということでございます。したがいまして、いわゆる個人の請求権そのものを国内法的な意味で消滅させたというものではございません」（衆議院予算委、外務省条約局長答弁・同年八月）と同じ解釈を繰り返している。国家間の解決と個人の解決は別であるというのが日本政府の見解であり、これは国際法上妥当な判断である。

では日本の裁判所は一連の戦後補償訴訟に対してどのような判決を下しているのであろうか。「韓日請求権協定」によって請求権は消滅しているとの日本政府の主張を踏襲し、同時に「除斥期間」と「国家無答責」の二つを使い分けながら原告の訴えを退けている。

「除斥期間」とは特定の権利の存続期間であり、その期間が過ぎた場合には権利が消滅する。一定期間、行使しなかった場合にその権利を消滅させる「消滅時効」と似ているが、「時効の中断」や「時効の停止」が認められない点で時効とは異なり、また裁判所の判断によって権利を消滅させられるのが特徴である。「除斥期間」は権利（被害）の発生から開始する。民法第七二四条は不法行為から二〇年を経過した場合、損害賠償請求権が消滅するとし、それを「除斥期間」に援用した最高裁判決を一連の戦後補償裁判でも用いて戦後半世紀が過ぎた現在、個人の賠償請求権はすでに消滅しているとする。もっとも「西松建設強制連行訴訟」(中国人強制連行訴訟)で、二〇〇四年七月広島高裁は日中共同声明によって「国民固有の権利」である「請求権を放棄させることは原則としてできない」とし、また被告会社側が主張する「時効」は「権利の濫用」(時が過ぎたからといって一律に権利を消滅させるのは正義に著しく反するという見解)であるとして原告の損害賠償請求を認めた例はある。国家が自分の制度である「除斥期間」を理由に不法行為の責任から免れようとすることは、本来的に許されるものではないということである。「戦後補償で争われているのは、虐殺事件や組織的・集団的レイプ、性奴隷被害者、人体実験、毒ガス事件、強制連行・強制労働など、いずれも〈人道に対する罪〉に値する戦争犯罪である。そもそも日本の時効や除斥期間は、このような場合に、加害者を免罪し、被害者を放置するための制度なのであろうか」(松本克美「時効・除斥期間論の現状と課題」『法律時報』二〇〇四年一月号)と、事の本質を問うことなく形式的法解釈論をもって、しかも明確な法的根拠のない「除斥期間」を用いて被害者敗訴とする裁判所の判決に批判の目が向けられている。

他方で「国家無答責」は、旧日本国憲法下で国の不法行為(権利侵害)に対し、被害を被った個人(国民)の国への賠償請求権を認めないという法理である(言葉を変えれば国は損害賠償責任を負わない)。「国家無答責」に法的根拠はなく判例として適用されているに過ぎない。「浮島丸被害者国家補償請求訴訟」では二〇〇一年八月、京都地裁は生存者一五人に対して強制連行された朝鮮人の安全輸送義務違反として国の責任を認定し四五〇〇万円の賠償を命じる判決を下している。「国家無答責」や「除斥期間」などをもって責任を回避してきた日本政府の主張に裁判所が責任を認めた少ない事例である。日本政府はただちに控訴した。ほとんどの訴訟において裁判所は、強制連行被害者や「従軍慰安婦」らは当時「日本臣民」であり日本の法によって「合法的」に行われたもので、やりすぎはあったかもしれないが、当時の法理である「国家無答責」によって法的責任は問われないとの法解釈を示している。このことは「……戦争中に日本政府によって搾取・虐待された中国や韓国・朝鮮からの強制労働者の補償に関する訴訟が、敗戦後になって国民対非国民の区別に基づいて、日本国家の司法機関によって却下されていることは明記しておく必要がある。つまり、国民差別、民族差別は、戦争中の侵犯行為だけではなく、その侵犯行為の裁判や補償においても、継続的に機能し続けてきているのだ」(酒井直樹『共感の共同体と帝国的国民主義　日本/映像/米国』)と戦後補償訴訟における原告敗訴に投影する植民地主義を鋭く指摘している。

「西松建設強制連行訴訟」最高裁判決＝第二次世界大戦中、強制連行され広島県内水力発電所の建設現場で過酷な労働を強いられた中国人元労働者五人が西松建設を相手に約一七〇〇万円の損害賠償請求を求めた訴訟で、〇七年四月二七日最高裁第二小法廷は「七二年の日中共同声明により個人の損害賠償などの請求権は放棄されており裁判上請求はできない」と原告敗訴を言い渡した。日中共同声明五項は「(中国は)戦争賠償の請求を放棄することを宣言する」と規定し、七八年日中平和友好条約は七二年の共同声明の諸原則の遵守をうたっている。戦後処理に関する二国間「共同声明」などを根拠に、最高裁が被害者の請求権を退ける判決を下したのは初めてである。下級審の多くは「除斥期間」や

「国家無答責」などを援用・適用し原告の訴えを退けてきたが、今回の判決は請求権自体を否定し一連の戦後補償訴訟に幕引きをはかった。判決では、被害事実の認定を行いながら司法による救済の道を閉ざし裁判によらない「被害者救済への努力」を期待するとした。しかし、結果として法的救済手段を失わせた判決である。重大な人権侵害に対しては、条約などによって個人の請求権は放棄されないとの見解は根強く、中国外務省は即日最高裁判決を「不法で無効」であり日中共同声明における「賠償放棄は政治決断だ」との談話を発表した。他方、同日最高裁第一、第三法廷は中国人被害者訴訟（強制連行、強制労働、「慰安婦」訴訟）に対して書面による原告敗訴を決定した。これらの最高裁判決は、すでに日本と平和条約を締結している相手国国民による日本政府および企業を相手にした一連の戦後補償訴訟に強い影響を及ぼすことになる。

一九四七年国家賠償法が制定され「国家無答責」は認められなくなった。現在、南北朝鮮では一九四五年八月一五日以前に朝鮮と日本のあいだで締結された一連の条約の違法性が検証されているが、違法となれば「日本臣民」であったこと自体に「合法性」はなく、したがって「国家無答責」の法理自体が前提条件を失うことになる。他方、国際人道法あるいは慣習法を日本国家は明らかに侵害しており国家責任は存在する、したがって戦後補償裁判で「国家無答責の法理」が介在する余地はなく現在も不法行為が続いており、国際法上時効もなく、それを解除しない限り日本の国家責任は存在するとの解釈もある（阿部浩己「軍隊『慰安婦』問題の法的責任」『法学セミナー』一九九三年一〇月号）。

かつて日本の侵略と植民地支配によって被害を被った人々の訴えを日本政府と裁判所はことごとく退けているが、ドイツでは敗戦国が戦勝国に支払う賠償と個人の受けた被害に対する補償を区別し、すでに一九五〇年代からユダヤ人をはじめナチスの迫害を受けた人々に補償を開始している。アメリカは一九九〇年から戦時中に強制収容された日系アメリカ人に大統領の謝罪の手紙と約二〇〇万円を支払い、補償対象を探す責任も加害者であるアメリカ政府が負っている。また、カナダ政府は一九八八年から戦時中に強制疎開、強制移住を強いた日系カナダ人に謝罪の手紙とともに約二〇〇万円の補償を決定し支給したが、首相マルローニは「償いは言葉と法律を越えて行かねばならない」と言った。戦後四〇年に当たる一九八五年五月、西ドイツ大統領ヴァイツゼッカーは連邦議会で「過去に目を閉ざす者は結局のところ現在にも盲目となります。非人間的な行為を心に刻もうとしない者は、またそうした危険に陥りやすいのです」と言ったが、実際、ドイツはナチス・ドイツの過去と向き合うことで、その国家的犯罪行為との断絶を表明しそのように行動してきた。

植民地や占領地で日本の公権力の関与のもとに徴集された元「慰安婦」や、強制連行により軍需工場や炭坑で苦役を強いられた人たちの実態は違法であり残虐である。朝鮮半島に対する日本国家の加害行為は実在し被害事実も確認され、にもかかわらず彼らに対する救済措置がいまだ講じられていない。これは国際人権法、国際人道法（ハーグ陸戦条約第三条、文民保護に関するジュネーブ条約第二七条など）に違反する行為であり、損害賠償など適切な救済措置を講じる義務を負っている。二〇〇五年一二月国連総会は「重大な国際人権法、国際人道法違反の被害者が救済および補償を受ける権利に関する基本原則およびガイドライン」を採択したが、ガイドラインは国際法上の違法行為の被害者は個人として加害国家に請求権を持つことを再確認し、とくに「時効は、国際法の下で犯罪を構成する重大な国際人権法および国際人道法の違反に適用されてはならない」とし、「適切、実効的および迅速な救済と補償を受ける権利を有す」とした。

以下、朝鮮人戦後補償訴訟の経緯と現状について概括する。なお、朝鮮人戦後補償訴訟というと、日本政府および軍そして日本企業が行った国内法および国際法違反による身体的・精神的・物質的損害に対する補償を求めて、戦後に日本の裁判所に提訴する行為であり、その対象は強制連行・強制労働、「従軍慰安婦」、旧日本軍人・軍属にかかわる裁判であるが、ここでは広く日本の朝鮮植民地政策の結果、被害を被りながら日本政府によって補償から排除されてきた朝鮮人被爆者、朝鮮人ハンセン病者もあわせて取り上げることにする。

戦時における文民の保護に関する一九四九年八月一二日のジュネーブ条約（文民保護に関するジュネーブ条約）第二七条＝日本は一九五三年に加入し同年効力発生。戦時における文民（職業軍人以外の人）の保護に関する条約で、同条約第二七条は紛争当事国の領域および占領地域における身体、名誉などの尊重を規定し、女子に関しては「その名誉に対する侵害、特に、強かん、強制売いんそのほかのあらゆる種類のわいせつ行為から特別に保護しなければならない」と規定している。

陸戦の法規慣例に関する条約（ハーグ陸戦条約）第三条＝日本は一九一一年に批准し翌年効力発生。ハーグ陸戦条約は冒頭において「努めて戦争の惨害を軽減する」こと、「人道の法則および公共良心」

が求める国際法の原則を守ることを求め、第三条でその違反行為に対して損害賠償責任を定めているが、その起草過程や立法趣旨から賠償対象は交戦当事国に限られず、占領地の一般市民に対する虐待行為は戦勝国国民であろうと敗戦国国民であろうと、またその戦争が正義であろうと不正義であろうと、国際人道法違反として被害者は個人として加害国家に対する賠償請求権を持つとする。

2　朝鮮人強制連行・強制労働——未払賃金、供託金等

解放直後より日本各地の炭坑や鉱山では朝鮮人労働者による補償・未払賃金返還要求が起きた。たとえば、一九四五年一一月古河鉱業足尾鉱業所では朝鮮人八八〇人が働かされていたが、朝聯（在日本朝鮮人聯盟）足尾支部は慰藉料や死亡、障害による特別慰藉料、預貯金などについて強制労働や暴行によって逃走した者を含めて一切の返還を要求している。翌年四六年一月には、日本建設工業統制組合一四組（鹿島組、大成組、熊谷組など）所属五九〇〇人の朝鮮人労働者と朝聯が、事業休止手当、帰国までの補償などを求めている。また、一九四三年時点で六六五二人におよぶ朝鮮人が労働力として動員されていた日本製鉄、三菱などの釜石、松尾、赤石の鉱山、工場などでは解放と同時に就労を拒否し、朝聯岩手県本部が代表となって未払賃金、預貯金、年金積立金、退職金、死亡者遺族扶助料、傷病者補償などを求めている。しかし、企業側は様々な口実を設けて賃金、預貯金、退職手当などの支払いを拒否した。

日本政府もこのような事態に対抗するために未払金の支払いを凍結させる供託政策（厚生省次官通牒「朝鮮人、台湾人および中国人労働者の給与に関する件」一九四六年六月二一日など）を打ち出し、労働者に返還、補償されるべきものを没収した。しかし供託後、日本政府は債権者である本人にも遺族にも通知を行わなかった。「未払賃金供託報告書」には債権者の氏名、本籍地が明記されていたが、日本政府は「居所がわからない」（衆議院法務委員会・一九九二年三月二七日）と責任回避の答弁を行った。

二〇〇五年一月広島高裁は「三菱広島元徴用工被爆者未払賃金等請求訴訟」において、軟禁状態で連行するなど「国の不法行為が成立する余地がある」とし広島地裁判決を退け国に四八〇〇万円の賠償命令を下したが、三菱重工への請求は五〇年以上が過ぎ「時効や請求権協定」によって請求権は消滅しているとした。他方、同年二月名古屋地裁は「三菱重工名古屋女子勤労挺身隊賠償訴訟」において「日韓請求権協定においていかなる賠償請求権も主張できない」と訴えを退け、同年一二月東京高裁もまた「釜石製鉄所訴訟」において「韓国の対日請求権を定めた日韓請求権協定で供託金の請求権が消滅したのは明らか」であるとして原告の控訴を棄却した。

日本政府の驚くべき対応を示すものとして「厚生年金脱退手当金三一六円事件」がある。日本植民地統治時代、朝鮮半島から徴用された呂運沢さんは一九四二年から三年三カ月厚生年金に加入していたことを知り、二〇〇四年社会保険庁に厚生年金脱退手当金請求を行ったところ、翌年〇五年一一月「脱退手当金三一六円を振り込んだ」との通知が送られて来た。当時と現在の貨幣価値を無視した不当な対応に「六〇年前なら牛が六頭買えた額。今ではうどん一食分にしかならない」と呂さんは話した。日本政府は、一九九四年台湾人旧日本軍人・軍属に対して未払給与や軍事郵便貯金などを一二〇倍に換算して返済しているが、朝鮮人徴用工に対しては呂さんのように当時の額面で処理された人たちがたくさんいるという。社会保険庁は「脱退手当には制度上、時価換算などの再評価は考慮されていない」と繰り返している（『朝日新聞』二〇〇五年八月二一日）。他方、一九四七年日本製鉄は徴用工の未払賃金を供託したが、そこには賃金の大半を強制的に貯蓄させられた呂さんの「四九五円」も含まれており、九七年日本政府と新日鉄を相手に物価スライドと慰謝料など約一九〇〇万円の支払いを求めたが（「日鉄大阪製鉄所損害賠償訴訟」）、〇一年大阪地裁、〇二年大阪高裁ともに「国家無答責」と「請求権協定」を根拠に訴えを棄却され〇三年最高裁でも敗訴となった。日本植民地統治下、旧日本軍関連や企業などに徴用された朝鮮人は九〇万人前後とされるがすでに多くの人が亡くなっている。

韓国政府は二〇〇六年三月、「韓日条約」での「政治決着」による個人補償の不十分さを認め、一九一〇年から一九四五年に軍人・軍属、企業労働者として国外に徴用され死亡、負傷した人の遺族に一人最高二〇〇〇万ウォン（約二三二万円）の慰労金の支給を決定した（「国外強制動員犠牲者等支援法」〇七年一一月二三日可決）。生存者は除外されたが一定の医療費が補助される。また、企業未払賃金の未収金は当時の一円を一二〇〇ウォンに換算して支給することを決定、対象者は最高で一〇万人と推計されている。

強制貯金と未払賃金＝強制貯金は一九三九年七月三一日「朝鮮人労務者内地移住に関する件」（各地方

長官宛、厚生省内務部長・社会部長・内務省警補局長通達）に基づくもので、連行された朝鮮人全員に適用された。強制貯金の目的は戦争遂行資金の調達と朝鮮人労働者の逃亡防止にあり、国と企業が一体となって実施した。戦後、強制貯金は支払われず供託金に組み込まれたりした。未払賃金返還訴訟を起こした呂雲沢さんは月に二、三円の小遣いを手にするだけで、残りは日鉄大阪製鉄所が設けた各徴用工名義の貯金口座に一方的に入金され、通帳を見たことはあるが手にしたことなどないと証言した（「三菱広島元徴用工被爆者未払賃金等請求訴訟」で広島高等裁判所に提出された「供託金問題に関する意見報告書」、駒澤大学名誉教授古庄正・二〇〇四年二月一日）。

「三菱広島元徴用工被爆者未払賃金等請求訴訟」＝広島に連行され被爆した朝鮮人元徴用工四〇人が国と三菱重工を相手に一人被爆補償一〇〇〇万円と未払賃金相当額六六五五万円を求めて提訴。

「三菱重工名古屋女子勤労挺身隊賠償訴訟」＝三菱重工名古屋航空機製作所で強制労働させられた被害者らが日本政府と三菱重工に一人三〇〇〇万円の賠償などを求めて提訴。

「釜石製鉄所訴訟」＝強制労働の末に空襲や労災で死亡した朝鮮人徴用工遺族が、遺骨返還、謝罪および総額二億四〇〇〇万円の賠償を求めて日本政府と日本製鉄（現新日鉄）を相手に東京地裁に提訴。九七年企業とは和解が成立（和解金、慰霊碑建立金一部負担など）、日本政府に対しては控訴するが〇五年東京高裁は地裁判決を支持し原告の訴えを棄却した。他方、原告は未払賃金供託金の返還を盛岡法務局に求めていたが二〇〇〇年一月に却下、同年四月供託金の返還を行わない日本政府を相手に一人二〇〇〇万円の損害賠償を求めて提訴。〇七年一月最高裁は原告の上告を棄却し敗訴が確定。

3　朝鮮人元「従軍慰安婦」

朝鮮人元「従軍慰安婦」とは、日本が侵略戦争を繰り広げていた当時、日本軍に連行され強制的に性暴力を受けた人たちのことである。日本軍の「慰安婦」として連行された各国の女性の数は八万人から最大一五万人と推定され、日本軍が進駐している場所ならどこにでも連行された。もっとも多く連行されたのは朝鮮女性で、ほとんどが一〇代の未成年者である。一九九一年よりはじまった朝日国交正常化交渉において、朝鮮側は「『従軍慰安婦』問題というひとつの国家犯罪を認めるまで日本は半世紀かかったが、犯した罪業を認めるまでにはいったい何世紀かかるのか」と「従軍慰安婦」問題の解明と解決を迫るなか、同年八月韓国の金学順さんが元「従軍慰安婦」であったことを告白した。一二月には日本政府を相手に謝罪と補償を求めて三名の旧日本軍元「慰安婦」が提訴し金さんを含め「慰安婦」裁判の原告第一号となった。これを皮切りに在日朝鮮人の宋神道さんもかつて日本軍に「慰安婦」にされたことを明かして提訴、中国、フィリピン、オランダ、台湾の旧日本軍元「慰安婦」らによる提訴も相次いだ（〇三年現在九件）。

一九九八年四月「関釜裁判」（「釜山従軍慰安婦・女子挺身隊公式謝罪請求訴訟」）において山口地方

裁判所下関支部は注目すべき判決を下した。下関支部は、「従軍慰安婦制度」は徹底した女性差別、民族差別思想の表れであり、女性の尊厳を根底から侵し民族の誇りを踏みにじり、未成年女子を対象とし、旧日本軍関与のもと本人の意思に反して、政策的・制度的に性交を強要した反人道的かつ醜悪な行為であることは明らかであるばかりか、その後の人生までも変え戦争終了後も屈辱の半生を余儀なくさせ、際限のない苦しみに陥れた、と事実認定を行った。そして、被害者に対する何ら被害回復措置をとらなかったことは新たな侵害行為であるとし、初めて日本政府の「立法不作為」（法的救済・補償措置をとらなかったこと）による違法性を認めた。「立法不作為」による精神的損害として「慰謝料三〇万円」の支払いを国に命じ、かつ被害救済のための立法解決を促した。もっとも、被害者が訴えた賠償や公式謝罪については退けた。二〇〇一年三月広島高裁は「立法府の裁量的判断」として下関判決を覆し二〇〇三年三月には最高裁への上告が棄却された。

国家犯罪である「慰安婦」問題に対して、日本政府は一九九〇年六月労働省職業安定局長が参議院予算委員会で「慰安婦は民間業者が連れ歩いたので調査はできかねる」と答弁、内外の激しい批判にさらされ調査に乗り出し、九二年一月加藤紘一内閣官房長官が「慰安婦」問題について「当時の軍関与は否定できない」と明言、しかし同年七月日本政府は「軍の関与は認めるが、強制連行を実証する資料はない」との第一次調査結果を公表した。国連人権委員会をはじめ国際社会の厳しい非難にあい、九三年八月河野洋平内閣官房長官は「強制」を認め「慰安婦」関係調査結果に対する次のような談話を発表した。

「調査の結果、長期に、かつ広範な地域にわたって慰安所が設置され、数多くの慰安婦が存在したことが認められた。慰安所は当時の軍当局の要請により設営されたものであり、慰安所の設置、管理および慰安婦の移送については、旧日本軍が直接あるいは間接にこれに関与した。慰安婦の募集については、軍の要請を受けた業者が主としてこれに当たったが、その場合も、甘言、強圧による等、本人たちの意思に反して集められた事例が数多くあり、さらに官憲等が直接これに加担したことがあったことが明らかになった。また、慰安所における生活は強制的な状況の下で痛ましいものであった。なお、戦地に移送された慰安婦の出身地については、日本を別とすれば、朝鮮半島が大きな比重を占めていたが、当時の朝鮮半島はわが国の統治下にあり、その募集、移送、管理等も、甘言、強圧による等、総じて本人たちの意思に反して行われた。……われわれは、歴史研究、歴史教育を通じて、このような問題を永く記憶にとどめ、同じ過ちを絶対に繰り返さないという固い決意を改めて表明する」

国家の犯罪行為とその被害を認めながら法的責任を回避するために日本政府が打ち出した方策が、一九九五年七月に設立された「女性のためのアジア平和国民基金」(〇七年三月解散。ケア事業などがNPO二団体に引き継がれた)であった。被害者を中心に支援団体は、日本政府が国家関与を認め謝罪しておきながら、日本政府がかかわっている国民基金が、日本政府による正式の謝罪もなく国家補償でもないことから当初より反対の声があがった。「償い金」には過去への反省と償いの気持ちを込めて集められた日本国民の「義捐金」が充てられたが、日本政府が引き受けたのは「医療・福祉支援事業」(三九億円拠出)で、あくまで「道義的責任」を果たすのみとした(日本国民の「償いの気持ち」への「相乗り」で責任を回避する日本政府の不誠実な対応であると被害者は声をあげ、

「首相の手紙」も「私的なお詫び」に過ぎないとして受け取りを拒否した。事実、その後も日本の政治家などによる「強制はない」「売春婦」「公娼」といった被害女性の尊厳を踏みにじる妄言は繰り返されている）。一人二〇〇万円と「お詫び」を伝える「首相の手紙」に対しては受け取りを拒否する人が続出し、なかでも主な対象国の韓国では激しい反対運動が起きた。結果、韓国、台湾、オランダ、フィリピンで三六四人の被害者が支給を受け入れただけで、その内七九人は「償い金」ではなく医療・福祉事業からの給付であった（「償い金」に関しては韓国、台湾、フィリピンは一律二〇〇万円、医療福祉支援は物価水準の低いフィリピンは一二〇万円、韓国、台湾は三〇〇万円となった）。いずれにせよ、各国政府が認定した元「慰安婦」総数の四〇パーセントに過ぎなかった（〇二年一二月、参議院内閣委員会での基金代表報告）。インドネシアの被害者に対しては日本政府が拠出する三億八〇〇〇万円予算での高齢者福祉施設の建設で終止符が打たれた。朝鮮と中国の被害者はまったくの対象外であった。国民基金はインドネシアの施設建設をもって解散するが、当初設定した一〇億円の「義捐金」目標額は最終的には五億六五〇〇万円にとどまった。公式謝罪、真相究明、責任者処罰、国家賠償、歴史教科書への記述と教育、資料館の建設を日本政府に求め、九二年一月から毎週水曜日にソウル日本大使館前で行われている元「慰安婦」と支援者による「水曜デモ」は、〇六年三月一五日で七〇〇回を数え被害者の怒りはいまだおさまらない。韓国挺身隊問題対策協議会（挺対協）によると、登録されている元「慰安婦」二三四人の内、この一四年で半数近い一一二人が亡くなっている（〇七年三月現在）。

一九九三年国連人権小委員会の重大人権侵害特別報告官ファン・ボーベンは、重大な人権侵害には処罰と補償が必要であり、国際法上時効はないとした「『慰安婦』問題に関する最終報告書」を人権小委員会に提出し同委員会はそれを採択した。九四年には国際法律家委員会が「慰安婦」問題に関して日本政府に謝罪と賠償を勧告した。九六年には女性に対する暴力特別報告者ラディカ・クマラスワミが「戦時下軍隊・性奴隷制に関する報告」を国連人権委員会に提出し、「慰安婦」問題に対する日本政府の責任を指摘しながら被害者への補償と謝罪、関与者処罰を勧告した。同委員会は報告書を「留意」（テイク・ノート＝この問題に対する日本政府の対応を注視するといった意味）した。九八年国連人権委員会で採択されたゲイ・マクドゥーガルの「武力戦争下における組織的強姦、性的奴隷および奴隷制類似慣行に関する報告書」でも、日本の法的責任を明らかにし責任者処罰と国家補償を勧告した。マクドゥーガルは日本が行った基金（「女性のためのアジア平和国民基金」）では法的責任は果たされないと指摘した。日本政府は同報告書をただちに拒否し基金による活動を正当化したが、韓国政府は基金では不十分・不適当として元「慰安婦」が切望する尊厳の回復は日本政府が「過去の悪行の法的責任を認めることである」と反論した。このように国際社会では「慰安婦」問題に関する法的責任が強く求められている。

二〇〇〇年一二月、東京で日本軍「慰安婦」制度を裁く「女性国際戦犯法廷」が開かれた。黙殺され続けてきた被害女性らが東京裁判で裁かれなかった「慰安婦」制度を裁くために、実際の裁判方式をとって著名な裁判官、検事、専門研究家、被害女性、加害兵士、証人を招き開かれた。南北朝鮮、中国、台湾、フィリピン、インドネシア、オランダ、東ティモールなどから六四人の被害女性が参加した。「女性国際戦犯法廷」は戦時性暴力を処罰する国際法の枠組み作りに大きな役割を果たした。

金学順＝一九二四年生まれ。一九四〇年、一七歳のとき日本軍「慰安婦」にされるが五カ月後に脱出。日本政府の「慰安婦」問題への対応に怒り一九九一年八月「慰安婦」であったことを名乗り出た。同年一二月「アジア太平洋戦争韓国人犠牲者補償請求訴訟」原告団の一人として日本政府を相手に提訴。〇四年一一月最高裁は上告を棄却。九七年に死去。

宋神道＝一六歳のとき騙され中国大陸に連行。軍刀で斬りつけられ入れ墨を入れられ七年間「慰安婦」生活を強いられた。日本敗戦後博多で放り出された。一九九三年四月、東京地裁に提訴。一、二審とも「除斥期間」「国家無答責」などを理由に訴えを退け、〇三年三月、最高裁は宋さんの上告を棄却した。〇三年三月は最高裁が六件の朝鮮人戦後補償訴訟を相次ぎ棄却した年でもある。「関釜裁判」（三月二五日）、「韓日併合・植民地支配に対する賠償・謝罪請求訴訟」（三月二七日）、「女子勤労挺身隊訴訟（東京麻糸沼津工場事件）」（同日）、「長崎造船所被爆元徴用工賠償請求訴訟」（三月二八日）、「強制徴兵・徴用者に対する補償請求訴訟（江原道事件）」（同日）、そして宋さんの上告棄却（同日）。

「日帝下日軍慰安婦に対する生活安定支援法」＝韓国政府は一九九三年七月に同支援法を施行し、九月から支援を開始した。主な内容は、生活安定支援として一時金五〇〇万ウォンと毎月五〇万ウォンを支給、別に生計費毎月一六万二〇〇〇ウォン、老齢手当毎月三万五〇〇〇ウォンから五万ウォン、他に医療保護や永住賃貸アパートへの優先入居などの措置を講じた。九八年五月には日本の国民基金による「償い金」を受け取らないことを前提に、一般会計予算費四九億ウォンから一人三一五〇万ウォンを支給した。同時に韓国挺身隊問題対策協議会が募った「国民誠金」も日本の国民基金による「償い金」を受け取らないことを前提に一人あたり三〇〇万ウォンを手渡した。

【「慰安婦」問題と国連、国際世論】二〇〇七年三月五日参議院予算委員会で、日本の首相安倍晋三は旧日本軍「慰安婦」問題について河野談話を「基本的に継承」していくとしつつ「狭義の意味での強制性を裏付ける証言はなかった。官憲が人さらいのごとく連れて行くという強制性はなかった。いわば『慰安婦狩り』のような強制連行的なものがあったということを証明する証拠はない」と答弁。「強制を裏付ける証拠はない」との首相発言に各国から批判の声があがるなか、日本政府は一六日「政府が発見した資料の中には、軍や官憲によるいわゆる強制連行を直接示すような記述も見あたらなかった」とする答弁書を閣議決定した。三月二四日『ワシントン・ポスト』紙は、「安倍晋三ダブルトーク」と題する社説を載せ「(朝鮮による日本人)拉致問題で国際的な支援を求めるなら、彼は日本の犯した罪の責任を率直に認め、名誉を傷つけた被害者に謝罪すべきだ」「第二次世界大戦中に数万人の女性を拉致し、強姦し、性の奴隷としたことへの日本の責任を軽くしようとしているのは奇妙で不快」と安倍発言を評した。すでに一九九六年、女性に対する暴力特別報告者ラディカ・クマラスワミが国連人権委員会に提出した「戦時下軍隊・性奴隷制に関する報告」では、被害者などの実態調査に基づく旧日本軍「慰安婦問題」(報告書は「軍事的性奴隷制」と定義)の実態が検証されている。一九三二年上海で日本陸軍に「売春婦」を提供するための「慰安所」開設がはじまりで、本格的には一九四二年頃から日本敗戦まで日本軍が支配した東アジア全域に「慰安所」が設けられていた。主な理由は占領地における日本軍の強姦を減らすためとされた。日本軍が「慰安婦」の輸送と、「慰安所」の監督責任を受け持っていたことは、残された数少ない「慰安所規則」などの資料からも明らかであると報告。たとえば、陸軍省兵務局兵務課による「軍慰安所従業婦等募集に関する件」（一九三八年三月）の捺印欄には役職ある軍人の印が押され、「慰安婦」の「募集」を「軍が統制」し、推進に当たっては当地の官憲と連携をとるよう指示するなど、まさに陸軍による「慰安婦政策」の実施を裏付けている。また、「慰安婦」の徴集においては様々な協力者（軍の代理人）を用いながら詐欺と暴力、強制が頻繁に用いられたことが被害者の証言に基づき明らかにされた。クマラスワミは「東南アジアの極めて多様な地域出身の女性たちの説明が一貫している」として、日本軍および政府の関与と強制的方法による徴集について「（非常に）似通った話を（各地の被害女性が）創作できるとはまったく考えられない」と強調した。東京裁判に提出された各国検察団の証拠資料でも、占領地のアジア女性が日本軍に強制的に「慰安婦」にされたことを示す尋問調書などが確認されている。これらの事実は、軍国主義国家における「軍と民間代理」の「共犯」あるいは「主従関係」によって「慰安所」が設置運営され、女性たちが「詐欺、暴力、強制」的手段で連れて行かれたことを実証している。二〇〇七年七月三〇日米下院本会議では「慰安婦決議案」が採択され、日本政府は旧日本軍が「慰安婦」として若い女性に性的な奴隷状態を強制した歴史的責任を明確な形で公式に認め、謝罪し、受け入れるべきであり、「慰安婦」制度は残虐性と規模において「二〇世紀最悪の人身売買事件のひとつ」であるとした。また、日本政府はそれらを否定する主張に反論すべきであり、現在と将来の世代にこの恐ろしい犯罪を教えるべきであるとした。同年一二月一三日にはEU欧州議会本会議で主要会派共同による「慰安婦決議案」が提出され採択された。決議案は「二〇世紀最大規模の人身売買のひとつ」であると非難し、日本政府に公式謝罪、事実認定、歴史的責任の明確化、賠償などを求めた。

4　朝鮮人被爆者

日本の植民地統治時代、とくに日中戦争から第二次世界大戦へと突入しながら、徴兵・徴用あるいは強制連行により多くの朝鮮人労働者が広島、長崎の炭坑や鉱山、軍事施設などで過酷な労働を強いられたすえ原子爆弾の被害を被った。爆死・被爆者の数は明確ではないが朝鮮人被爆者協議会などの地道な調査活動によって、広島市では朝鮮人被爆者四万人、爆死者・行方不明者三万人、長崎市では朝鮮人被爆者二万一〇〇〇人、爆死者・行方不明者一万人と推計されている。

日本政府は被爆者に対する健康管理、医療および福祉対策として一九五七年に原子爆弾被爆者の医療等に関する法律を、一九六八年には原子爆弾被爆者に対する特別措置に関する法律を制定した。この原爆二法は「国籍条項」を設けていなかったが、被爆の認定を受けるには二人の証人を必要とし、朝鮮人被爆者の場合は証人一人は日本人に限るとの条件を付けていた。また、在外被爆者に関する規定はなく、来日による認定に基づく被爆者健康手帳の交付をもって健康管理手当が支給されるとした。日本政府は、一九七四年「日本国の領域を越えて居住地を移した被爆者には原爆特措法の適用がない」（厚生省公衆衛生局長通達＝「四〇二号通達」）とし、健康手帳を取得していても日本国外に移住した者には手当を打ち切った。一九九四年原爆二法を一本化した原子爆弾被害者の援護に関する法律が制定され翌年七月から施行されたが、「四〇二号通達」による在外被爆者の締め出しは引き継がれた。

この不条理な対応に在韓被爆者が立ち上がり日本政府を相手に訴訟を起こした。二〇〇二年一二月大阪高裁は「出国を理由に手当を失効させるのは法の下の平等を定めた憲法一四条に違反するおそれがある」「日本滞在中に健康手帳を取得した者は出国しても手当を受けられる」との画期的な判決を下した（「郭貴勲裁判」）。翌年三月日本政府は「四〇二号」通達の廃止を決定し「健康手帳を持つ在外被爆者に限って援護」を認めた。それでも手当（月額三万四〇〇〇円および医療費などの各種手当、死亡時は遺族に葬祭料一九万円支給など）の支給申請は、来日し都道府県知事らに診断書を添えて申請することが求められ（手当受給での「来日要件」）、高齢や病気によって来日が困難な被爆者は置き去りにされた。〇五年四月日本政府は、ようやく被爆者手当の支給申請を在外公館で行えるとの方針を打ち出した。ただし、手当支給の前提となる被爆者健康手帳を取得するには、やはり来日による申請を必要としており根本的な解決策とはならなかった（手帳取得での「来日要件」）。現在、海外での手帳申請の是非を争う複数の訴訟が起こされている。

日本の植民地政策により渡日を余儀なくされ、二重三重の差別のなかで被爆し放置された在外朝鮮人被爆者たちに再び渡日を要求するのは道理に反する。また現実問題として高齢により健康もすぐれないことから来日が困難な状況にあり、「来日要件」は至急に手当が求められる人たちの救済の道を閉ざすものとなっている。広島、長崎での被爆者は日本国外に四五〇〇人（手帳取得者約三六〇〇人）と推定され、うち朝鮮半島南には約二五〇〇人（手帳のない人は約二九〇人）、北に約九三〇人（厚労省二〇〇一年三月平壌での調査結果。翌年九月官房長官福田康夫が北の被爆者問題は日朝国交正常化の議題に上るとしたのに対して厚労相坂口力は「拉致問題」の究明が先決だと発言）とされている。二〇〇五年七月日弁連は、日本政府に対して在外被爆者の実態調査を行うこと、被爆者健康手帳の交付における海外申請を認めること、在外被爆者保健医療助成事業の助成額の上限（年間一人一三万円、入院時一四万二〇〇〇円）を撤廃すること、そしてとくに在朝被爆者については担当者を派遣し、被爆者健康手帳の交付や健康管理手当等の申請が行えるよう措置を講じ、専門の治療施設の支援についても検討するよう求める意見書を公表した。

二〇〇六年四月朝鮮原子爆弾被害者協会は「朝鮮被爆者問題に関する調査報告書」で、朝鮮在住被爆者の実態について報告しながら「日本の元総理小渕恵三をはじめ政治家と政府関係者は二〇〇〇年三月、わが協会代表団が日本を訪問した際、わが国の被爆者問題を早急に解決すべきであることを認め、二〇〇一年三月遅まきながら被爆者問題で政府レベルの調査団をわが国に派遣し、その実態を了解し、厚生労働省は二〇〇四年七月に記者会見で、わが国の被爆者に対する医療支援においても国の差別なく行うと発言した。しかし、すべてが今日にいたるこの時刻まで、問題解決のための実際の行動はまったくない。二〇〇五年四月日本当局は、在外代表部で外国人被爆者を相手に健康管理手当の支払いのための申請を受け付ける措置をとったというが、現在までわが国にはいかなる経路からもこれに対して正式に通報してきたことはなく、被爆者援護施策に関する情報すら送られてきていない」と日本政府の対応を厳しく批判し、敵視政策によって被爆から半世紀を超えたいまなお、朝鮮在住被爆者のほとんどが治療や各種の手当はおろか健康手帳さえ受け取っていない現状に、日本の国内法云々ではなく誠実な謝罪に基づく「特別法」による補償を求めた。

なお、二〇〇七年二月六日最高裁は「四〇二号通達」の谷間で、健康管理手当を受け取れなかったブラジル移住被爆者三人(いずれも日本人。〇六年原告の一人死亡)の未受給分請求に対する画期的判決を下した。原告は「四〇二号通達」の実施から廃止(一九七四年から二〇〇三年)にいたる間の一九九四年から九五年の二年間、海外居住(一時帰国)を理由に健康管理手当を受け取ることができず、その間の未受給分の支払いを求めて広島県を相手に訴訟を起こした(二〇〇二年)。県は提訴時から五年をさかのぼった未受給分については支払ったが、九七年以降の未受給分については地方自治法上の「時効五年の経過」を理由に支払を拒否した。裁判での争点は「地方自治法の時効を理由にした支払い拒否」が許されるかどうかで、一審広島地裁は県の主張を認め請求を棄却、二審広島高裁は一審の判決を覆し、原告逆転勝訴を言い渡し県は上告していた。最高裁は、外国に居住すると手当の支給を打ち切るという被爆者援護法の解釈を誤った「四〇二号通達」の違法性を指摘し、県が時効を楯に支払いを拒否することは「違法な通達で被爆者の権利行使を困難にしていた行政自身が、被爆者の権利不行使を理由に支払義務を免れようとするに等しい」、よって「行政による時効の主張は原則として信義則に反して許されない」との判断を示し、県に未受給分約二九〇万円の支払いを命じた。最高裁の判決を受け厚労省は同年四月、在外被爆者の未支給健康管理手当の支給を開始するよう都道府県および広島・長崎市に通達を発した。対象となる在外被爆者は推定七〇〇〇人、本人が死亡している場合は相続人が受け取ることになる。同じ争点をめぐって在韓被爆者の遺族も訴訟を起こしたが、〇七年一月福岡高裁は「時効により請求権なし」とする判決を言い渡した。原告はただちに上告、〇八年二月最高裁は福岡高裁判決を破棄し全額支払いを命じた。もっとも長崎市は厚労省の通達を受け、すでに〇七年一〇月原告に請求分など三〇六万円を支払っている。

また、〇七年一一月一日最高裁は戦時中、広島に強制連行され被爆した韓国人元徴用工（四〇人が提訴、その後二五人が死亡）が、帰国を理由に援護を打ち切られたのは違法であるとして日本政府を相手に損害賠償を求めた訴訟で国側の上告を退けた。最高裁が「四〇二号通達」を違法と判断し在外被爆者の援護策について国の責任を認めたのは初めてである。一審広島高裁は原告の請求を棄却していたが、二審は「四〇二号通達」について「在外被爆者への援護法の適用を否定するもので、法律を忠実に解釈すべき職務上の基本的な義務に違反した」と国の過失と賠償責任を認め、さらに「来日しない限り被爆者健康手帳を交付せず、健康管理手当を支給しないのは不合理な差別で違法だ」とも指摘していた。最高裁は旧原爆二法は「法律には在外被爆者が手当を受けられないという規定はなく通達の違法性は明らか」であり「重大な結果をともなう通達を出す場合は、法律との整合性を相当慎重に検討すべきなのに国の当事者が注意義務を尽くさなかった過失がある」、それにより「原告は長期間、健康面や経済面で不安を抱え精神的苦痛を受けた」として国に総額四億四〇〇〇万円（一人一一〇万円）の賠償を命じた。なお強制連行による賠償請求は認めなかった。一方、今回の最高裁判決でいまひとつ注目すべき点がある。原告四〇人のなかには「四〇二号通達」廃止前から被爆者健康手帳を有する者と有しない者が含まれており、最高裁が等しく同額の賠償を認めることで訴訟を行っていない被爆者への賠償にもつながること、また健康手帳取得における「来日要件」にも影響を及ぼすことになるということである。最高裁判決に先立つ一〇月一九日、外務次官谷内正太郎は広島県の朝鮮人被爆者団体との懇談会で、朝鮮に居住する被爆者の被爆者健康手帳の取得について「北朝鮮の核実験やミサイル実験の制裁とは関係のない話で、人道問題として対応可能ではないか。例外として対応していきたい」とし、「(朝鮮の被爆者が)来日せずに申請するには被爆者援護法の改正が必要になるが、現行法のままで出来る手続を考えたい」と話した。

「孫振斗在韓被爆者裁判」＝在外被爆者への原爆二法の適用がないことから、孫さんは一九七〇年被爆治療のため日本に不法入国、入管法違反で逮捕。服役後の七二年、日本政府を相手に被爆者健康手帳の交付を求めて提訴。七八年最高裁は『原爆医療法』は、被爆による健康上の障害の特異性と重大性ゆえに、その救済について内外人を区別すべきではないとしたものにほかならず、同法が国家補償の趣旨をあわせもつもの」と解し「被爆者の置かれている特別な健康状態に着目して、これを救済するという人道的目的の立法である」として手帳を交付するよう命じる判決を下した。これを機に在外被爆者救済問題への対応を迫られた日本政府は、八〇年から在韓被爆者の渡日治療を実施した。しかし五年の期限をもって終了し(八六年)、治療を施されたのはわずか三四九人にとどまった。九〇年に再びこの問題が韓日間で持ち上がり、日本政府は在韓被爆者への人道支援として四〇億円の援護金を韓国政府に渡すことを決定。しかし、日本政府は援護金の使途を被爆者センターの建設、被爆者治療、診断に限定し、当事者から切望された「諸手当」については「戦後補償」の意味を含むことを恐れて認めなかった。

「郭貴勲裁判」＝徴兵により一九四五年広島に配属、行軍中に爆心地から二キロメートル地点で被爆し上半身大やけどを負い左腕にはケロイドが残る。九八年治療のために来日し、大阪府庁で被爆者健康手帳の交付を受け、援護法に基づき月額三万四〇〇〇円を受給されていた。同年七月帰国すると「四〇二号通達」を根拠に手当が打ち切られた。同年一〇月に支給打ち切り処分取消を求めて大阪府と府知事を相手に提訴。郭さんは耐え難い苦痛と犠牲を強いた人々への戦後補償の立場から、被爆者を五〇年も放置した非人道的な処置の反省から、国外に出れば被爆者でないとする援護法の差別を法廷で訴えた。以後、在韓被爆者による訴訟が相次ぎ起こされた。

5　朝鮮人ハンセン病者

二〇〇五年一〇月東京地裁で二つの判決が下された。日本植民地時代、ハンセン病療養所に強制収容された朝鮮半島南部の小鹿島病院（朝鮮総督府が一九一六年開設）の一一七人と、台湾の楽生療養院（台湾総督府が一九三〇年開設）の二五人が、ハンセン病補償法に基づく補償を求めた裁判である。台湾訴訟民事三八部は「偏見や差別と隔離政策により患者が強いられてきた苦難を真摯に受け止め、入所時期や国籍の制限なく網羅的に補償をするのが立法趣旨である。台湾の入所者を除外する合理的理由はない」「日本の統治権外だった沖縄の被害者にも適用している」と原告勝訴の判決を言い渡した。他方、韓国訴訟民事三部は「法制定の国会審議で、旧植民地の入所者を対象にするとの議論はされなかった」「補償対象は五三年制定の『らい予防法』による被害者」などと被害実態から目をそむける日本政府の主張を代弁する法解釈論に終始し原告の訴えを退けた。

ハンセン病補償法は、国籍や居住地を問わず補償対象を「国立ハンセン病療養所等に入所していた者」と定め、二つの施設がその「対象」に該当するかどうかが争われた形だが、隔離政策に基づく被害者の救済という同法の趣旨をどのようにとらえるか、また隔離政策に加え植民地政策による民族差別という二重三重の差別も重なり日本の「過去清算」に対する姿勢を問う裁判となった。

一九〇七年日本政府は隔離政策として強制収容を規定した「らい予防法に関する件」を発し、一九三一年には「癩予防法」を制定・公布し、植民地統治下の朝鮮や台湾にも適用した。一九四五年敗戦により日本は朝鮮半島および台湾などから退去した。日本政府は、一九五三年「らい予防法」（新法）を制定するなど日本国内における隔離政策を強化するが、内外の激しい批判を受け一九九六年に「らい予防法」を廃止した。一九九八年には隔離政策によって被害を被った元患者らが国家賠償を求めて熊本と岡山地裁に提訴（在日朝鮮人ハンセン病者も原告団として名を連ねる）、二〇〇一年熊本地裁は原告勝訴の判決を言い渡し政府は控訴を断念、他方、岡山地裁では和解が成立した。同年六月ハンセン病補償法が施行され、国籍や現在の居住地を問わず一度でも入所経験があれば入所期間に応じて八〇〇万円から一四〇〇万円が支給されることになった。請求期限は施行日から五年以内。〇五年一月までに三四四五人に支給された。他に、日本政府は熊本裁判の判決を受け退所者への生活支援金（月額一七万六〇〇〇円から二六万四〇〇〇円）、社会復帰を支援する準備金（一五〇万円から二五〇万円）、ハンセン病の理解を深めるパンフの配布などの施策を講じることになった。

強制的な収容と隔離、断種や堕胎、監禁や暴行などは日本の場合と同じであったが、小鹿島は各集落の詰め所に鞭を備え、罪人のように処遇する前近代的監獄島と化していた。韓国訴訟原告の一人である蒋基鎮（八四歳）さんは一五歳のときにハンセン病を発症し、日本警察官から「小鹿島では食料や服が十分に与えられる」と騙され一九歳で隔離された。しかし、島での食事は一日にわずかな米と麦が与えられるだけで、服も満足に着ることができず冬には手足が凍りついた。早朝より夜まで病院施設の工事現場で働かされ、けがや病気でも休むことは許されず治療も満足に受けられないまま放置され、解放までに両腕を失い解放後は両足も切断することになった。「松井」という日本名を付けられ「君が代」を覚えさせられキリスト教であるのに神社参拝を強制された。拒否すると日本人職員から冬でも水を浴びせられ気を失うまで殴られた。セメントの監禁室に一カ月も閉じこめられ懲罰として断種が行われた（『毎日新聞』二〇〇五年一〇月二五日）。

厚労省が設置した第三者機関であるハンセン病問題検証会議が二〇〇五年三月に提出した最終報告書は、朝鮮半島入所者は「日本国内の患者が受けたと同様の人権侵害だけでなく、植民地民族への差別による二重の人権侵害を受けた」と指摘した。また原告弁護団は被害者の多くが八〇歳に達する高齢者であり（韓国訴訟ではこの間一一人が死亡）、早急なる補償が求められ、補償法を改正するまでもなく厚労省の「告示」を変更し補償対象に旧植民地療養所を追加すれば済むことであると訴えた。しかし、日本政府は日本統治下にあった施設（パラオ、サイパンなどの南洋諸島）の入所者からも補償要求が続発することを恐れて被害者の訴えに耳をかさなかった。先の韓国訴訟に関しては翌日二六日原告が控訴、台湾訴訟に関しては厚労省が控訴した。判決が下された一〇月二五日には新たに小鹿島病院の元入所者二七四人が、ハンセン病補償法に基づく補償を厚労省に求めるなど訴えはさらに拡大した。

日本政府はやっと重い腰を上げ、二〇〇六年二月三日参議院本会議で全会一致による改正ハンセン病補償法が成立し、韓国と台湾にあった療養所元入所者への補償が実施されることになった。改正法施行日から五年以内に請求があれば日本国内補償の最低額一人八〇〇万円を支給するという内容である。植民地下の朝鮮半島などにおける隔離政策の過ちについては一切触れなかった。韓国訴訟原告団は今後の支給状況などを確認した上で訴訟を取り下げるとした。〇七年五月現在四四一人が請求を行い日本政府は二〇四人に対して補償金支給の認定を行った。補償認定を受けるには、小鹿島に収容されていたことを証明する書類の存在（名前、入所年月日、ハンセン病患者であったことの記述）などを要件としているが、認定要件は厳しく、解放後に引継事業が行われず書類がほとんど見あたらないばかりか、差別を逃れるために偽名を使用したり小鹿島で勝手に付けられた日本名などによって本人確認が難しいのが現状である。なお、〇七年三月厚労省は日本植民地時代の南洋諸島四カ所（パラオ、ヤップ＝ミクロネシア連邦、サイパン、ヤルート＝マーシャル諸島共和国）の療養所を新たに補償対象施設に指定し入所させられた人たちへの補償を行うとした。

6　旧日本軍朝鮮人軍人・軍属

日本敗戦までに動員された朝鮮人軍人・軍属の数は、朝鮮総督府や大蔵省など日本政府関係統計によっても一九三八年から四三年までに朝鮮人志願兵二万〇六六四人、徴兵された陸軍軍人一八万六九八〇人、海軍軍人二万二二九〇人、一九三九年から四五年までに軍属は日本国内六万九九九七人、その他（朝鮮、満州、中国、南方）七万五〇一三人、軍属の合計は一四万五〇一〇人を数える。軍人・軍属合わせて三七万四九四四人、このうち復員者は二二万四六〇〇人、死亡・行方不明者約一五万人とされている。

戦後、GHQ占領下において軍人恩給は廃止されたが（一九四六年二月）、一九五二年四月二八日対日講和条約の発効にともなう主権回復によって日本政府は二日後の三〇日、戦傷病者戦没者遺族等援護法を制定し四月一日にさかのぼって適用を開始した。しかし「戸籍法の適用を受けない者については、当分の間、この法律を適用しない」（援護法附則二項）とし朝鮮人軍人・軍属は除外された。また、五三年八月には恩給法が復活したが、すでに対日講和条約の発効にともない「日本国籍を離脱」していることを理由に朝鮮人は除外した。日本人旧日本軍関係者への恩給や補償は増額が続き、一九六〇年代中頃には「特別給付金」との名目で妻や三親等内の遺族などに一時金（国債）を支給するなど補償範囲も拡大していった。現在、援護法に日本政府が支出している年額は約二兆円でその八割が軍人恩給である。

在日朝鮮人の旧日本軍人・軍属は日本政府を相手に援護法適用の交渉と抗議活動を繰り広げ、一九六二年九月厚生省はやむなく「帰化すれば援護の対象とする」との通知を出した。援護法から「国籍条項」を削除するのではなく日本国籍取得による問題解決を図ったのである。当時一五人が日本国籍を取得したとされていることから、ほとんどの朝鮮人対象者が帰化による援護法の適用を拒否していたことがうかがえる。しかし、この通達も六五年六月「韓日条約」の締結にともない、請求権（補償・賠償）問題は「完全かつ最終的に解決」したということで、以降、日本国籍を取得しても援護法は適用されないとした（援護法第四八四号、厚生省援護局援護課長通達・一九六六年一一月三〇日）。帰化による援護法の「適用特別措置」さえわずか二年で廃止されたのである。

一九九〇年代に入り、日本政府を相手に朝鮮人軍人・軍属による戦後補償訴訟がはじまるが（「石成基裁判」「鄭商根裁判」「姜富中裁判」など）、裁判所は国が誰にどのような補償を行うかは「立法政策」の問題、「立法裁量」であるとして原告の訴えをことごとく退けた。このようなか九八年九月東京高裁は石成基さんの訴えに対して、九九年一〇月には大阪高裁が姜富中さんの訴えに対して、日本政府に援護法を改めるか、あるいは行政上の特別措置を講じるよう求め、是正措置を講じない場合は国家賠償法上の違法行為とみなされると従来とは異なる判断を示した。しかし、〇一年四月五日最高裁は石成基さんの上告を棄却、四月一三日には同じく最高裁が鄭商根さんと姜富中さんの上告を棄却した。

他方、一九九九年三月自民党官房長官野中広務は衆議院内閣委員会で「今世紀中に起きた問題は今世紀中に解決しなければならない」と答弁し、二〇〇〇年六月七日平和条約国籍離脱者等である戦没者遺族に対する弔慰金の支給に関する法律（〇一年四月から〇三年三月までの三年間の時限立法）

が公布される運びとなった。在日朝鮮人傷痍軍人・軍属に見舞金二〇〇万円および老後の生活設計などの特別給付金二〇〇万円の計四〇〇万円と、その遺族および戦没者遺族に二六〇万円が支給されることになった。立法措置は講じられたが謝罪の言葉もなく日本人戦傷病者と比べて支給額に著しい差があることなどから、多くの朝鮮人戦傷病者と遺族が受け取りを拒否した。

日本政府は援護法の適用において「国籍要件」をもって朝鮮人を排除したが、国際社会や諸外国では同じようなケースに対してどのように対応しているのであろうか。一九八九年四月三日、国連人権委員会第三五会期では元外国人軍人の補償問題について次のような見解が採択されている。セネガル独立前にフランス陸軍として務めたセネガル国籍退役軍人の年金支給について、フランス人より不利益な扱いを受けたことは国際人権規約B規約二六条（法の下の平等）に反するとし「年金は国籍の故に支給されるものではなく過去においてなされた軍務の故に通報者（訴えた人）らに支給されるものであるという点である。……国籍の変更はそれ自体別異の取り扱いを正当化する根拠とはなり得ない。何故ならば年金支給の根拠は軍務を提供したことにあり、セネガル人もフランス人も提供した軍務は同じだからである」。他にも自国民以外に援護法あるいは補償措置を講じている国は多く、ヨーロッパ諸国では原則として自国民と同一額か居住国の生活レベルなどを勘案し合理的な基準に基づき補償金を支給している（表22参照）。

旧日本軍人・軍属と関連して朝鮮人戦犯補償問題がある。周知のように、日本は「ポツダム宣言」を受け入れることによって降伏文書に署名し戦争犯罪人処罰に同意した。戦犯裁判は極東国際軍事裁判（東京裁判）と通例戦犯などを裁くBC級裁判に分かれて開かれた。各地で開かれたBC級裁

表22　欧米諸国の戦争犠牲者補償制度

フランス「戦争犠牲者年金法典」(1958年) ；フランス本土および属領における戦闘、占領による行為または犠牲者（傷病・死亡）への年金・一時金。軍人・民間人、自国民・外国人の区別はない。旧領土の独立後も軍人恩給、傷病・遺族年金等を支給している。
イギリス「社会補償法」(1977年)、「陸海軍等（戦傷病者・戦没者）年金に関する枢密院令」(1978年) ；イギリスの軍隊等に従事し傷病・死亡した場合、本人または寡婦に支給。国籍要件はなくイギリスの軍隊に従事したことが要件。また、第二次世界大戦の戦争犠牲者には「個人傷害年金法」(1976年）が適用。国籍は問わない。
カナダ「カナダ軍の構成員およびカナダ陸海軍に勤務する者の年金等に関する法律」(1972年) ；軍務の結果、死亡、傷病、不具となったカナダ軍構成員の年金。受給要件はカナダ軍の構成員であれば国籍は問わない。日本軍の捕虜または捕獲され抑留された者にも抑留日数にしたがって年金を支給。
イタリア「イタリア平和条約」(1947年) ；第14付属書第8項に基づき、割譲地域における継承国（ソマリア、エリトリア、リビア）国民の文官または軍人の恩給支払いに引き続き責任を負うことになった。
アメリカ「退役軍人傷病補償および遺族給付に関する法律」(1958年) ；戦時中の職務遂行により負傷、疾病し1957年1月1日以前に死亡した米軍構成員（軍属を含む）の遺族等に年金を支給。国籍は問わない。
旧西ドイツ「戦争犠牲者援護法」(1950年) ；第7条は「ドイツ人およびドイツ民族に属する者以外の戦争犠牲者（その住所または通常の居所を本法の適用領域内にある外国人）で、その損傷がドイツ国防軍の範囲内での軍務または軍務類似の役務に起因するか、もしくは、ドイツにおいてまたはドイツ国防軍に占領された地域において直接的な戦争の影響により損傷が発生した者」に同法を適用するとしている。また、ルクセンブルグ(1959年)、ベルギー、スペイン（1962年)、オーストリア（1963年）との間で戦争犠牲者補償に関する二国間条約を締結。この国の国民に対しては、ドイツ軍に勤務し負傷、疾病、戦死した者と遺族に年金等を支給。

(奥原敏雄「欧米諸国における戦争犠牲者の補償制度」『法学セミナー』1992年8月号)

判の被告は五七〇二人。内朝鮮人は一四八人で主に捕虜収容所監視員であった軍属である。二三人の朝鮮人がマニラ、シンガポール、ジャカルタなどで死刑に処せられた。有罪判決で巣鴨刑務所に拘留された朝鮮人は二九人。一九五二年四月対日講和条約発効によって「日本国籍」を喪失したとする日本政府の見解を根拠に、拘留されていた朝鮮人受刑者が同年六月人身保護法に基づく釈放を求めて東京地裁に提訴した。同年七月最高裁は「刑を受けたときに日本国民」であり「条約による国籍の変更があっても刑の執行の義務に影響を与えない」と訴えを退けた。最後の朝鮮人が巣鴨刑務所を出たのは一九五八年のことであった。出所と同時に彼らは外国人として外国人登録をさせられ指紋押捺を行い在留資格が定められた。そして刑の執行は「日本人」としながら釈放後は外国人として日本人戦犯にも適用された一連の援護法から排除したのである。

一九九一年一一月元朝鮮人戦犯の李鶴来さんをはじめ八人が日本政府に謝罪と補償を求めて提訴（「韓国・朝鮮人BC級戦犯者の国家補償等請求訴訟」＝「李鶴来裁判」）した。李さんはタイの泰緬鉄道で捕虜監視員であったことを問われ、連合国の軍事裁判で懲役刑を宣告され海外で服役中、対日講和条約の発効を前に日本に送られ東京の巣鴨刑務所に収容された。九九年一二月最高裁は李さんの訴えに対して「深刻かつ甚大な犠牲で、わが国の敗戦にともなうもの」であることを認め、「補償立法措置が講じられていないことに不満を抱く原告らの心情は理解し得ないものではない」としながらも「立法を待たずに国家補償を請求できる条理は存在しない」、したがって「立法府の裁量的判断」として原告らの請求を棄却した。なお戦犯として刑死した朝鮮人を含め朝鮮人戦没者二万一一八一一人が靖国神社に合祀されている。

あとがき

あれは朝鮮初級学校三年生の頃だった。

その朝、担任の先生がなにやら重そうな段ボール箱を抱えて教室に入ってきた。「ここに何が入っているかわかりますか」となんだか嬉しそうだった。先生は生徒の名前を順番に呼ぶと前にくるように言った。箱の中から手渡されたのは、大きな栗と小さなリンゴだった。「これは海を渡って母国から贈られてきた咸鏡南道北青のリンゴと栗ですよ」。みんなは一斉に歓声をあげた。

夜、家に帰ってきた父はテーブルの上にあった小さなリンゴをじっと見つめると、突然、手にとりむしゃむしゃと食べはじめた。「これは私が生まれ育った故郷、北青のリンゴだ」。短く口にした姿がいまでも脳裏に焼き付いて離れない。そのとき初めて、在日朝鮮人である私は故郷が北青であることを知り、行ったことも見たこともない故郷をなんとなく身近に感じた。一七歳の時、朝鮮半島北部の片田舎を黙って飛び出した父は、ソウルをへて釜山から関釜連絡船に揺られ下関にたどり着いた。一九三八年のことだった。苦学の末に旧帝国大学法学部に入り、朝鮮解放を前後して在日朝鮮人運動に身を投じ、朝鮮戦争期には一年半投獄され、釈放されるとまた活動を開始した。反共政策によって韓国にいた父とは故郷を後にして以来亡くなるまで会えず、再び北青の地を踏み兄弟と再会したのは一九七二年、母国自由往来の道が徐々に開かれてからのことであった。まぎれもなく、南北朝鮮・日本にまたがり閉じこめられ再会を許されなかった離散家族である。

父のみならず植民地時代に生まれ生きた多くの一世在日朝鮮人が強いられた人生である。しかし、植民地時代は解放のために、分断時代は統一のために身を投じ、差別と抑圧に抗い日本に見事な在日朝鮮人社会を築き上げた。それは踏みにじられた民族の復権であり、人間としての尊厳の回復であり、いまだ訪れぬ「一九四五年八月一五日」、統一国家の樹立による真の民族解放への歩みであった。

今、その歴史の歩みは「植民地と分断時代を生きた一、二世代」から「統一時代を生きる三、四世代」へと大きく動き出した。南北分断と日本の境界線上に閉じこめられ苦難を強いられてきた在日朝鮮人は、しかしその境界線上に生まれ生きてきたが故の強さと可能性を開花できる時代を迎えようとしている。朝米関係を軸にした南北関係の進展、そして朝日国交正常化を視野に入れた東北アジアの恒久的平和体制構築の流れの中で、南北朝鮮・日本を自由に越境しながらそれらを繋げていく大切な役割を果たすことになるであろうし、また、そのような潜在的可能性を秘めている存在が在日朝鮮人なのである。

サイードの言葉を借りるなら「異なる要素を束ねたような流動的な自己」であるがゆえに、様々な在り方を理解し、受け入れ、手を取り合える存在としての在日朝鮮人である。それは同時に、統一時代における在日朝鮮人の新たなアイデンティティの姿でもある。そういう時代の到来を前に、在日朝鮮人は大切な何かを置き忘れてはいないだろうか。すなわち「私たちは何者か、私たちは何処から来たのか、何処へゆくのか、行くべきなのか」――本書のタイトルから一見かけ離れたようなこの素朴な問題提起が執筆の動機である。また、これから生まれてくる世代たちが、ある日どこかで偶然この本を手にし「私」を生み出した遙か昔の時代へとさかのぼり、「在日朝鮮人」のルーツを意識できれば幸いである。

最後に、この場をかりて、法学とは何か、国家とは何か、民族とは何か、そして誰の立場で物事をとらえるのか、それが何より大切であることを教え育てくれたK先生、T先生、そして日本人S先生に心より感謝の言葉を述べる。学問をする真の意味を教わることで、いま何をすべきかを教わった人生の師である。

【参考文献】

本文のなかで直接引用、言及した文献をはじめ参考にしたものをあげた。

序章　在日朝鮮人の人権とアイデンティティ［補遺］在米・在中コリアンの民族的アイデンティティ

徐京植『半難民の位置から――戦後責任論争と在日朝鮮人』（影書房、二〇〇二）
徐勝『第一歩をふみだすとき――日本とアジアの戦後五〇年を問う』（日本評論社、一九九五）
尹健次『「在日」を考える』（平凡社、二〇〇一）
尹健次『孤絶の歴史意識――日本国家と日本人』（岩波書店、一九九〇）
姜尚中・森巣博『ナショナリズムの克服』（集英社、二〇〇二）
鄭章淵「『パックス・エコノミカ』時代の在日社会」（季刊『青丘』一九九五年・冬号）
玄光洙「在日韓国人は『少数民族』か」（『コリア研究』一九八四年三月号）
在日朝鮮人社会・教育研究所編『在日朝鮮人』（晩聲社、一九九三）
伊地知紀子『在日朝鮮人の名前』（明石書店、一九九四）
梶村秀樹「定住外国人としての在日朝鮮人」（『世界』一九八五年八月号）
金敬得・姜尚中・鈴木二郎「国家・民族・人権――在日の立場から」（『朝鮮問題』学習・研究シリーズ第四六号、一九九四）
田中宏・金敬得共編『日・韓「共生社会」の展望』（新幹社、二〇〇六）
藤原書店編集部編『歴史のなかの「在日」』（藤原書店、二〇〇五）
ノーマ・フィールド「羨望と倦怠と受難をこえて――在日朝鮮人と日本人の解放の政治学に向かって」（『創作と批評』第二二巻第一号、ハングル、一九九四）
テッサ・モーリス＝スズキ『批判的想像力ために――グローバル化時代の日本』（平凡社、二〇〇二）

花崎皋平『アイデンティティと共生の哲学』（平凡社、二〇〇一）
西川長夫『国境の越え方』（平凡社、二〇〇一）
「世界の『民族問題』――国民国家の再編か、超克か」（『言語』二〇〇四年五月号）
油井大三郎・遠藤泰生『多文化主義アメリカ――揺らぐナショナル・アイデンティティ』（東京大学出版会、一九九九）
S・マーフィー重松『アメラジアンの子供たち――知られざるマイノリティ問題』（集英社、二〇〇二）
村上由見子『アジア系アメリカ人――アメリカの新しい顔』（中央公論新社、一九九七）
安江則子『ヨーロッパ市民権の誕生――マーストリヒトからの出発』（丸善、一九九二）
宮島喬『移民社会フランスの危機』（岩波書店、二〇〇六）
宮島喬『ヨーロッパ市民の誕生――開かれたシティズンシップへ』（岩波書店、二〇〇二）
梶村孝道『新しい民族問題――EC統合とエスニシティ』（中央公論新社、一九九三）
西川長夫・宮島喬『ヨーロッパ統合と文化・民族問題』（人文書院、一九九六）
ミュリエル・ジョリヴェ『移民と現代フランス』（集英社、二〇〇三）
石井米雄・山内昌之編『日本人と多文化主義』（山川出版社、一九九九）
山脇啓造・近藤敦・柏崎千佳子「多民族国家・日本の構想」（『世界』二〇〇一年七月号）
E・W・サイード『文化と帝国主義』（1）（2）（みすず書房、一九九九、二〇〇一）
佐藤真・中野真紀子『エドワード・サイード　OUT　OF　PLACE』（みすず書房、二〇〇六）
H・デッキー＝クラーク『差別社会の前衛――マージナリティ理論の研究』（新泉社、一九七三）
ジグムント・バウマン『アイデンティティ』（日本経済評論社、二〇〇七）
アーネスト・ゲルナー『民族とナショナリズム』（岩波書店、二〇〇〇）
E・J・ホブズボーム『ナショナリズムの歴史と現在』（大月書店、二〇〇一）
坂中英徳『在日韓国・朝鮮人政策論の展開』（日本加除出版、一九九一）

李光圭『在日韓国人』（一潮閣、ハングル、一九八三）
李光圭『在中韓人』（一潮閣、ハングル、一九九六）
李光圭『在美韓国人』（一潮閣、ハングル、一九九七）
『平成一八年版・在留外国人統計』（財団法人入管協会、二〇〇六）
金昌宣「アメリカ紀行——東京朝鮮中高級学校舞踊部NY・LA公演」（『イオ』No. 047～No. 049）
金昌宣「もう一つの旅『白頭—延吉—羅津・先鋒』」（『イオ』No. 019～No. 021）

第1章　在日朝鮮人の権利問題の推移と現状

金圭昇『日本の植民地法制の研究——在日朝鮮人の人権問題の歴史的構造』（社会評論社、一九八七）
朴鐘鳴編『在日朝鮮人——歴史・現状・展望』（明石書店、一九九九）
床井茂編『今、在日朝鮮人の人権は——隣人と手をつなぐために』（日本評論社、一九九〇）
田中宏『在日外国人——法の壁、心の壁』（岩波書店、一九九一）
吉岡増雄・山本冬彦・金英達『在日外国人の在住権入門』（社会評論社、一九八八）
金英達『日朝国交樹立と在日朝鮮人の国籍』（明石書店、一九九二）
田畑茂二郎『国際化時代の人権問題』（岩波書店、一九九〇）
畑博行・水上千之『国際人権法概論』（有信堂、二〇〇六）
日高六郎監修『国際化時代の人権入門』（社団法人神奈川人権センター、一九九六）
長谷川正安『憲法判例の体系』（勁草書房、一九七七）
小林直樹『憲法講義（上）』（東京大学出版会、一九八七）
徐龍達編『定住外国人の地方参政権——開かれた日本社会をめざして』（日本評論社、一九九二）
金東勲『外国人住民の参政権』（明石書店、一九九四）
江橋崇編『外国人は住民です』（学陽書房、一九九三）

岡義昭・水野精之『外国人が公務員になったっていいじゃないかという本』（径書房、一九八九）
愼英弘「無拠出年金から排除され続ける在日外国人」（『学術論文集・第二六集、朝鮮奨学会』）
前田朗『ミサイル実験以後の在日朝鮮人への人権侵害』（『世界』二〇〇六年一〇月号）
金昌宣「在日朝鮮人『参政権』要求の検討」（『世界』一九九四年一〇月号）
緒方貞子・田中宏・韓英鳩・金敬得・巣之部量三・大沼保昭「在日韓国・朝鮮人と日本人が共に生きる日本社会」（『法律時報』一九九一年一月号）
「国際人権規約」（『法学セミナー』一九七九年五月号臨時増刊）
「在日韓国・朝鮮人の法的現況」（『法律時報』一九九〇年六月号）
「定住外国人はいま」（『法学セミナー』一九九四年三月号）
「国籍条項をめぐる問題」（『ジュリスト』一九九六年一一月一五日号）
『在日朝鮮人人権白書』在日本朝鮮人権利擁護委員会編（朝鮮青年社、一九九六）
『朝鮮学校、中華学校への税制差別に関する日弁連への「人権救済申立書」――二〇〇六年三月一三日』弁護士星正秀・同金舜植・同金哲敏・同李春熙
外国人登録事務協議会全国連合会法令研究会『外国人登録事務必携』（日本加除出版、一九八五）
『人権と生活』第一九号～第二一号（在日本朝鮮人人権協会）
『福岡高裁の違法判決は破棄されなければならない――朝鮮会館固定資産税問題』（在日朝鮮人人権セミナー編、二〇〇六）
『民族教育の権利事典』（HP）

第2章　日本の朝鮮植民地法制史

姜萬吉『韓国近代史』（創作と批評社、ハングル、一九八四）
姜萬吉『韓国現代史』（創作と批評社、ハングル、一九八五）

宋建鎬『韓国現代史論』（韓国神学研究所、ハングル、一九七九）
金圭昇『日本の朝鮮侵略と法制史』（社会評論社、一九九一）
中塚明『日本と韓国・朝鮮の歴史』（高文研、二〇〇五）
中塚明『近代日本と朝鮮』（三省堂、一九九一）
梶村秀樹『朝鮮史――その発展』（講談社、一九八一）
海野福寿『韓国併合史の研究』（岩波書店、二〇〇〇）
山辺健太郎『日本の韓国併合』（太平出版社、一九九一）
市川正明『朝鮮半島近現代年表（主要文書）』（原書房、一九九六）
信太一郎『朝鮮の歴史と日本』（明石書店、一九八九）
宮田節子『朝鮮民衆と「皇民化」政策』（未来社、一九八五）
姜東鎮『日帝の韓国侵略政策史』（ハンギル社、ハングル、一九八〇）
李進煕・姜在彦『日朝交流史』（有斐閣、一九九六）
井上勝生『幕末・維新』（岩波書店、二〇〇六）
原田敬一『日清・日露戦争』（岩波書店、二〇〇六）
姜徳相『関東大震災』（中央公論新社、一九七九）
樋口雄一『協和会――戦時下朝鮮人統制組織の研究』（社会評論社、一九八六）
金三雄・李憲鍾・鄭雲鉉『親日派――その人間と論理』（学民社、ハングル、一九九〇）
林鍾国『日帝下の思想弾圧』（平和出版社、ハングル、一九八五）
鈴木敬夫『朝鮮植民地統治法の研究――治安法下の皇民化教育』（北海道大学図書刊行会、一九八九）
山田昭次・古庄正・樋口雄一『朝鮮人戦時労働動員』（岩波書店、二〇〇五）
荒井信一『歴史和解は可能か』（岩波書店、二〇〇六）
田畑茂二郎『現代国際法の課題』（東信堂、一九九一）

松井芳郎『国際法から世界を見る』（東信堂、二〇〇五）
守屋敬彦「朝鮮人強制連行方法とその強制性」（『季刊・戦争責任研究』第五六号）
日弁連人権擁護委員会「朝鮮人・中国人虐殺事件の真相究明と謝罪を――関東大震災虐殺事件救済申立事件」（『法学セミナー』二〇〇六年一〇月号）
『在日朝鮮人史（一九〇五年条約）一〇〇年――歴史的事実と法的視点から検証する』資料集一八（朝鮮人強制連行真相調査団）
日中韓三国共通歴史教材委員会『未来を開く歴史――東アジア三国の近現代史』（高文研、二〇〇五）
李元淳・鄭在貞・徐毅植『若者に伝えたい「韓国の歴史」』（明石書店、二〇〇四）
日本国際政治学会編『日韓関係の展開』（有斐閣、一九六三）
高崎宗司『妄言の原形――日本人の朝鮮観』（木犀社、一九九〇）
朝鮮人強制連行真相調査団編『朝鮮人強制連行　強制労働の記録――北海道・千島・樺太編』（現代史出版会、一九七四）
現代朝鮮問題講座編集委員会編『朝鮮の統一問題――現代朝鮮問題講座Ⅴ』（二月社、一九七九）
韓国辞典編纂委員会『朝鮮近現代史事典』（カラム企画、ハングル、一九九〇）

第3章　在日朝鮮人の法的地位の確立過程

在日朝鮮人の人権を守る会編『在日朝鮮人の基本的人権』（二月社、一九七七）
磯村英一・一番ヶ瀬康子・原田伴彦『「民族」差別と人権（4）』（雄山閣、一九八五）
朴在一『在日朝鮮人に関する綜合調査研究』（新紀元社、一九五七）
大沼保昭「在日朝鮮人の法的地位に関する一考察①～⑥」（『法律協会雑誌』第九六巻～第九七巻）
大沼保昭「出入国管理法制の成立過程①～⑮」（『法律時報』第五〇巻四号～第五一巻七号）
ロバート・リケット「朝鮮戦争前後における在日朝鮮人政策」（大沼久夫編『朝鮮戦争と日本』新幹社、

二〇〇六）
ロバート・リケット「ＧＨＱの在日朝鮮人政策」（和光大学『アジア研究』第八九号）
藤島宇内・小沢有作『民族教育――日韓条約と在日朝鮮人の教育問題』（青木書店、一九六六）
小沢有作『在日朝鮮人教育論――歴史編』（亜紀書房、一九八二）
金徳龍『朝鮮学校の戦後史――一九四五―一九七二』（社会評論社、二〇〇二）
姜在彦・金東勲『在日韓国・朝鮮人――歴史と展望』（労働経済社、一九八九）
大沼保昭・徐龍達編『在日韓国・朝鮮人と人権――日本人と定住外国人との共生を目指して』（有斐閣、一九八六）
竹前栄治・中村隆英監修『ＧＨＱ日本占領史16「外国人の取り扱い」』（日本図書センター、一九九六）
高峻石『現代朝・日関係史――解放朝鮮と日本』（社会評論社、一九八七）
韓徳銖『主体的海外僑胞運動の思想と実践』（未来社、一九八六）
上田誠吉「『出入国管理及び難民認定法』八一年改正の諸問題」（在日朝鮮人の人権を守る会、一九八一）
山本敬三『国籍』（三省堂、一九七九）
小野幸治・竹村二三夫『外登証常時携帯制度と人権侵害』（日本評論社、一九八七）
「大阪外登証不携帯事件控訴判決」（『判例時報』一九九二年一一月号）
飯沼二郎『見えない人々――在日朝鮮人』（日本基督教団出版局、一九八二）
太田益男『日本国憲法下の外国人の法的地位』（啓文社、一九六三）
萩野芳夫『基本的人権の研究――日本国憲法と外国人』（法律文化社、一九八〇）
金昌宣「在日朝鮮人の法的地位を問い直す」（『法学セミナー』一九九五年八月号）
『在日朝鮮人の人権と「日韓条約」』（在日朝鮮人の人権を守る会、一九六五）
『日韓問題――日韓条約は誰に利益をもたらすか』（青木書店、一九六五）
外務省外務事務官・法務省入国管理局参事官・農林省農林事務官編集『時の法令別冊「日韓条約と国内法

の解説」』（大蔵省印刷局発行、一九六六）
『告発・入管体制』東大法共闘編（亜紀書房、一九七一）

第4章　戦争責任、植民地支配責任　第5章　朝鮮人戦後補償訴訟

高橋哲哉編『「歴史認識」論』（作品社、二〇〇二）
高橋哲哉『靖国問題』（筑摩書房、二〇〇五）
吉田裕『昭和天皇の終戦史』（岩波書店、一九九二）
吉見義明『従軍慰安婦』（岩波書店、一九九五）
琴秉洞『告発「従軍慰安婦」』（同時代社、二〇〇七）
粟屋憲太郎・田中宏・三島健一・広瀬清吾・望田幸夫・山口定『戦争責任・戦後責任――日本とドイツはどう違うか』（朝日新聞社、一九九四）
J・ハーバマス／E・ノルテ他『過ぎ去ろうとしない過去――ナチズムとドイツ歴史家論争』（人文書院、一九九五）
大沼保昭『東京裁判、戦争責任、戦後責任』（東信堂、二〇〇七）
粟屋憲太郎『東京裁判への道』（上）（下）（講談社、二〇〇六）
中村政則『戦後史』（岩波書店、二〇〇五）
平川均「賠償と経済進出」（岩波講座アジア・太平洋戦争7『支配と暴力』岩波書店、二〇〇五）
矢野久「賠償と補償」（岩波講座アジア・太平洋戦争8『二〇世紀の中のアジア・太平洋戦争』岩波書店、二〇〇六）
芝健介「国際軍事裁判論」（岩波講座アジア・太平洋戦争8『二〇世紀の中のアジア・太平洋戦争』岩波書店、二〇〇六）
児島襄『東京裁判』（上）（下）（中央公論新社、一九七一）

石田勇治『過去の克服――ヒトラー後のドイツ』（白水社、二〇〇五）
R・V・ヴァイツゼッカー『過去の克服・二つの戦後』（NHKブックス、一九九四）
大嶽秀夫『二つの戦後・ドイツと日本』（NHKブックス、一九九二）
熊谷徹『ドイツは過去とどう向き合ってきたか』（高文研、二〇〇七）
川喜多敦子『ドイツの歴史教育――シリーズ・ドイツ現代史Ⅳ』（白水社、二〇〇五）
野村二郎『ナチス裁判』（講談社、一九九三）
森達也・姜尚中『戦争の世紀を超えて』（講談社、二〇〇四）
大沼久夫「朝鮮戦争における日本人の参戦」（『季刊・戦争責任研究』第三一号）
「白書・日本の戦争責任」（『世界』一九九四年二月号）
酒井直樹『共感の共同体と帝国的国民主義　日本／映像／米国』（青土社、二〇〇七）
内海愛子『戦後補償から考える日本とアジア』（山川出版社、二〇〇二）
内海愛子・田辺寿夫編著『語られなかったアジアの戦後――日本の敗戦・アジアの独立・賠償』（梨の木舎、一九九一）
浅田正彦「日本における戦後補償裁判と国際法」（『ジュリスト』二〇〇六年一〇月一五日号）
前田朗『戦争犯罪論』（青木書店、二〇〇〇）
ラディカ・クマラスワミ『国際人権委員会特別報告書「女性に対する暴力」』（明石書店、二〇〇〇）
五十嵐正博「戦後補償裁判『最高裁は国際法の発展に寄与できるか』」（『世界』二〇〇七年四月号）
荻野芳夫『判例研究・外国人の人権――国籍・出入国・在留・戦後補償』（明石書店、一九九六）
国際フォーラム実行委員会編・アジアの声第六集『戦後補償を考える』（東方出版、一九九二年）
申惠丰「国際人道法違反の被害者救済における法と正義」「ハーグ陸戦条約三条と個人の損害賠償請求権」
（申惠丰・高木喜孝・水野貫太郎編『戦後補償と国際人道法――個人の請求権をめぐって』（明石書店、二〇〇五）

朴裕河『和解のために――教科書・慰安婦・靖国・独島』（平凡社、二〇〇六）
「特集・戦後補償問題の現状と展望」（『法律時報』二〇〇四年一月号）
日弁連人権擁護委員会「在外被爆者にも等しい援護を」（『法学セミナー』二〇〇六年五月号）
朝鮮人強制連行真相調査団『検証・朝鮮植民地支配と補償問題』（明石書店、一九九二）
戦後補償問題研究会編『在日韓国・朝鮮人の戦後補償』（明石書店、一九九一）
民族差別と闘う連絡協議会『在日韓国朝鮮人の補償・人権法』（新幹社、一九九〇）
「請求権の思想と構造」（『世界』臨時創刊「日朝関係」一九九二年四月）
「戦後補償問題の現在」（『法学セミナー』一九九三年一〇月号）
『ドイツの「過去の克服」』（HP）
『戦後補償裁判一覧表』（HP）
『戦後補償主要裁判例』（HP）

[サ行]

事項索引

金昌宣（キム・チャンソン）

1958年生まれ。朝鮮大学校政治経済学部卒業。京都大学法学部大学院、東京都立大学法学部大学院で研究生として「法と国家の一般理論」を学ぶ。

専攻　法社会学、在日朝鮮人人権論
在日本朝鮮人人権協会副会長

主な論文「在日朝鮮人『参政権』要求の検討」（『世界』1994年10月号）、「在日朝鮮人の法的地位を問い直す」（『法学セミナー』1995年8月）など。

在日朝鮮人の人権と植民地主義——歴史・現状・課題

2008年3月31日　初版第1刷発行
著　者＊金昌宣
発行人＊松田健二
発行所＊株式会社社会評論社
東京都文京区本郷2-3-10
tel.03-3814-3861/fax.03-3818-2808
http://www.shahyo.com/
印　刷＊倉敷印刷株式会社
製　本＊東和製本

Printed in Japan